핀란드 교육혁명
왜 핀란드 교육인가?

핀란드 교육혁명

초판 1쇄 인쇄 2010년 1월 15일
초판 11쇄 발행 2024년 8월 18일

지은이 한국교육연구네트워크
펴낸이 김승희
펴낸곳 도서출판 살림터

기획 정광일
편집 조현주
디자인 썸앤준
인쇄·제본 (주)신화프린팅
종이 (주)명동지류

주소 서울시 양천구 목동동로 293 2215-1호
전화 02-3141-6553
팩스 02-3141-6555
출판등록 2008년 3월 18일 제313-1990-12호
이메일 gwang80@hanmail.net
블로그 http://blog.naver.com/dkffk1020
한국교육연구네트워크 www.kednetwork.or.kr

ISBN 978-89-85321-99-0 03370

*가격은 뒤표지에 있습니다.
*잘못된 책은 바꾸어 드립니다.
*이 책은 저작권법에 따라 보호를 받는 저작물이므로 무단 전재와 복제를 금합니다.

왜 핀란드 교육인가?

핀란드 교육혁명

한국교육연구네트워크 총서기획팀 엮음

살림터

| 머리말

핀란드 교육에서 무엇을 배울 것인가

한국과는 지구 북반부 반대편인 발트해 연안에 있는 인구 530만 명의 조용한 나라. 숲과 호수와 섬의 나라요, 요정의 나라이며, 환상과 신비의 나라였던 핀란드!

핀란드는 이제 더 이상 환상과 신비의 나라가 아니라 우리가 가장 가까이하고 배워야 할 나라, '환상적인 사회복지와 신비롭기까지 한 교육복지를 이루어낸 나라!', '교육개혁에 성공한 나라!', '교육 혁명의 나라!'로 떠오르고 있습니다.

이 조그만 나라에서 지난 수십 년간 일어난 교육개혁의 결과는 전 세계인의 이목을 집중시키고 있습니다. 특히, 협력과 지원의 핀란드 교육과는 정반대의 무한 경쟁 교육으로 상징되는 한국 교육을 걱정하는 사람들은 진보와 보수 할 것 없이 핀란드 교육에 관심을 집중하고 있으며, 놀라움과 감탄을 감추지 못하고 있습니다.

그래서 최근 한국사회에는 핀란드 교육 붐이 일어나고 있습니다. 새로운 교육을 꿈꾸는 사람들은 너나 할 것 없이 핀란드 교육에 관심을 갖고 핀란드 교육을 이야기하고 있습니다. 그 이유는 '경쟁과 입시 중심의 지식 암기식 교육'이라는 후진성을 극복하기 위해 많은 한국의 교육자들이 지난 수십 년 동안 펼쳐온 참교육 운동의 이상과 목표가 핀란드에서는 놀라우리만큼 완벽하게 실현되고 있기 때문일 것입니다.

해방 이후 한국 교육은, 일제가 뿌려놓은 식민지 군국주의 교육의 잔재를 씻어내지 못한 상황에서 60년 이상 미국식 교육을 무분별하게 추종해왔으며, 그 결과 한국은 세계에서 가장 극심한 경쟁교육의 나라, 공·사교육비 합쳐 최고의 교육비를 지불해야 하는 나라가 되고 말았습니다.

이처럼 영미식 교육이 우리 교육을 파행으로 몰아온 데 비해, 북유럽 작은 나라 핀란드에서는 우리가 꿈꾸었던 참교육이 실현되고 있음을 보면서 우리는 더욱 놀라움을 금치 못하게 된 것입니다.

지난 2009년 1월, 참교육연구소와 교육개혁시민운동연대는 핀란드와 스웨덴 교육을 제대로 들여다보기 위해 '2009 교육 희망 찾기 북유럽 교육탐방단'을 조직하여 북유럽행 비행기에 올랐습니다. 지난 20여 년간 교육개혁을 꿈꾸어 교육운동에 헌신하고 '참교육 실천'을 위해 노력해왔던 교육운동가, 교사, 교육학자, 교육위원, 교육·시민단체 활동가, 언론인, 시인 등 다양하게 구성된 39명의 탐방단이 새로운 교육의 희망을 찾아 나선 것입니다.

보수정권이 재집권한 뒤 '경쟁과 야만의 교육'이라는 광풍이 학생과 학부모와 교사들에게 몰아치던 2009년 초에, 39명의 탐방단은 우리 교육의 희망 찾기라는 '준엄한 사명'을 안고 매우 진지한 자세로 출발하였습니다.

탐방단의 면모가 다양한 것처럼 핀란드 교육에 대한 관심 분야와 영역도 다양하고 보고 느낀 것도 다양했습니다. 또, 9박 10일 동안 나누었던 희망의 이야기들은 탐방단만이 간직하기에는 아까운 것이었습니다. 그래서, 각자가

보고 느끼고 공부한 것과 좀 더 연구한 것을 정리해 핀란드 교육을 제대로 소개하고, 새로운 교육을 갈망하는 더 많은 사람들과 교육의 희망을 나누고자 이 책을 기획하게 되었습니다.

탐방을 끝내고 일 년이 다 된 지금에야 펴내게 된 것은, 탐방단 모두가 각 분야에서 우리 교육 희망 찾기에 몰두하느라 모이기가 쉽지 않았고, 원고 쓸 겨를이 없을 만큼 바빴던 분들이 많았음을 역설적으로 보여주고 있다고 헤아려주시기 바랍니다.

이 책은 총 4부로 구성되어 있습니다. 1부는 핀란드 교육탐방에 참여했던 분들이 느꼈던 감동과 소회를 다양한 형태로 표현하고 있습니다. 2부는 유치원에서 종합학교, 고등학교, 대학의 교육학계에 걸친 생생한 모습을 박원순 희망제작소 상임이사께서 현장에서 정리한 내용과 이용관 소장님과 김영연 선생님이 쓴 글을 토대로 종합하여 정리했습니다. 3부는 탐방단의 일원인 교육학자 두 분이 핀란드 교육이 성공하기까지의 교육개혁 흐름과 내용을 사회문화적·역사적 배경과 조건을 통해서 살펴본 논문들을 엮었으며, 4

부는 성공적인 핀란드 교육을 다양한 영역과 관점으로 평가하고 우리 교육에서 시사점을 찾으려고 시도한 글들입니다.

그동안 핀란드 교육에 대한 열풍이 뜨거웠지만, 아쉽게도 그동안 핀란드 교육을 우리의 시각에서 살피고 소개하는 국내 저서가 없었습니다. 일본인이 일본의 시각에서 정리한 핀란드 교육에 대한 번역서 몇 권으로 핀란드 교육에 대한 우리나라 사람들의 탐구심을 채우기에는 아쉬움이 많았습니다.

이에 저희 탐방단은 한국교육연구네트워크 총서 시리즈로 핀란드 교육에 대한 책을 늦게나마 출간하게 되었습니다. 미흡하지만 이 책이 독자 여러분들의 핀란드 교육에 대한 이해를 높이고 우리 교육의 희망을 찾아가는 데 조금이나마 도움이 될 수 있기를 바랍니다.

이 책에 담긴 글들은 탐방단들이 짧은 기간 동안에 제한된 학교와 기관을 방문하면서 보고 들은 내용들의 기록이라는 점에서 여러모로 부족하고, 부분적으로 정확하지 않은 정보가 담겨 있을 수도 있습니다. 책 속에서 발견되는 오류나 부족한 점들을 지적해주시면 재판을 발행할 때 보완하도록 노력하겠습니다.

끝으로 우리는, 북유럽 탐방이 뜻 깊게 마무리되고 책으로 정리되기까지 함께 해주신 많은 분들께 진심으로 감사하는 마음을 전하고자 합니다.

특히, 39명이라는 적지 않은 규모의 탐방단을 환영해주고 특별한 세미나까지 열어주신 뽀흐요이스-따뻬올라 고등학교Pohjois-Tapiolan lukio 또이니 라우하마끼Toini Rauhamäki 교장, 라또까르따노 초등학교Latokartanon peruskoulu 사뚜 혼깔라Satu Honkala 교장, 옴니아 직업학교Omnian ammattiopistossa 유하-뻬까 싸아리넨Juha-Pekka Saarinen 교장, 야르벤빠 고등학교Järvenpään lukio 앗소 따이빨레Atso Taipale 교장선생님과 지방자치단체연합회Suomen Kuntaliitto 이레네 일레니우스Irene Ylenius 국제업무 담당관께도 감사드립니다. 일일이 이름을 들 수는 없지만 탐방단들이 수업을 참관할 수 있도록 허락해주신 각 학교의 많은 선생님들께도 진심으로 감사드립니다.

아울러, 탐방단들에게 핀란드 교육과 핀란드 사람들에 대한 깊은 인상을 남겨주고, 책에 실린 핀란드 사람과 학교 이름의 한국어 표기를 꼼꼼하게 도와주고 전반적인 내용을 검토해주신 교민 곽수현 님, 핀란드 사람들과의 잊을 수 없는 만찬 파티를 안난딸로 아트센터에서 열 수 있도록 주선해준 교민 아트디렉터 안애경 님께도 감사의 인사를 드립니다.

그리고, 우리는 누구보다도 원고를 수합·정리하는 쉽지 않은 일을 기꺼이 맡아하고 편집 틀을 잡는 데 좋은 아이디어를 내준 한국교육연구네트워크 김기태 사무국장의 헌신에 진심으로 감사하지 않을 수 없습니다.

끝으로, 척박한 출판 현실 속에서 새로운 교육 희망의 실마리를 열기 위해 좋은 교육 도서와 인문학 도서 출판에 앞장서온 살림터 정광일 대표를 비롯한 출판사 식구들의 발로 뛰는 열정이야말로 이 책이 빛을 볼 수 있게 해준 가장 큰 힘이었다는 점에서 진심으로 감사의 말씀을 드립니다.

이 많은 분들의 노력과 열정들이야말로 어두운 한국 교육 현실을 환하게 밝히는 희망의 횃불이 되리라고 믿습니다.

2010년 1월

39명의 탐방단을 대신하여
이용관, 안승문

| 핀란드 교육자들에게

한국 교육과 핀란드 교육의
좀 더 적극적인 만남과 교류를 기대하며

지난 2009년 1월에 39명의 한국인 교사들과 교수들, 교육 시민단체 인사, 언론인, 시인 등이 스웨덴과 핀란드 교육 탐방을 다녀왔습니다. 핀란드의 교육현장을 직접 탐방함으로써, 국제적으로 널리 인정받고 있는 핀란드 교육 성공의 배경을 알아보고 한국 교육의 새로운 희망을 상상하고 설계하기 위한 탐방이었습니다.

비록 짧은 기간 동안이었지만, 핀란드 교육을 현장에서 직접 살펴보고 프레젠테이션을 듣고 교육자들과 대화를 나누면서 우리는 핀란드 교육에 대한 새로운 지식과 정보는 물론 새로운 교육을 위한 풍부한 상상력과 영감을 얻을 수 있었습니다.

한국인 탐방단들은 핀란드에서 돌아온 뒤에 우리가 보고 들었던 내용들을 정리하고, 몇 가지 연구 논문들을 집필해서 핀란드 교육에 대한 한 권의 책으로 펴내기로 뜻을 모았습니다. 그러한 노력의 결과가 『핀란드 교육혁명 (Education in Finland, a Kind of Revolution in Education)』이라는 한 권의 책으로 만들어졌습니다. 이 책은 핀란드 교육에 관한 책으로 한국에서 한국인에 의해 집필되어 출판되는 최초의 책입니다.

한국에서 온 낯선 방문객들을 환영해주고, 자신들의 학교와 핀란드 교육을 친절하게 소개해준 많은 핀란드 교육자들의 도움이 없었다면 이 책이 출판될 수 없었을 것입니다. 따라서, 우리는 우리에게 도움을 준 모든 핀란드 친구들에게 진심으로 감사의 인사를 전하고자 합니다.

특히, 39명이라는 적지 않은 한국인 탐방단을 위해서 작은 세미나 자리까지 마련해주신 뽀흐요이스-따삐올라 고등학교Pohjois-Tapiolan lukio 또이니 라우하마끼Toini Rauhamäki교장, 라또까르따노 초등학교Latokartanon peruskoulu 사뚜 혼깔라Satu Honkala 교장, 옴니아 직업학교Omnian ammattiopistossa 유하-뻬까 싸아리넨Juha-Pekka Saarinen 교장, 야르벤빠 고등학교Järvenpään lukio 앗소 따이빨레Atso Taipale 교장선생님과 지방자치단체연합회Suomen Kuntaliitto 이레네 일레니우스Irene Ylenius 국제업무 담당관께 감사드립니다. 또, 일일이 이름을 알지는 못하지만 우리가 수업을 관찰할 수 있도록 허락해준 각 학교의 많은 선생님들께도 감사의 인사를 드립니다.

우리는 이 책이, 핀란드 교육과 한국 교육이 좀 더 긴밀하게 만나고 대화하고 교류하기 시작하는 첫걸음일 수 있다고 믿습니다. 앞으로, 핀란드의 교육자들과 한국의 교육자들이, 핀란드 교육과 한국 교육이 더 나은 미래를 위한 더 좋은 교육을 창조하기 위해서 협력적인 노력을 기울일 수 있게 되기를 기대합니다.

2010년 1월

39명의 탐방단을 대신하여
이용관, 안승문

| acknowledgement

For more active exchanges and collaboration between Korean and Finnish education

Last year, in January 2009, a total of 39 Korean team composed of teachers, professors, representatives of educational and civic society, presswoman and poets have visited Finland and Sweden to study about education system and schooling of Nordic welfare states. It was a kind of journey to imagine and design out another possibilities for Korean education.

Even though it was not a long visit, it was possible for all of us to get a lot of knowledge and information about the Finnish education as well as imagination and inspiration for the new education in Korea.

Coming back to Korea, we decided to publish a book about Finnish education. Some wrote essays about what they had seen and heard and others made more in-depth research and wrote articles about some aspects of Finnish education. With the results of those efforts, we compiled this book entitled 'Education in Finland, a Kind of Revolution'. In Korea, this is the very first book about Finnish education, written by Korean authors.

Without warm welcome and presentations of Finnish educators, this book might not be able to come out. So, we sincerely would like to say thank to all the Finnish friends from the bottom of our hearts.

Especially, we must give our special thanks to Toini Rauhamäki(principal of Pohjois-Tapiolan lukio), Satu Honkala(principal of Latokartanon peruskoulu), Juha-Pekka Saarinen(principal of Omnian ammattiopistossa), Atso Taipale(principal of Järvenpään lukio), and Irene Ylenius(secretary of international and public affairs in Suomen Kuntaliitto). And we cannot forget the kindness of many teachers in each school who willingly let us observe their classes.

We believe that this book could be the first step to encourage close communication and cooperation in education between Finland and Korea. We hope more and more teachers and educational experts in Finland and Korea could develop further collaboration to create the better education for the better future.

January 2010.

On behalf of the Korean visiting team,
Yonggwan Lee
Seungmoon Ahn

| 여는 시

북해를 바라보며 그는 울었다

도종환(시인)

    차고 푸른 수평선을 끌고 바람과 물결의
    경계를 넘어가는 북해를 바라보며 그는 울었다
    내일 학교 가는 날이라고 하면
    신난다고 소리치는 볼 붉은 꼬마 아이들 바라보다
    그의 눈동자에는 북해의 물방울이 날아와 고이곤 했다

    폭 빠져서 놀 줄 알아야 집중력이 생긴다고 믿어
    몇 시간씩 놀아도 부모가 조용히 해주고
    바람과 눈 속에서 실컷 놀고 들어와야
    차분한 아이가 된다고 믿는 부모들을 보며
    배우고 싶은 내용을 자기들이 자유롭게 정하는데도
    교실 가득한 생각의 나무를 보며
    그는 피요르드처럼 희고 환하게 웃었다

아는 걸 다시 배우는 게 아니라
모르는 걸 배우는 게 공부이며
열의의 속도는 아이마다 다르므로
배워야 할 목표도 책상마다 다르고
아이들의 속도가 생각보다 빠르거나 늦으면
학습목표를 개인별로 다시 정하는 나라
변성기가 오기 전까지는 시험도 없고
잘했어, 아주 잘했어, 아주아주 잘했어
이 세 가지 평가밖에 없는 나라

친구는 내가 싸워 이겨야 할 사람이 아니라
서로 협력해서 과제를 함께 해결해야 할 멘토이고
경쟁은 내가 어제의 나하고 하는 거라고 믿는 나라
나라에서는 뒤처지는 아이가 생기지 않게 하는 게
교육이 해야 할 가장 큰일이라 믿으며
공부하는 시간은 우리 절반도 안 되는데
세계에서 가장 공부 잘하는 학생들을 보며
그는 입꼬리 한쪽이 위로 올라가곤 했다

가르치는 일은 돈으로 사고파는 상품이 아니므로
언제든지 나랏돈으로 교육을 시켜주는 나라
청소년에 관련된 제도는 차돌멩이 같은 청소년들에게
꼭 물어보고 고치는 나라
여자아이는 활달하고 사내 녀석들은 차분하며
인격적으로 만날 줄 아는 젊은이로

길러내는 어른들 보며 그는 눈물이 핑 돌았다

학교가 작은 우주라고 믿는 부모와
머리칼에서 반짝이는 은빛이
눈에서도 반짝이는 아이들 보며
우리나라 아이들을 생각하며
마침내 그는 울었다
흐린 하늘이 그의 눈물을 내려다보고 있었고
경계를 출렁이다가도 합의를 이루어낸 북해도
갈등이 진정된 짙푸른 바다를 바라보고 있는 이들의
가슴도 진눈깨비에 젖고 있었다

차례

머리말 : 핀란드 교육에서 무엇을 배울 것인가 _5
핀란드 교육자들에게 : 한국 교육과 핀란드 교육의
　　　　　　　　　　　좀 더 적극적인 만남과 교류를 기대하며 _10
여는 시 : 북해를 바라보며 그는 울었다 | 도종환 _15

1부 핀란드에서 우리 교육을 생각하다

핀란드의 아이들 | 도종환 _23

핀란드 스웨덴 교육 탐방을 다녀와서 | 권태선 정리 _26

경쟁이 없는 교육 | 김명신 _36

'신新' 신사유람 | 이부영 _46

한국인 교민의 자전적 교육 체험기 _50

핀란드의 가정교육 이야기 | 곽수현 _54

2부 교육천국 핀란드의 학교를 가다

핀란드 교육, 그 시작 | 박호근 _67

교육천국 핀란드, 학교 탐방 이야기 | 김영연, 박원순, 이용관 _78

　　1. 통합교육이 성공한 종합학교 _79
　　　라또까르따노 종합학교

　　2. 최상의 교육환경과 학생자치 활동 _89
　　　뽀흐요이스-따삐올라 고등학교

　　3. 핀란드 PISA 성공과 그 함의 _107
　　　헬싱키 대학교 교육평가센터

　　4. 직업교육의 완결판 옴니아 _111
　　　옴니아 직업학교

5. 다양성과 특수성이 조화된 거대 학교의 실험 _121
야르벤빠 고등학교

6. 지방자치단체의 교육복지 재원 조달체제 _133
지방자치단체연합

7. 핀란드의 교육박람회 _145
교육박람회 EDUCA 2009

8. 어릴 때부터 예술과 함께 _148
안난딸로 예술센터

9. 스스로 서고, 서로 돌보는 유아교육체제 _153
회스마린푸이스톤 학교 유치원

10. 학교 탐방 이야기를 마치며 _158

3부 핀란드 교육 성공의 역사적 배경과 사회문화적 조건

핀란드 교육 성공의 역사 : 100년의 숨고르기, 40년의 내공 쌓기
| 이윤미 _163

핀란드 교육 성공, 그 사회적 조건 | 성열관 _184

4부 핀란드 교육, 어떻게 성공할 수 있었나-신뢰, 돌봄, 통합, 자율

이론과 실천이 결합된 교사교육 | 심성보 _213

핀란드 교육과 우리 교육 : 독일 교사들과의 대화를 통해서 보기
| 송순재 _233

차별과 구별이 없는 통합교육 | 손승현 _249

돌봄과 성장을 책임지는 유아교육 | 임미령 _268

신뢰와 자율과 민주주의로 운영되는 핀란드의 교육정책과 교육행정
| 안승문 _288

1부

핀란드에서
우리 교육을 생각하다

길지 않았던 여정
그러나 많은 것이
우리에게 다가와 있었다

핀란드의 아이들

도종환[1]

　핀란드를 다녀왔습니다. 여기도 눈이 많이 왔지만 핀란드는 사방이 눈으로 덮여 있었습니다. 오후 4시도 되기 전에 날이 어두워지고 밤이 길었습니다. 겨울이면 흐린 날이 많고 눈이 많이 내리는 추운 나라에서 아이가 태어나면 엄마들은 아이를 유모차에 태워서 밖에서 재운다고 합니다. 기온이 내려가면 건조해지기 때문이기도 하고, 밖에서 자야 산소를 충분히 마실 수 있다고 해서 밖에서 재운다는 겁니다.

　아이가 건강검진을 받고 예방주사를 맞을 때 언제부터 앉기 시작했는지 손으로 물건을 잡기 시작한 건 언제인지 간호사가 일일이 체크한다고 합니다. 그러면서 동시에 그림 보고 말하기, 도형 옮겨 그리기, 공 던지고 받기, 구슬꿰기 등의 지적 능력도 검사한다고 합니다. '라스텐 네우블라'라는 이름의 이 성장 발달 기록은 조기교육을 시키기 위해서가 아니라 뒤처지지 않게 하려는 노력의 하나라고 합니다. 핀란드 교육의 목적은 영재를 키우는 데 있지 않고 뒤처지는 아이가 생기지 않도록 배려하고 노력하는 데 있습니다.

---

[1] 필자는 시인으로 『고두미 마을에서』, 『접시꽃 당신』 등 다수의 시집과 동화를 집필하였으며, 2008년부터 한국작가회의 사무총장으로 일하고 있다.

초등학교에 들어가서 적응할 수 있는지 없는지, 그림을 그릴 수 있는지 없는지, 집중력이 있는지 없는지를 테스트하는데 그중에서도 집중력을 중요하게 생각한다고 합니다. 학교에서도 집중력이 부족하다 싶으면 보충 교육을 통해서 집중력을 다시 기르도록 지도하고, 집에서도 놀면서 집중력을 기를 수 있도록 한다고 합니다. 레고를 가지고 논다든가 집중해서 놀기 시작하면 아이에게 방해가 되지 않게 부모가 조용히 한다는 겁니다. 밖에서 한두 시간씩 뛰어놀면서 에너지를 소모하고 들어와야 차분해진다고 생각해서 마음껏 놀면서 자라게 한다는 겁니다.

이 나라에는 학원을 찾아볼 수 없습니다. 모든 교육은 학교에서 이루어집니다. 교사와 아이와 부모가 상의해서 어디까지 공부할 것인가를 정하고 그 합의한 목표에 도달했는가를 측정하는 것이 이 나라의 평가입니다. 목표에 도달하면 다음 목표를 정하고 도달하지 못했으면 학습목표를 다시 협의해서 정합니다. 학생마다 목표가 다른 것은 개인별로 학습속도가 다 다르다고 생각하기 때문입니다. 학습의 원칙 중의 하나가 협력입니다. 공부는 모둠을 만들어 서로 협력하며 배워나갑니다. 친구는 경쟁의 상대가 아니라 협력하는 존재이고 내가 넘어야 할 것은 친구가 아니라 나 자신이라고 가르칩니다.

그래서 학생 간의 학력 격차가 적고 학교 간의 차이가 적습니다. 학생들은 지역의 학교로 진학을 하고 어디서든 무상으로 질 높은 교육을 받을 수 있습니다. 교사는 가장 존경받는 직업 중의 하나이고 사회에서도 높은 신뢰를 받고 있습니다. 중앙정부는 교육의 가이드라인만을 정하고 교육과정은 학교별로 자율적으로 구성하여 아이들을 가르칩니다. 수업의 양은 우리나라의 절반도 안 되는데 학력수준은 세계 1위입니다. 국제학생평가프로그램(PISA)[2]에서 가장 높은 성취를 보여주고 있으며 부패수치는 가장 낮고, 복

2_ PISA(피사)는 OECD에서 각국 교육정책을 수립하는 기초자료로 제공하기 위해 3년 주기로 시행하는 평가 프로그램으로 'Programme for International Student Assessment'의

지에 투자하는 비율이 우리의 두 배 가까이 되며 특권의식이 없는 민족입니다. 우리도 상위권을 유지하는 과목이 있지만 우리와 가르치는 방식은 전혀 다릅니다. 우리는 양 많은 수업에 치중하며, 아이들을 휘어잡고 꼼짝 못하게 몰아붙이면서 얻어내는 성적이지만 이 나라는 시험도 별로 보지 않습니다.

이 나라는 어머니가 아이를 낳으면 그 아이를 돌보고 바르게 교육시킬 책임이 국가와 자치단체에 있다고 믿고 있습니다. 아이가 서로 도울 줄 알고 소통하고 협력할 줄 알며 지적 능력과 함께 상대방을 존중하고 정직하고 민주적인 생각을 가진 젊은이로 자라나는 것이야말로 국가의 가장 큰 이익이요 재산이라고 이들은 믿고 있습니다. 실제로 이들은 그렇게 교육받고 자라서 작은 나라를 남들이 부러워하는 나라로 만들고 있습니다. 국민소득도 우리의 두 배가 넘습니다.

함께 간 분 중에 이 나라의 어린이들이 공부하는 모습을 보며 눈물을 흘린 이가 있었습니다. 우리나라 아이들이 교육이라는 이름으로 얼마나 학대받고 있는가를 생각하며 우는 그의 눈물이 오래 우리의 가슴을 적셨습니다.

약자이다. 이는 의무교육이 종료되는 만 15세 학생들이 지식사회에 충분히 참여할 수 있는 지식과 기능을 얼마만큼 취득하였는지를 테스트하는 것으로 독해력, 수학, 과학 성적을 3년 주기로 시행하고 이를 비교하는 것이다. 2006년에는 OECD의 30개국을 포함하여 총 57개국이 참여하였다. 이후 이 책에서는 용어의 혼란을 피하기 위해 '국제학생평가 프로그램'의 약자인 PISA 또는 피사로 기술할 것이다.

핀란드 스웨덴 교육 탐방을 다녀와서

정리 : 권태선(한겨레 논설위원)

지난 2009년 1월 핀란드와 스웨덴 등 북유럽 교육현장을 함께 탐방했던 교사 학부모들과 북유럽 교육이 우리 교육에 던지는 시사점은 무엇인지, 우리 학교 현장을 변화시키는 데 북유럽 교육 모형에서 어떤 도움을 받을 수 있을지를 함께 이야기 나눠봤다. 좌담은 2009년 2월 19일 한겨레 회의실에서 권태선 한겨레 논설위원의 사회로 이뤄졌다.

참석자:
김명신 함께하는 교육시민모임 대표
서길원 번천초등학교 교사, 스쿨디자인21 대표
이광호 이우학교 기획실장, 함께여는 교육 대표
정병오 문래중학교 교사, 좋은교사운동 대표
정희곤 광주지산중학교 교사

권태선 (이하 권): 최근의 일제고사 파문에서 보듯 한국 교육은 지금 극도로 혼란스럽다. 새 정부 들어서 추진된 각종 정책은 공교육의 기조를 흔들 뿐만 아니라 정부의 공언과는 반대로 사교육의 비대화를 가져왔다. 이런 현실 속에서 한국 교육을 바꾸기 위해 노력해오신 여러분들이 한국 교육의 대안을 찾기 위해 스웨덴과 핀란드를 방문했다. 우선 북유럽 두 나라 교육환경을 직접 보고 온 소감부터 이야기해보자.

정희곤(이하 정): 학교교육이 이렇게 갈 수 있는 거구나 하는 생각이 들었다. 특히 공립학교의 개혁 사례인 미래학교Futurum Skola가 인상적이었다. 먼저 철학을 정립하고 조직을 재창출해 그렇게 혁신적인 학교를 만들어낸 것을 보면서 우리는 그렇게 할 수 없을까를 고민했다.

서길원(이하 서): 북유럽에선 학교가 교육의 본질적 역할에 충실했다. 그리고 총체적으로 봤을 때 북유럽의 교육은 조화롭다. 거기에선 수월성과 형평성, 자율성과 책무성이 대립개념이 아니라 조화를 이룬다. 교사의 자율성과 전문가적 책무성을 인정해주는 것이 시스템 속에 녹아 있다. 우린 모든 문제를 시스템의 문제로 보지 않고 교장이나 교사의 열정 따위로 해결할 수 있다고 밀어붙이는데 우리도 이제는 시스템을 고민해야 한다는 생각이 들었다.

정병오 (이하 병): 공교육을 모든 사람들을 위한 교육으로 정의하고 기초단계에서는 한 사람도 포기할 수 없다는 생각으로 모든 사람을 일정 수준 이상으로 올려주기 위해 노력하며 고등학교 이상 단계에서는 다양성을 기를 수 있게 하는 시스템이 인상적이었다. 또 하나 공교육 중심인데도 관료주의가 없고 정직하고 투명한 교육이 이뤄지고 있는 것도 놀라웠다. 교육에 관련된 국가와 지방정부, 그리고 학교의 역할과 책임을 세분화하고 명료화할 필요를 느꼈다.

김명신(이하 김): 핀란드 경우 학업성취도가 우리나라와 마찬가지로 세계 최고다. 그러나 한국은 경쟁을 통해, 핀란드는 협동을 통해 그런 결과를 냈다. 핀란드와 한국의 이런 차이는 교육 그 자체가 다른 것 때문만이 아니라 그 사회의 철학과 가치가 다르기 때문에 나타나는 문제들이라는 생각이 들었다. 지난 십수 년간의 학교교육개혁운동이 왜 그만한 성과를 내지 못했는지 두 사회를 보고 이해가 갔다. 교육이 변화하려면 사회가 함께 변화하지 않으면 안 된다는 것을 새삼 깨달았다.

이광호(이하 이): 우리 교육은 정치권력에 따라 변해왔다. 북유럽과 가장 대비되는 점이다. 핀란드, 스웨덴은 교육개혁이 있어도 그 기본 틀은 변하지 않았다. 스웨덴이나 핀란드 모두 소수자에 대한 배려를 포함한 민주적 가치 추구를 이야기한다. 기업형 학교에서조차도 어떤 아이도 뒤처지지 않게 한다는 목표를 내세운다. 모두를 위한다는 정신이 똑같이 흐르고 있었던 것이다. 우리 공립학교가 그 기업형 학교보다 더 나은 것이 무엇인지 모르겠다.

개인적으로는 핀란드보다 스웨덴이 더 흥미로웠다. 스웨덴은 한편에선 인문계와 실업계가 통합된 고등학교처럼 평등주의 경향이 강하면서도 지식학교Kunskapsskolan처럼 극도의 효율성을 추구하는 학교도 용인되는 분위기였다. 실업계 인문계가 함께 있는 스웨덴은 인간적이란 느낌이 든 반면 핀란드의 경우에는 실업계와 인문계가 서열화된, 그러나 정돈된 느낌이었다. 스웨덴은 경쟁력 있는 사회이나 교육은 비효율적인 것이 아닐까?

권: 김 선생께선 사회체제의 차이가 교육제도의 차이를 만들어낸 것이 아닌가 생각한다고 했다. 그렇기 때문에 많은 사람들이 사민주의 국가인 북유럽 사회의 학교 모델이 우리 사회에 적합할 수 있는가 하는 문제를 제기하기도 한다. 교육현장 경험에서 볼 때 이런 견해에 대해 어떻게 생각하는가, 정말로 우리와는 다른 먼 나라의 꿈 같은 이야기인가?

정: 그동안 우리는 국가수준의 교육개혁만 논의해왔다. 그렇기 때문에 핀란드 모델은 꿈 같은 얘기로 치부해버렸다. 그러나 국가 수준, 지방자치 수준, 학교 단위, 학년 단위 교사, 개인교과 단위 등으로 개혁의 축을 다양화한다면 못할 것도 없다. 이제는 멀티트랙으로 접근해야 한다. 그동안 실패의 연속이었기 때문에 새로운 작은 대안이라도 성공한다면 국민에게 희망을 줄 수 있다.

서: 북유럽 교육 모델은 단순히 먼 나라 얘기가 아니다. 지금은 단순히 틀의 이식이 필요한 게 아니라 근본적인 사고의 전환이 필요하기 때문에 그렇다. 최근 일제고사 성적 공개는 우리 사회에 근본적인 논쟁점을 던져줬다. 그동안 우리의 교육개혁 논의는 명문대 입학 숫자로 대변되는 대학입시제도 중심으로 돼왔다. 그런데 기초학력 무더기 미달사태가 확인됐다. 뒤처지는 아이의 문제를 어떻게 해결할 것인지가 논점이 된 상황에서 핀란드 모델은 우리에게 새로운 시사점을 준다.

한국과 핀란드의 피사 성적은 모두 높지만, 핀란드는 성적이 균등한 반면 한국은 차이가 컸다. 그들보다 더 많은 평가, 더 많은 수업을 하고 있는데 왜 그런 결과가 나오는가? 그것은 시스템의 효율성 문제라고 생각한다. 핀란드에선 질 관리가 충실할 뿐만 아니라 학생들이 중도에 탈락하지 않고 다시 살아날 수 있는 패자부활 가능성이 계속적으로 보장되고 있다. 이게 핀란드의 힘인 반면 우리에겐 그것이 없다.

권: 그렇다면 구체적으로 단위학교 현장에 적용 가능한 것들은 어떤 것이 있을까?

병: 두 나라의 교육제도를 보고 우리의 자산은 무엇인가를 생각해봤다.

무엇보다 교사들의 열정이 자산이라고 본다. 그 나라는 시스템이 우리보다 낫지만 개별교사가 더 헌신적이라는 느낌은 들지 않았다. 그러나 우리 교사들은 시스템이 제대로 안 갖춰진 상황 속에서 나름대로 결과를 내기 위해 다양한 교수법을 활용하는 등 노력하는 선생님들이 많다. 이런 교사들의 자산을 활용할 수 있게 해주는 게 필요하다. 그렇게 하기 위해 필요한 것은 유연성인데 예를 들어 초등학교에서 한 교사가 다른 교사 수업의 보조 교사로 활동하는 핀란드처럼 우리도 내부의 유연성을 만들어내는 일부터 시작해볼 수 있다.

서: 북유럽 모델을 교실현장에 적응할 수 있는 방법을 말해보고 싶다. 교실 변화는 어떻게 가능한가? 우선 개방성 확보가 관건이고 학생의 학습 선택권을 보장해주는 게 필요하다. 학생이 학습을 선택하게 되면 학습이 다양해지고, 교사의 질적 성장이 가능해진다. 나아가 이는 교사의 헌신성 자발성으로 이어진다.

관료제를 개혁하는 것 역시 중요하다. 현재의 통제 중심 체제의 관료제를 지원 중심 체계로 전환하는 게 필요하다. 스웨덴과 핀란드 학교에선 교장실은 귀퉁이에 있거나 아주 자그마했다. 학교를 소개하러 나선 것도 모두 교장들이었다. 그들은 수석 교사이면서도 교사들에 대한 지원자로서의 역할을 철저히 했다. 교육위원회나 지자체의 역할도 마찬가지였다. 핀란드에선 장학과 감사제도가 이미 90년대에 폐지됐다.

나아가 교육개혁의 담론을 유치원과 초등교육 중심으로 개발하는 것도 중요하다. 입시개혁 같은 문제는 다양한 힘의 관계가 존재하기 때문에 성과를 내기 어려운 반면, 유초등 부분에선 좀 더 쉽게 성과를 낼 수 있다.

미래사회의 대응력을 키우기 위해 기술대학이나 직업학교에 대한 집중투자가 필요하다는 점 역시 강조하고 싶다. 특목고나 국제중, 기숙형 학교 등에 투자할 돈을 기술학교나 기술대학 같은 곳에 투자한다면 우리 젊은이들에게 다양한 미래를 보장해줄 수 있을 것이다. 북유럽에선 직업교육이 국가발전의 성공적인 열쇠가 된 것 같은 느낌을 받았다.

정: 덧붙여 스웨덴이나 핀란드에서 강조하는 학생 학부모 교사의 3자대화를 우리도 도입해봄직하다. 학부모들 역시 우리 학교교육이 미래지향적 교육이 되지 못함을 잘 알고 있다. 그러므로 3자대화를 활성화함으로써 학부모와 학생을 미래를 위한 교육의 동반자로 이끌어낼 수 있지 않을까 생각한다.

김: 그와 함께 우리도 거대 학교를 쪼개 작은 학교로 만드는 일이 시급하다고 생각한다. 거대 학교는 학생들의 학습권을 충족시켜주지 못한다. 푸트룸스콜라에선 한 학교가 3개의 작은 학교로 나눠져 있었다. 그렇게 하니 교사들의 선의의 경쟁이 이뤄지고 책무성도 높아졌다고 한다.

서: 작은 학교 문제는 중요한 논점이다. 작은 학교를 통해 대도시의 학력미달 문제를 해결할 수도 있다. 학교는 교장이 적어도 자기 학교 학생들의 이름과 얼굴을 알 수 있는 규모여야 한다. 작은 학교는 현재 공교육 틀 내에서 실험해볼 수 있는 문제다.

권: 작은 학교가 가능하려면 교사 확보에 문제가 없어야 한다. 초등학교는 별 문제가 없지만, 중학교는 전공별로 나눠져 있으니까 문제다. 스웨덴은 이 문제를 교사의 복수전공으로 푸는 것 같던데, 우리도 그렇게 할 필요가 있는 것은 아닌가?

이: 학생을 중심에 두고 그 밖의 요소는 학생들을 지원하기 위한 시스템이라고 생각한다면 우리라고 못할 게 없다. 유연한 시스템이 가능해지려면 교사들 역시 유연해야 한다. 젊은 교사들 가운데는 복수전공을 갖고 있는 교사들도 있기 때문에 불가능한 일은 아니다.

정: 교육에서의 변화를 추동하는 것이 상향식도 있고 하향식도 있다고 할 때 학교 현장에서 할 수 있는 일이 많다고 생각한다. 제일 만만한 게 수업이다. 교사 개인이 마음을 바꾸면 교실은 학교 변화를 위한 거점이다. 민주주의 등 개념 교육은 담임이 생각만 있다면 현실에서 적용할 수 있다. 방과 후 학교 역시, 거의 의무화되다시피 했는데 변화를 촉발할 수 있는 장치이고 재량활동도 변화를 이끄는 기회로 활용할 수 있다. 학교 현장에서 검증돼 학부모와 사회를 설득할 수 있는 사례들을 만들어냄으로써 학교에 개혁의 거점을 마련하는 게 중요하다.

이: 단위학교들이 그런 식의 개혁을 해나가면서 새로운 모델들이 만들어져야 한다는 데 동의한다. 그러나 그런 개혁이 성공하려면 그것을 지원하는 시스템이 구축돼야 하는데 우린 그렇지 못하다. 일제고사 파동만 해도 그렇다. 정부는 일제고사로 학교를 평가하겠다고 압박하면서, 학교에는 온갖 통제를 가한다. 통제와 일제고사 식의 일률적인 평가가 단위학교의 자율을 억압하고 개혁을 가로막는다. 자율화, 분권화하지 않으면서 학교에 책무성만 덧씌우는 시스템을 개혁해야 한다.

병: 스웨덴은 교과서가 없으니까 교사들이 교재를 만들면서 서로 연구 협동할 수 있는 상황이었다. 따라서 각 교사의 연구 결과와 참여 정도가 온전히 드러난다. 교사들의 연구 협동을 진작하기 위해선 우리도 교과과정에 대

한 자율권을 교사들에게 주는 게 필요하다.

권: 이 정권의 교육정책을 주도하는 이주호 교육과학기술부 차관도 자율화, 다양화를 이야기한다. 그리고 새로운 교육을 갈망하는 쪽에서도 역시 자율화, 다양화의 필요성에는 공감한다. 그렇다면 둘 사이에 어떤 접점을 찾을 수 있는 여지는 없는가?

이: 지금의 정부도 자율화, 다양화를 이야기하지만 우리가 보기엔 신자유주의적 교육일 뿐이다. 그러나 정부나 정부의 정책을 반대하는 진영 모두 구체적 실천 모델이 없는 상태에서 모두 그림만 그려놓고 밀어붙이려고 한다. 그런 점에서 단위학교에서 새로운 모델들을 축적해서 학부모와 사회에 보여주는 것이 필요하다.

이와 함께 교육문제를 둘러싼 이견을 좁히기 위한 사회적 대타협도 절실하다. 그러나 우리 사회에 그것을 만들어낼 주체가 있는가 생각하면 갑갑하다. 지금처럼 교원단체와 정부, 교원단체들 사이의 대립과 힘겨루기가 난무하는 한 우리 사회의 교육적 역량은 계속 소진될 뿐이다.

그렇지만 스웨덴의 미래학교Futurum Skola가 상상력을 자극한다. 지방자치체가 교사와 협력해 단위학교 차원의 개혁을 추동함으로써 새로운 미래형 학교를 탄생시켰다. 우리도 교육자치가 제대로 이뤄진다면, 지자체와 협력해 각 지역에 맞는 새로운 교육 모델을 만들어내는 일을 추동해볼 수도 있지 않을까.

병: 이 정부와 협력할 부분이 있다면 협력하고 활용해야 한다는 데 원칙적으로 찬성한다. 교총이 이주호 차관을 반대했던 것은 그가 관료개혁을 주장했기 때문이다. 그러나 지금 그는 관료개혁은 손도 못 대고 학교에 고통

만 가중하고 있는 게 현실이다.

김: 교육을 교육의 문제로만 보면 합의점을 찾기 힘들다고 생각한다. 그들은 실제와 표상이 다른 말들을 하고 있다. 경제, 문화, 환경, 복지 등 우리 사회의 문제들을 풀어내기 위해선 교육이 어떤 역할을 해야 하는가를 물어야 한다. 그런 점에서 단위학교 개혁과 제도 개혁이 함께 가야 한다는 게 내 생각이다.

서: 교육은 여러 이해관계가 상충되어 있는 문제기 때문에 전선을 넓혀서는 풀기 어렵다는 게 내 생각이다. 축소해서 학교 내적 문제를 해결하는 데서 시작하는 것이 쉽다고 본다. 학교 안에서 우리 학생들은 책무만 존재하고 선택권이 없는 그런 문제부터 제기할 필요가 있다.

권: 정부가 다양화와 자율화를 이야기하면서 학교선택제를 내세우고 있지만, 아이들은 실제로 선택할 수 없다는 말씀이다. 그렇다면 아이들은 무엇을 선택할 수 있어야 하는가?

서: 학생들에게 학습선택권이 주어져야 한다. 다양화란 이름으로 학교를 선택할 수 있다고 하지만, 학교 안에 들어오면 학생들은 아무런 선택권이 없다 해도 과언이 아니다. 예를 들어 내 돈 내고 하는 자율학습조차 선택할 수 없는 게 오늘의 현실이다.
핀란드 고등학교에선 수많은 예체능 과목이 특성화 과정으로 개설돼 있고 그것이 학교의 색깔을 만들어냈다. 이것이 핀란드를 디자인 강국으로 만든 힘이 아닌가? 핀란드의 경우, 아이들이 학습 내용뿐 아니라 학습속도까지 선택 가능하다. 우리도 학습 자율화, 다양화를 위한 모델들을 만들어야

한다. 학교 다양화란 말은 학습의 다양화가 전제될 때 비로소 의미가 있는 것이지 지금 같은 형태로는 학교 서열화의 다른 말일 뿐이다. 우리에겐 자율화와 다양화가 단순히 구호에 그칠 뿐인데, 핀란드는 시스템과 법으로 보장하고 있다.

김: 다양화와 자율화는 교육의 본질에 근거했을 때 의미가 있는 것이다. 우리 교육에선 줄서기의 앞자리를 차지하기 위한 무한경쟁에 나서는 것을 허용하는 자율화이고 다양화일 뿐이다. 강남의 한 학교에선 1년 363일 야간자율학습을 하기로 했다. 이게 우리나라 자율화의 실상이다.

권: 여러분들의 말씀을 통해 우리 교육에 새로운 상상력이 필요하다는 것이 확실해졌습니다. 그리고 우리 현실은 엄중하지만 여러분들의 노력으로 우리 학교 현장이 조금씩이나마 변화를 이뤄나갈 수 있으리라는 기대도 듭니다. 오랫동안 말씀 고맙습니다.

경쟁이 없는 교육

| 김명신[1]

　최근 핀란드 교육에 대해 관심을 가진 사람들이 늘어나는 것은 그만큼 현재 한국 교육의 새로운 돌파구를 찾고 싶어 하는 사람들이 많다는 증거일 터다. 한국뿐 아니라 미국의 학자들도 핀란드 교육을 연구하거나 아예 안식년 행선지를 핀란드로 선택하고 있다. 몇 년 전부터 교육단체들 사이에서 갈수록 시장화되는 한국 교육에 숨이 막힐 지경이면 단골 메뉴로 핀란드 교육이 화제에 올랐다. 그럴 때마다 속으로 부러움과 절망이 교차했다. 핀란드 교육 이야기를 전해 들을 때마다 협동을 통해 교육을 '잘'한다라는 말의 의미가 부러우면서도 정확히 잡히지 않았다. 사람 사는 세상에서 경쟁은 피할 수 없는 것인데 경쟁하지 않고 협동하면서 교육한다? 이해가 안 갔던 것이다. 이런 의문점을 풀기 위해 2009년 1월, 한국의 교육운동가, 교사, 교수들 정확히 39명이 떼를 지어 핀란드 교육을 돌아보기 위해 길을 나섰다. 내친 김에 스웨덴 교육도 둘러보았다. 개인적으로 한국과 다른 두 나라- 미국과 베트남에서 학부모로서 교육을 경험한 적이 있는데 이번 스웨덴, 핀란

1_ 필자는 현재 교육연대 공동대표, 함께하는교육시민모임 공동회장을 맡아 교육운동에 몸 담고 있다.

드 방문은 민주주의가 정착된 나라의 교육 문제를 구체적으로 살펴보고 시야를 넓히는 데 큰 도움이 되었다. 예전에는 미처 경험하지 못한 새로운 충격을 경험한 것이다.

여행 일정상 먼저 둘러보게 된 스웨덴, 그 첫날 방문한 푸투룸 학교 Futurum Skola[2]에서 겪은 인상적인 일이 기억난다. 우리 일행이 학교를 방문해 학교 관계자의 프레젠테이션을 받을 때 각자 다른 유형으로 내용을 기록했다. 노트북에 적는 사람, 메모하는 사람, 그냥 듣기만 하는 사람, 생각하는 사람, 영상으로 담는 사람, 카메라 셔터를 누르는 사람……

그것을 본 그 학교 관계자가 이렇게 말했다.

"지금 여러분이 각자 가장 유용한 방식, 자기만의 방식으로 내용을 적어 두는 것처럼 학생들도 공부에 적용하는 각자 방식이 다르다"라고…….

핀란드와 스웨덴의 교육은 그렇게 다양하면서도 개별화된 방식에서 시작된 것이 아닐까? 아마 그 장면이 여행의 의미의 처음이자 모든 것일지도 모른다는 생각이 들었다.

스웨덴이나 핀란드나 작은 나라로서 교육이 중요한 정책 과제이다. 국가가 민주주의 가치를 바탕으로 새로운 인재 유형을 수립하고 이를 개발하기 위해 교육정책을 수립해나가는 것이다. 그들은 무엇보다 오늘의 교육 목표가 내일의 시민을 만드는 것이며 학생의 창조성, 비판적 사고, 자기 신뢰, 사회적 소통을 중시하고 있다. 두 나라 공히 그 누구도 우연히, 필연적으로 불평등해지는 것을 막기 위한 인위적인 노력이 당연하다는 철학 아래 교육이 행해지고 있는 것이다.

2_ 미래학교로 번역하며 이후부터는 '미래학교(Futurum Skola)'로 병기할 것임.

경쟁과 협력…… 누가 더 많이 웃고 살까

핀란드는 노키아라는 세계적 인기를 얻은 휴대전화 회사로 인해 널리 알려져 있다. 얼마 전부터 인천과 헬싱키 직항로가 개설되어 핀에어Finnair라는 직항기로 8시간 만에 닿을 수 있는 심리적으로 가까운 국가가 되었다. 지도 상에 러시아의 상트페테르부르크 바로 옆에 붙어 있다.

필자가 초등학교에 다닐 적 사회 시간에 배운 바로는 '핀란드는 분단국과는 교류를 안 하는 것을 원칙으로 하다가 이후 북쪽과 남쪽 모두 외교를 터서 중립국도 아닌 외교방식이 낯선 먼(?) 나라'로 암기했던 기억이 난다. 핀란드는 러시아와 스웨덴으로부터 700년이라는 오랜 식민지를 거쳤지만 자신들의 고유 언어[3]를 간직한 강인하고 생존력이 강한 나라이다. 그래서 화염병이 세계 최초로 생겼다고 한다. 러시아의 침략에 맞서기 위해 러시아 탱크에 화염병을 몇 개씩 투척해 그들을 막아내기도 했다는 것이다. 오랜 식민지 기간을 거치다 보니 자신들에게 맞는 교육제도가 있을 리가 없어서 스웨덴과 독일로부터 교육제도를 수입했는데 부정적인 영향이 커지자 자신들만의 교육개혁을 찾아 나섰다. 지금으로부터 40년 전 일이다. 핀란드는 자신들의 교육을 발전키기 위해 새로운 합의와 모델을 개발하며 교육 문제를 정치 쟁점화하지 않고 합의를 존중하며 실용성을 중시하고 자신들에게 맞는 방식을 개발해갔다. 그 과정에서 아호Erkki Aho가 20년 가까이 핀란드 정부 내 교육 책임자를 맡고 교육개혁 과정에서 생기는 현장의 반발은 재정 투자를 높이고 교사 월급을 인상하는 등 불만을 최소화하고 합의를 유도하는 식으로 관리하며 교육 발전을 진행해갔다고 한다. 그 결과 핀란드는 스웨덴과도 다른 교육 모델을 발전시켜나갔다.

3_ 핀란드에서 사용하는 핀란드어는 핀어(Finn語) 또는 수오미어(Suomi語)라고도 하며, 우랄어족에 가까운 핀노우그릭 어족에 속하는 언어임.

PISA(국제학력평가)의 의미

세계 각국이 2000년부터 시작된 PISA 시험 결과에 관심을 갖는 것은 이 시험이 단순히 주입식 학력을 측정하는 것을 넘어서 문제 해결력과 창의성, 학습에 대한 태도와 지적 호기심 등 여러 지표를 측정할 수 있는 도구로서 점차 한 나라 교육정책 결정에 의미를 갖기 때문이다.

핀란드와 스웨덴 두 나라도 '학력'이란 개념을 점차 확장해나가고 있다. 학력을 암기된 지식을 넘어 문제 해결력과 소통 등 보다 넓은 범위에서 파악하고 개인의 소양과 역량을 키운다는 것으로 점차 개념을 넓혀가는 것이다. 학력 개념 속에 소통 능력과 시민성을 포함시키며 두 나라는 교육의 수월성과 평등성에 성공한 나라로 꼽히고 있다.

얼마 전 독일이 PISA 시험 순위가 몇 단계 향상되어 국가적 잔치를 벌였다는 소식을 그 무렵 독일로 안식년을 갔던 정현백 교수에게 들은 적이 있다. 그만큼 세계가 관심을 기울이는 부문인데 한국은 성적이 좋아도 그 의미를 평가절하하면서 하향 평준화 논쟁만을 벌이고 있으니 아쉬움이 크다.

2008년 초 문화방송(MBC)에서는 「열다섯 꿈의 교실」이란 특집방송을 통해 핀란드 교육과 한국 교육을 집중 조명하며 비교했다. 두 나라 똑같이 학력이 세계 최고 수준인데 한국은 가장 공부를 많이 해서 얻은 학력이고 핀란드는 공부에 목을 매지 않고 개인의 자발성에 기초해 얻은 결과였기 때문이다. 방송 중 PISA 관계자는 말했다.

"그 이유는 한국 교육의 성취는 경쟁의 결과이고 핀란드 교육은 협력의 결과이기 때문이다."

나는 그때 망치로 머리를 세게 얻어맞은 기분이었다. 1년 내내 그 말이 내 속에서 맴돌았다.

그들은 한결같이 말했다.

"경쟁은 스포츠에서나 있다."

낙오자 없는 교육

핀란드 교육에 낙오자는 없다. 같은 배를 탄 학생들이 중도에 하선하지 않고 무사히 안전한 항구에 이르도록 하는 것이 학교교육의 목적이다. 핀란드 학생도 고등학교와 대학을 가기 위한 시험을 치르고 스트레스가 없는 것은 아니지만 10대로서 감당해낼 수 있는 정도의 스트레스를 받는 것 같았다. 한국보다 훨씬 덜 불행한 10대라는 표현이 맞을 것이다. 시험은 학생의 서열을 정하기보다 내가 학습하는 태도, 내가 아는 것을 점검해보는 학습의 과정으로 존재한다. 고교 졸업 무렵 대학입학 자격을 얻기 위한 시험이 있다. 고교에서는 직업학교와 인문학교의 넘나듦이 유연한 고등학교 제도를 택하고 있다. '평준화다 아니다'를 거론할 필요없이 공부 잘하는 학생과 공부 못하는 학생이 한데 어울려 협력 학습, 자기주도적인 학습, 프로젝트 학습을 벌인다.

이처럼 잘하는 학생은 그냥 두어도 잘하므로 그대로 두고 못하는 학생들을 끌어올리는 것이 핀란드 교육방식이다. 이를 통해 개별화 교육과 다양화 교육을 만족시키는 것이다. 그리고 고등학교는 2년 ~4년 사이에 마칠 수 있다. 고등학교를 졸업했다고 해서 반드시 곧바로 대학에 진학하는 것이 아니고 필요하면 인턴 일을 하거나 여행을 하며 진로에 대해 생각해보거나 휴식기를 가진 후 결정할 수 있도록 모든 가능성이 열려 있다.

직업교육 문제만 해도 그렇다. 한국의 교육운동가로 살면서 한국 교육을 고발하고 싶었던 적이 한두 번이 아니다. 직업교육과 학생 인권 문제에 있어서 특히 그러하다. 학벌주의, 학력 간 임금 격차 등을 다 제쳐놓고라도 한국은 전문계고 학생이 절반인데 그들의 교육에 손 놓고 있는 현실이다. 한국의 전문계고 학생들은 앞다투어 대학에 진학하고 있다. MB정부는 전문계고 학교인 마이스터교를 100개 세운다고 하나 직업교육이 바로 서지 않는 한 현재의 질곡에서 헤어나기 어려울 것이다. 핀란드는 직업교육이 활발하다.

졸업생이 고교를 졸업하고 현장에 곧바로 투입될 것을 상정해 직업고등학교에서 직업교육에 혼신의 힘을 기울인다. 실습생들이 집을 지어 팔기도 하며 현장 감각을 익히는 것이다.

한국 부모들, 심리학을 공부하세요

이번에 만난 헬싱키 시 인근 에스포 지역의 뽀흐요이스-따뻬올라Pohjois-Tapiola 중·고교 교장 선생님은 여성으로서 2008년 경기여고 100주년 초청 행사에서 '핀란드의 여성'에 대한 강연을 하기 위해 한국을 방문했었다고 한다. 짧은 방한 기간이었으나 한국 교육에 대해 많은 것을 알고 있었다. 그녀는 한국 교육에 대해 조심스럽게 다음과 같이 말했다.

"한국 학부모와 교사들은 심리학을 다시 한 번 배웠으면 한다. 24시간 쉬지 않고 계속되는 학습이 결국 아무것도 기억하지 못하게 한다는 것을 반드시 한국 학부모들이 기억했으면 좋겠다."

그녀는 진심으로 우려를 담아 말했다.

한국 국민 대다수가 교육 고통을 호소하고 있다. 특히 사교육비 문제가 심각하다. 한국 국민 대다수가 높은 교육열을 자랑하고 국민 모두가 교육 전문가라고 하지만 사실은 교육에 대한 관심이라기보다는 내 자식 명문대 가는 것에만 관심 있다는 말이 정확할 것이다. 내 자식만 성공한다면 내 나라 교육이 어떻게 되건 상관없는 사람들로 넘쳐난다.

지금 한국은 핀란드와 상황이 다르고 철학이 다르다. 많은 한국 부모들이 국제중-특목고-명문대-고급인생에 올인하고 있다. 그러면서도 늘 불안해하고 있다. 그러나 교육에서 더 빠른 길, 쉬운 길이 반드시 나은 길일까? 만약 서울에서 부산을 가야 하는데 걸어서 가기도 하고 자전거를 타고가거나 버스, 기차, 비행기 등으로 가는 방법이 있다면 우리는 무엇을 택할 것인가? 굽이굽이 버스와 기차, 자전거 타고 가다 보면 하늘을 날아서 가는 것보다 엄청 느리지만 가는 도중 보고 듣는 것은 많을 것이다. 지금 교육이 그렇다. 문제풀이 아무리 잘한다 해도 공부의 일종일 뿐 진짜 공부가 되기는 어려운 것이고 아무리 남들보다 목표에 빨리 도착했다고 해도 으스댈 일만도 아니다. 중간에 놓친 잠재력, 유연성, 비판력, 도전정신, 남과 더불어 사는 삶, 누구와도 비교하지 않고 스스로 자존감을 갖고 사는 삶을 버리고 남들처럼, 획일적으로 남의 기준에 자신을 맞추는 길을 택한 경우가 많다. 그렇게 인생을 살아가는 데 중요한 나사 하나가 빠져서 2퍼센트 부족한 채 살아야 하는 것이다.

모두들 한국 교육 문제에 정답이 없다고 하지만 과연 해답이 없을까? 우리가 학부모로서 '답이 없다'고 체념하며 제도 탓, 남의 탓만 하고 싸우다가 스스로 괴물이 되어 아이들을 억압하고 있지 않은지? 최근 3년간 자살만이 해결책이라고 생각해본 학생들이 20퍼센트를 넘고 하루 1명 이상의 10대가 자살을 하는 10대들의 현실, 강남신경정신과에 소아환자가 넘쳐나는 그 이면에는 학부모들의 욕망이 있다. 자녀를 가장 사랑하지만 그래서 사랑이라는 이름으로 자녀를 혹사시키며 한국 교육의 해답은커녕 내 집 아이 교육의 해답도 찾을 생각을 포기하고 각개약진에 골몰하는 부모들의 무능력과 무신경이 점차 깊어가고 있다. 우리들은 지금 어떤 애들을 키우고 있는 것인지? 부모 스스로 되돌아보아야 할 것이 너무 많은 것이다.

학부모들이 입시교육 잘못된 거 알겠고, 교육정책 잘못된 거 다 알겠는데, 그럼에도 불구하고 불안한 것은 현실인 상황에서 어떤 철학을 가지고 아이들 교육을 해야 할지 모르겠다는 고민을 털어놓는다. 부모들이 자녀양육에 대해 필요 이상으로 불안해한다.

학생은 평등한 것이 아니라 분기별로 나오는 성적표에 의해 부모로부터, 교사로부터 차별받고 있다. 성적을 기준으로 높이높이 인간 피라미드를 쌓으며 대부분의 아이가 피라미드에 쌓인 받침돌로서 기능을 하는 것이다. 이른바 분모가 되는 학생들이다. 학생들은 미래를 위해 현재를 저당잡힌 채 마구잡이로 일제고사와 대학 입시에 내몰려 있다. 당신이라면 어느 것을 택하겠는가? 그리고 우리는 어떤 교육을 택해야 하는가?

지금 지구 반대편에서 또 다른 방식의 교육이 가능하다는 것이 증명되고 있다.

교육, 백년대계를 바꾸는 차이는?

십수 년 전 필자가 교육운동에 처음 발을 들여놓았을 무렵, 한국 교육 문제를 열렬하게 비판하고 대안을 고민하는 자리가 있었다. 좌중에 누군가 해답처럼 "내가 살던 미국에서는…", "내가 살던 독일에서는…" 모두들 부러워하면서 상황 끝! 묵묵부답! 다들 축 처져서 서둘러 논란을 종료했던 적이 많았다. 그러나 일부에서는 한국은 사회체제도 다르고 조세부담률도 다른데 어찌 비교가 가능하냐고 폄하하거나 토론 중 핀란드 교육을 예로 들면 마치 '사대주의' 사상이라도 옮아온 듯 비판하거나 삐딱하게 보기도 하였다.

그런 측면과 그런 위험이 없는 것은 아니다. 흔히들 "핀란드는 사민주의이고 인구 500만 명에 불과해 합의가 쉬운 나라이나 한국은 인구 5,000만 명이라 상황이 다르다"라고 말한다. 핀란드는 조세부담률이 40퍼센트 정도 되나 한국은 27퍼센트다. 그러나 만약 한국 사교육비를 더하면 한국 역시 40퍼센트도 훌쩍 넘을 것이다. 한국의 교육 관계자들은 "두 나라는 근본적으로 세금부담률이 다르다"는 앵무새 같은 말만 되풀이한다.

그러나 그보다 더 중요한 것은 민주적인 가치 아래 교육과 사회의 요구, 개인의 요구가 합리적으로 조정되는 사회가 가능한가 그렇지 않은가가 관건인 것 같다. 적어도 이번 스웨덴과 핀란드 방문 일행이 마음에 가장 깊이 새기고 온 것은 민주주의 발전과 교육의 발전은 떼려야 뗄 수 없는 관계라는 것이며 두 나라는 올바른 교육이 가야 할 모습, 인간 권리로서의 교육, 학교는 학생에게 어떤 것들을 제공해야 하는지 제대로 보여주었다.

한국과 핀란드의 교육이 다른 점은 많지만 가장 중요한 것은 교육철학과 교육목표이고, 나머지는 교육철학과 목표가 다른 점에서 파생된 것이라 해도 과언이 아니다.

다른 교육이 가능하다

이번 여행 중 핀란드에서건 스웨덴에서건 목이 마르면 아무 화장실에 들어가 수도꼭지에 입을 대고 마셨다. 처음엔 생수 생각이 간절했는데 날이 지나면서 자연스러워졌다. 그들은 내 건강을 지키기 위해 개인적으로 물을 사먹는 돈을 세금으로 낸 후 수돗물 전체를 깨끗하게 유지하는 길을 택한 것이다. 개인 노력의 분명한 한계를 공동으로 풀어낸 것이다.

인구 530만 명의 핀란드와 인구 5,000만 명의 대한민국이 놓인 상황은 분명 다르다. 그러나 두 나라 모두 식민지를 겪었고 생존을 위해 노력한 것은 마찬가지이다. 다만 한 나라는 교육의 철학과 민주주의의 가치를 바탕으로 평등의 가치 위에서 교육을 보았고, 누구든 교육의 의지가 있는 한 한 학생이라도 배에서 내리게 하지 않고 낙오시키지 않는다는 일념으로 학생을 대했다. 결국 핀란드는 자율성과 다양성, 국가 발전이라는 세 가지 목표를 이루었다.

반면 한국은 학생을 상품화하고 서열화하고 있다. 한국은 다른 교육을 생각할 여유도 정치적 리더십도 가치도 공유하고 있지 못하다. 그 결과 아이들이 불행하고 교육이 실종된 것이다. 각자 열심히 마우쩌둥 초상을 그렸는데 다 그려놓고 보니 마릴린 먼로의 초상이 되어버린 어느 화가의 그림처럼 각자 열심히 교육에 매진했는데 결국 교육은 사라지고 입시라는 괴물만 남았다면 우리는 어찌해야 할까?

결국 한 나라의 교육 문제는 사회 문제와 경제 문제와 밀접히 연결되어 있어 맥락을 파악하고 중층적으로 풀어나가지 않으면 성공하기 어렵다. 더구나 지금처럼 세계화된 시대에서 교육은 세계 경제 흐름과도 연결되어 있다. 이번 여행을 통해 핀란드와 스웨덴의 교육을 잠시나마 경험해보니 지난 20년 가까운 교육운동이 실패한 것도 교육 문제를 다른 분야와 너무 따로 떼어놓고 생각한 때문이라는 후회가 밀려왔다. 정치, 경제 등 교육운동가로서는 어쩔 수 없는 한계 때문이었지만 결과적으로 실패한 원인이 된 것이다. 또한 일상적인 삶에서의 민주주의가 확립되지 않은 채 민주적인 교육제도를 말하고 실행한다는 것은 이미 절반의 실패가 예고된 것이다.

핀란드, 스웨덴을 돌아보면서 그 두 나라가 생존하기 위해 필사적으로 노력하는 것을 봤다. 그러면서 한국이라는 나라는 언제까지 그렇게 과거 방식에 안주하여 퇴행을 거듭할지 새삼 마음이 급해졌다. 핀란드만이 정답인 것은 아니지만 핀란드 교육 사례는 하나의 모델로서 충분한 의미가 있다. 이를 몇 사람만 공유할 것이 아니라 더 많이 알려, 교육에 대한 가치를 바꿔내고 교육이 도구가 아니라 인간으로서 당연한 권리라는 근본적인 인식을 새롭게 하는 것이 필요한 시점이다. 많은 한국인들에게 내면화된 경쟁과 효율논리를 협동과 자율논리로, 차별에서 지원하는 교육철학으로 바꿔야 할 시간이다.

우리들 일행은 서로 다른 영역에서 한국 교육을 고민하면서 그 출구를 열기 위해 노력한 전문가들이었다, 우리는 여행 중 수없이 동어반복을 했지만 그 열정과 의지, 그 진정성 하나로 한국 교육의 새로운 출구를 열기 위해 노력할 것을 약속했다.

'신新' 신사유람

| 이부영[1]

스칸디나비아라든가 뭐라구 하는 고장에서는 아름다운 석양 대통령이라고 하는 직업을 가진 아저씨가 꽃리본 단 딸아이의 손 이끌고 백화점 거리 칫솔 사러 나오신단다. 탄광 퇴근하는 광부들의 작업복 뒷주머니 마다엔 기름 묻은 책 하이덱거 럿셀 헤밍웨이 장자. 휴가여행 떠나는 국무총리 서울역 삼등 대합실 매표구 앞을 뙤약볕 흡쓰며 줄지어 서 있을 때 그걸 본 서울역장 기쁘시겠소라는 인사 한 마디 남길 뿐 평화스러이 자기 사무실 문 열고 들어가더란다. (중략) 반도의 달밤 무너진 성터의 입맞춤이며 푸짐한 타작소리 춤 사색뿐 하늘로 가는 길가엔 황토빛 노을 물든 석양 대통령이라고 하는 직함을 가진 신사가 자전거 꽁무니에 막걸리병을 싣고 삼십리 시골길 시인의 집을 놀러가더란다.

－신동엽의 「산문시 1」에서

40년 전 신동엽 시인이 이상향으로 그렸던 북유럽. 다양한 영역에서 한국

---

[1] 필자는 현재 서울시 교육위원이며, 전교조위원장, 송곡여고, 경기기계공고 등 교사를 지냈다.

교육의 새로운 대안을 모색하는 사람들 39명이 '북유럽교육탐방단'을 구성하여 2009년 1월 17일부터 25일까지 스웨덴과 핀란드를 다녀왔다. 무상의료와 무상교육으로 '스웨덴 모델'이라 불리는 복지국가를 건설한 스웨덴. 어느 기자의 표현처럼 '학생들을 위한 나라', '교육의 천국'이라 불리며 세계 최고의 교육 선진국을 이룩한 핀란드.

"인종과 지역, 사회적 출신성분에 상관없이 성장기에 있는 모든 어린이와 젊은이는 동등하게 교육받아야 한다"는 것이 이들의 교육방침이다. 평등과 사회적 연대라는 사민주의 이념에 따른 복지국가의 교육철학이다. 유치원에서 대학까지 무상교육이고 대학원 박사과정에는 월 180만 원의 학업수당이 나온단다. 아이들이 만 17세까지는 자녀수당이 나오고, 자녀양육에 아빠의 참여도 중요하게 생각해 3주간의 육아휴직이 의무로 되어 있으며, 아이가 태어난 지 3개월이 지나면 엄마 대신 아빠 또한 출산휴가를 받을 수 있다. 영유아 교육에서 시작해 생애주기에 따른 평생교육 시스템을 보면서 이곳에는 "교육학에 나오는 모든 것이 다 있다"는 말이 실감이 난다.

그런데 스웨덴에서는 최근 집권한 우파 정권의 신자유주의 정책에 따라 학교선택제와 바우처 제도가 도입되어 다양한 자율학교들이 실험되고 있다고 한다. 미래학교Futurum Skola는 교사들 주도로 만들어진 미래형 통합교육 모형의 공립학교로서 여러 유치원과 초등학교를 통합하여 몇 개의 작은 학교로 나누고 다양한 교과통합형 프로젝트 수업이 이루어지고 있다는 점이 특징이다.

반면에 지식학교Kunskapsskolan는 통신회사가 설립한 대표적인 기업학교다. 지식 위주의 교육을 내세운 학교인데, 치밀하게 계획된 프로그램과 프로젝트는 마치 로봇에 내장된 메모리에 지식을 집적하는 듯한 느낌을 주는 학교다. 이 기업은 22개의 중학교와 10개의 고등학교에서 연간 5~7퍼센트의 수익을 올리고 있다고 한다. 그러나 이윤을 추구하는 학교라 해도 국가 지원의 바우처로 운영된다는 점에서 우리의 특목고나 사립학교와는 전혀 다른 형태의 공립과 같은 자율학교라 할 수 있다.

핀란드 교육이 스웨덴에서 기본 시스템을 도입해 왔음에도 스웨덴을 넘어 세계 최고의 성과를 내고 있다는 점은 흥미롭다. 핀란드 교육의 성공 요인을 손꼽는다면 아마 국가청렴도 1위라는 점이 가장 중요한 배경일 것이다. 신뢰를 바탕으로 안정화된 사회, 국민적 합의에 따른 일관된 정책, 경쟁보다는 협동이 효율적이라는 확고한 신념, 관심과 능력에 따라 즐겁게 공부할 수 있도록 도와주는 교육방법 등이 어우러져 이룩한 성과일 것이다.

교육방법의 두드러진 특징은 통합교육과 함께 교육과정의 유연성을 꼽을 수 있다. 최근 대부분 고등학교에서는 무학년제가 시행되는데 3~4년 동안 75개의 강좌를 이수하면 졸업할 수 있도록 강좌를 세분화하고 있다. 강좌는 학교에 따라 다양한데 학생은 자신에게 알맞은 수준과 속도에 따라 선택할 수 있는 맞춤형 교육과정이라는 점이 최대의 장점이란다.

또 하나 특이한 학교는 야르벤빠 고등학교Järvenpää Upper Secondary School. '새로운 교육은 새로운 공간에서'라는 슬로건을 내걸고 교장, 교사들과 전문 건축가들이 오랜 논의 끝에 최신 건축으로 디자인한 학교란다. 우리의 과학고나 영재학교 같은 특별한 학교가 아닌 그냥 일반 공립학교인데도 이런 예술적이고 이상적인 학교를 지었다는 점에서 한발 앞서 나가고 있는 핀란드의 미래를 보는 듯했다. BTL 사업으로 몇 백 억씩 빚을 내 성냥갑 교실을 짓는 우리나라의 현실을 생각하면 참으로 안타까운 일이 아닐 수 없다.

이 나라의 경쟁력을 이야기할 때 가장 중요하게 꼽는 것 중 하나가 도서관과 독서문화다. 정부의 출산 선물 가방에는 출산 용품과 함께 독서를 권장하는 동화책이 반드시 들어 있다고 한다. 인구 60만 가까운 헬싱키에는 36개의 시립도서관이 있고 주거지역에는 5킬로미터 이내에 반드시 도서관을 설치하도록 법으로 정해져 있단다. 이동도서관 버스가 곳곳을 찾아다니며 국민들의 독서생활을 도와주고 있다. 통계에 의하면 핀란드 국민 1인당 연간 공공도서관 대출이 21권으로 일본의 4.1권에 비해 무려 다섯 배가 넘는다.

핀란드 엄마들의 자녀 교육법 가운데는 몇 가지 흥미로운 것들이 있다. 추운 겨울 어린아이들을 두 살까지는 유모차에 태워 밖에서 잠을 재운단다. 신선한 공기를 마시게 하기 위해서라는데, 영하 15도 이하에서는 금지하라고 권고한단다. 하루에 두 번 정도는 밖에 나가 뛰놀게 하는데 일정한 에너지를 소모해야 실내에서 차분해진다는 생각 때문이란다. 그리고 효과적인 공부를 위해서는 집중력이 중요하다고 생각하여 다양한 집중력 훈련을 하는데, 가령 레고 같은 일에 몰두해 있을 때에도 가족들은 세심한 배려로 절대 방해하는 일이 없다고 한다.

8박 9일의 '신사유람(?)'을 마치고 돌아와 우리는 한국 교육의 희망을 위해 다양한 일들을 벌여나갈 준비를 진행하고 있다.

한국인 교민의 자전적 교육 체험기

학교 견학을 마치고 호텔로 돌아가는 길에 핀란드에서 오래 살면서 아이를 키워본 한국 교민 곽수현[1]씨가 우리 버스로 올라타 함께 가면서 이런 저런 이야기를 들려주었다. 일종의 육아와 교육에 대한 자전적 체험기인 셈이다. 그녀는 지금 핀란드인과 결혼하여 세 명의 자녀를 키우고 있다고 한다. 그러면서 많은 혜택을 받는 핀란드인이 부럽다고 말한다. 그녀가 이야기한 핀란드 교육은 참으로 감동적이었다.

혼자서도 잘할 수 있어요!–자립심을 키워주는 핀란드 유치원 교육

핀란드로 온 지 8년이 되었다. 아이들 셋을 키운다. TV방송이나 기자들을 주선하거나 통역하는 일을 하면서 이것저것 많이 들었다. 특히 교육 때문에 오셨으니까 여기 교육 이야기를 좀 해보겠다.

이곳은 아이를 낳아 교육하는 데 국가가 모든 책임을 진다. 최초로 출산

1_ 이 글은 2009년 1월 22일 차량 이동 중 곽수현(헬싱키 거주 한국 교민) 씨와 자유롭게 핀란드와 한국 교육에 대해 이야기한 것을 재편집한 글입니다. 곽수현 씨의 직접적인 글은 다음 글에서 확인 바랍니다.

을 하면 육아수당으로 700유로를 준다. 내가 돈을 벌어야 한다고 하면 유치원 종일반에 보내고 직장에 나간다. 데이케어센터에는 200~250유로를 낸다. 아빠 엄마가 3,000유로 이상을 벌면 그 돈을 다 내야 한다. 2,000유로 이하면 적게 내거나 안 낸다.

유치원에 가면 아침밥을 주고 11시 또는 11시 반에 점심을 준다. 12시에서 2시까지 잠을 재운다. 3시 반부터 엄마들이 찾아온다. 간식을 먹고 엄마가 찾아올 때까지 밖에서 논다. 영하 15도까지는 밖에서 논다. 그 이하가 되면 안에서 논다. 하루에 두 번 밖에 나간다. 낮잠도 밖에서 잔다. 겨울에는 태어난 지 두 달 만에 유모차에 태워 밖에서 재운다. 핀란드에서는 그것이 예외가 아니라 100퍼센트 그렇게 키운다.

병실에 누워 있는데 간호사가 와서 이런 저런 조언을 해주더라. 아이를 밖에서 재우되 영하 15도 이하가 되면 밖에 내보내지 말라는 것이었다. 너무 이상해서 물어보니 밖에서 재우면 머리도 좋아지고 참을성도 높아진다는 것이었다. 털실로 짠 옷을 입히고 유모차에 누이고 커버를 씌운 다음에 밖에서 재우는 것이다. 방수·방풍이 되기 때문에 괜찮다. 애가 두 살 때까지 밖에서 자다가 두 살 이후에 실내에 재우려니 안 자서 고통스러웠다.

유치원에 들어가면 제일 먼저 '소리 지르지 마라', '손에서 장난감을 빼앗지 마라', '담을 넘지 마라'고 가르친다. 아이들은 두 살이 되면 나 혼자 할 수 있다고 말한다. 유치원에서 스스로 하도록 배운다. 한국에서 온 분들은 아이들이 버릇이 없다고 한다. 그런 아이를 보내면 모두 밥 먹는 것에서부터 시작하여 사회성을 키운다. 유치원에서 모든 교육이 끝난다. 프리스쿨에서 테스트를 해서 초등학교에 들어간다. 집중력과 제대로 참을 수 있는지를 보고 초등학교 입학을 허락한다.

핀란드 교육의 원천은 집중력 교육

핀란드에서는 미리 언어 공부를 안 시킨다. 초등학교까지는 안 가르친다. 선행학습을 시키면 오히려 집중력이 떨어진다. 한국 교민이 선행학습을 시켰는데 나중에 담임선생님이 골치가 아팠다. 다른 핀란드 아이들은 한 시간 걸려 푸는 데 5분이면 풀어버린다. 그러니 나머지 시간에는 친구를 괴롭히고 산만해진다.

핀란드 부모들은 아이들이 잘 놀 수 있도록 배려한다. 레고를 가지고 잘 놀 수 있도록 그 사이에 조용히 놔둔다. 초등학교 들어가면 음악을 하나 하게 된다. 두 번째로 하는 것이 체육이다. 아이스하키 같은 것이다. 핀란드 아이들은 누구나 스케이트를 탄다. 시에서 모두 마련해준다. 지구력을 쌓기 위해서 크로스컨트리를 한다. 5킬로미터, 10킬로미터를 타야 한다. 이것을 유치원에서 배우는데 모두 인내심과 협동심, 집중력을 키운다.

핀란드 사람들의 절반 이상은 별장을 가지고 있다. 대부분 호수가 부근에 있다. 방학 3개월 동안에 친구 별장에 놀러 가서 함께 논다. 한 가지 놀이를 해도 집중하고 오래 논다. 핀란드 아이들은 장난감 하나를 가지고 몇 시간씩 논다. 하루에 한 번씩 아이를 밖으로 내보내는 이유는 에너지를 밖에서 소모하고 그 대신 안에서 공부할 때는 차분해지고 집중하게 하는 것이다.

초등학교에 들어가면 1학년, 2학년에서 핀란드어를 제대로 가르친다. 모국어를 잘해야 선생님 말도 잘 알아듣고 숙제도 잘하고 수학도 잘한다. 핀란드어 외에도 스웨덴어도 모국어이다. 그 다음으로 키우는 것이 집중력이다. 심지어 보충수업까지 보내 집중력 교육을 시킨다. 개인수업까지 해가면서 하는 것이다. 아이가 공부를 못해서가 아니라 집중력이 떨어져서 보충수업을 한다.

4, 5, 6학년이 되어 수학이 떨어지거나 혼자 공부하고 싶다면 자발적으로 보충수업을 받는다. 자기 혼자 공부할 수 있는 방이 주어진다. 친구와 함께 공부하면 공부가 잘 안 된다고 하여 스스로 선택할 수 있는 것이다. 선생님

이 넣는 것 외에 스스로 선택할 수도 있다.

한 초등학교 소파 이야기

한국의 여러 언론사들이 요청해 와서 교육에 관한 인터뷰를 주선하고 동행한 적이 여러 차례 있다. 그러는 가운데 한 초등학교를 갔는데 교실에 소파가 있어서 웬 소파냐고 물어보았다. 그랬더니 교사들이 하는 말이 아이들이 집처럼 느끼게 하기 위해서라는 것이었다. 아이들이 학교에서 불안해하거나 힘든 것을 방지하고 해결하는 데 도움이 된다고 하였다. 나는 이런 학교의 배려, 교사의 생각에 참 감동받았다.

모국어를 잘해야 영어도 잘한다 – 학원이 없는 나라 핀란드

핀란드에는 학원이 없다. 내가 영어 공부를 좀 더 하려고 하니 시에서 제공하는 것은 있는데 개인 학원은 없다. 핀란드인은 영어를 잘한다. 잘하는 이유는 모국어를 탄탄히 잘하기 때문이다. 읽기도 잘한다. 또한 핀란드는 영어만 잘하는 영어 원어민 교사보다는 핀란드어와 영어를 잘하는 핀란드인 영어 교사를 우대한다고 한다.

TV에서는 자막을 반드시 넣는다. 아이들이 한눈에 읽을 수 있는 자막이 늘어나고 있다. 아이들은 빨리 읽고 이해를 한다. 또한 영어로 듣기 때문에 발음도 늘고 잘 이해한다.

핀란드에서는 알파벳이 거의 같기 때문이기도 하다. A~Z 외에도 세 개[2]가 더 있다. 초등학교 3학년 때부터 영어를 배워도 잘하는 것이다.

---

[2] 영어 알파벳 26자 이외에 ä, å, ö의 세 개가 더 있다.

핀란드 가정교육 이야기

곽수현[1]

장화와 우의를 입는 아이들

핀란드의 초겨울 아침을 알리는 첫 인사는 실내외 온도계이다. 잠에서 깨어나 부엌 창문에 설치된 실내외 온도계를 확인하고 커튼을 걷어 밖의 날씨를 확인하는 일은 버릇처럼 되어버렸다. 아침 기온 영상 1.5도 밤새 비가 내린 탓에 정원은 흠뻑 젖어 있었다. 낮 기온은 영상을 유지하리라 생각이 든다. 그럼 아이들이 유치원에 갈 때 입을 외출복은 겨울 우주복, 그 위에 우의바지와 장화를 신겨 보내면 완벽하겠구나!

아이들이 있는 핀란드 가정은 날씨에 아주 민감하다. 집집마다 실내외 온도계는 꼭 한두 개 이상 비치하고 있으며, 심지어 수량계가 있는 집들도 종종 보았다. 핀란드 사람들은 저녁 뉴스의 기상예보는 필수로 보아야 하고, 밖으로 나가기 직전 꼭 밖의 온도를 확인한 후 옷을 입는 것이 습관화되어 있다. 이런 환경에서 9년차에 접어든 내가 아침마다 온도계와 아침 인사를 하는 모습은 당연하고 자연스러운 일과의 시작이다.

1_ 곽수현(헬싱키 거주) 씨는 한국 교민으로 2000년경 핀란드로 이민을 갔으며, 세 아이의 엄마로서 학부모이기도 합니다.

두 딸아이는 오늘도 우의 바지와 장화를 신고 현관문 앞에서 기다리고 있다. 아이들 또한 오늘 날씨를 알아챈 듯 스스로 장화를 찾아 신은 모습이 이제는 어색하지 않다. 3년 전 첫째 딸 미라가 유치원을 다니기 시작한 지 일주일이 지났을 때 쯤이다. 유치원으로 떠나려는 순간 미라가 장화를 신고 현관문 앞에 서 있었다. 밖에 비도 내리지 않는데 웬 장화인가 싶어 신발을 갈아 신겼다. 그리고 유치원에 도착하여 미라의 신발을 벗기면서 흠칫 놀라고 말았다. 미라의 반 친구들 모두 장화를 신고 등교한 것이다. 유치원 게시판 가정 통신문을 아무리 읽어보아도 오늘 특별히 장화를 신고 오라는 문구는 없었다.

핀란드는 4계절이 있지만 특징적으로 겨울이 춥고 길다. 4월~5월은 겨울 동안 쌓인 눈이 녹으면서 새싹이 트는 봄, 6월~8월은 낮 기온 평균 20도 정도의 여름이다. 최고 28도까지 올라가지만 극히 드물다. 그리고 9월이 되면 가을이 시작된다. 낙엽이 떨어지고 낮이 급속도로 짧아지며 바로 겨울이 시작된다는 신호를 보내온다. 핀란드의 날씨는 대체로 온순하다. 폭우나 태풍은 거의 접하기 힘들다. 지난 10년 동안 2~3번 있었을 정도로 드물다. 대체로 저녁 시간에 비가 내리고 낮엔 햇볕이 나는 시간이 많다고 느낄 정도이다. 하지만 핀란드 아이들은 굳이 밖에 비가 내리지 않아도 장화를 신고 밖으로 놀러 나간다.

장화의 쓰임새는 다양하고 아이들에게 창의력과 지구력을 높여주는 큰 공신이다. 한여름 아침, 밤새 맺힌 이슬이 정원 한가득 햇볕을 받아 반짝 거린다. 밖으로 뛰어나가 놀고 싶은 아이들은 신발을 골라서 신고 나가야 하는데 이것이 바로 장화이다. 이슬에 쉽게 젖지 않고 쌀쌀한 아침 기온으로부터 발을 따뜻하게 보호해주기 때문에 아이들은 놀이에 집중할 수 있다. 비가 내리는 날이면 장화와 우의를 입고 밖으로 나가 물 구덩이에서 물장구치고 소꿉놀이도 하고 굴러도 보는 여기 아이들은 비와 물에 친숙하다. 유치원에서는 눈, 비가 내려도 아이들을 하루에 두 번씩 밖에서 놀게 한다. 햇볕이 쨍쨍 내리쬐는 날씨보단 비가 내리고 눈이 내리는 날을 아이들이 더 좋아한다는 사실을 알고 있기 때문이다.

2년 전 핀란드 교육의 성공 비결을 취재차 핀란드 어린이 보호 단체를 찾았다. 만네르헤임 어린이 보호단체MLL: Mannerheimin Lastensuojeluliitto, 이곳의 홍보 매니저인 리사 빠르띠오 씨를 만나 개인 인터뷰을 가졌다. 인터뷰의 주된 내용은 스웨덴 교육현장을 기초로 하여 성장한 오늘날의 핀란드 교육의 성공 비결에 관한 것이었다. 만네르헤임 어린이 보호단체는 핀란드 아동교육의 도우미로서 1920년에 창설된 전통과 역사가 깊은 단체이다. 그렇기에 실질적인 교육자로서의 의견이 아닌 제3자로서 핀란드의 교육을 대변할 수 있을 만한 단체이다.

만네르헤임 어린이 보호단체란?

MLL은 비정부 어린이 보호단체로서 핀란드의 전쟁 영웅 만네르헤임 장군과 여자 형제인 소피 만네르헤임에 의해서 1920년 창설되었다. 창설 목적은 핀란드 어린이들의 미래를 설계하는 것이었다. 창설 당시 칼 구스타프 만네르헤임 장군[2]은 "핀란드의 미래는 아이들이다. 그렇기에 아이들은 복지 생활과 사랑받을 권리를 가지고 미래에 바르고 실용적인 핀란드 시민이 되도록 도와야 한다"고 주장하였다. 이를 바탕으로 만네르헤임 어린이 보호단체의 활동은 시작된다. 그 당시 소피 만네르헤임과 내과의사 아르보 윌뽀가 적극적으로 참여하였다.

1920년 당시 만네르헤임 어린이 보호단체의 주된 사업은 가정의학사를

2_ 칼 구스타프 에밀 만네르헤임(스웨덴어 Carl Gustaf Emil Mannerheim, 1867년 6월 4일 ~1951년 1월 28일)은 핀란드의 최고 지휘관이었으며 후에 대통령(1944~46년)이 되었다. 핀란드에서 가장 존경받는 지도자 중 한 명이다.

두어 전국의 어린이들이 의료 혜택을 정기적으로 받도록 주선하였으며, 아이들의 성장을 정기적으로 검사하도록 권장하였다. 더 나아가 유치원 선생님들의 교육을 주관하였다. 80년 이상이 지난 오늘날의 만네르헤임 어린이 보호단체는 아이들의 건강에 중점을 두지 않고 어린이의 권리 보장을 바탕으로 부모의 문제점, 청소년들의 문제점을 분석하여 연구하는 단체로서 활동하고 있다.

만네르헤임 어린이 보호단체의 홍보 매니저 리사 빠르띠오 씨는 핀란드 교육의 성공 비결은 자유롭게 노는 아이들의 놀이에서 찾을 수 있다고 말하였다. 좀 더 상세히 표현한다면 '장화와 우의를 입는 아이들의 문화(꾸라호우숫 꿀뚜리)'에 초점을 두었다. 놀이는 아이들만의 세상이며 발달과정의 중심적인 활동이다. 아이들을 둘러싸고 있는, 아직 만나보지 못한 세계의 많은 경험들을 스스로 헤쳐나갈 힘을 놀이를 통해 배워나간다고 본다. 매일 반복되는 놀이지만 아이들은 지루함을 모른다. 그 이유는 무수한 상상력과 경험을 통하여 새로운 규칙과 놀이 방법을 개발하기 때문이다. 또한 계절의 변화는 아이들에게 무수한 상상력의 장을 만들어준다. 특히 비가 내리는 날 밖에서 놀이를 하는 아이들이 핀란드 교육의 특징 중 하나라고 하였다. 비가 오는 색다른 자연환경 속에서 친구들과 작은 사회를 만들어 자발적, 개별적, 예측 불가적, 규율적 그리고 엄청난 상상력을 동원해 구성된 아이들만의 또 다른 세상이기 때문이다.

'꾸라호우숫 꿀뚜리.' 꾸라호우숫은 한국어로 우의 하의를 뜻하며 꿀뚜리는 문화라는 의미이다. 지금의 우의는 폴리비닐 76퍼센트, 폴리에스테르 24퍼센트로 만들어졌다. 하지만 그리 멀지 않은 옛날, 핀란드가 전쟁을 치르고 국내 물자가 여유롭지 못했을 당시에도 핀란드 어머니들은 방수되는 천을 구하여 아이들에게 우의를 만들어 비가 내리는 날씨에도 밖에서 놀도록 교육을 시켰다. 더불어 노키아 장화의 역사에서도 그 문화를 엿볼 수 있다. 노키아라는 이름은 전 세계 핸드폰 판매 1위 회사로 잘 알려져 있다. 하지만 노키아라는 상표는 1898년에 창설된 고무장화 회사에서 유래되었다. 1967년 공장을 헬싱키 시에서 노키아 시로 이전하면서 본격적인 '노키아' 장화의 역사는 시작되었고, 지금의 핀란드 장화 생산의 일인자로서 발돋움하였다. 아이들의 작은 발을 따스하게 해주고 험하게 신어도 견뎌내는 질 좋은 장화를 연구해나가는 핀란드인들의 정신이 어린이들의 놀이와 더 나아가 학업 능력을 향상시켰다 해도 과언이 아닐 것이다.

이렇게 홍보 매니저 리사 씨는 대를 이어 내려오는 핀란드인들의 가정교육의 특징 중 장화와 우의를 입는 아이들의 예를 들며 PISA 국제학력평가에서 핀란드 학생들이 우수한 성적을 거둘 수 있었다고 했다. 놀이는 공부라는 개념과 거리가 있지만, 작은 공동체를 형성하고 그 안에서 사회성, 상호협동심, 사고력, 비판력, 문제 해결 능력을 학습하는 기초과정이라는 말도 했다. 사실 PISA 국제학력평가는 다른 평가와 차이가 있다. 단문 단답식의 평가가 아니라 복잡하게 뒤얽힌 문제를 분석하고 탐구하며 파헤치는 과정을 비롯하여 사고력과 문제 해결 능력을 필요로 하는 평가인 것이다. 그렇기에 PISA 국제학력평가는 핀란드 학생들에겐 놀이의 연장으로서 적성에 걸맞는 평가라는 의견이었다.

핀란드 가정교육의 특징은 놀이다. 놀이는 끈기, 인내, 건강을 증진시킬뿐더러 작은 공동체를 형성하여 사회성, 상호협동심, 사고력, 비판력, 문제해결 능력을 기르게 해준다. 이뿐만 아니라 색다른 자연환경과 함께 풍부한 상상력을 기르고 친구들과의 게임을 통하여 여러 가지를 배워나간다고 믿는 것이다. 장화와 우의를 입고 놀았던 부모의 부모 세대로부터 지금까지 전해지는 이 전통이 바로 핀란드 학생들이 세계적인 학력 평가에서 우수한 성적을 거둔 비결이 아닐까. 그렇기에 비가 내리지 않았지만 미라와 그 친구들은 자연스레 장화를 신고 등교하는 풍경을 만들어낸 것이다.

수면 습관 도우미

"잠을 이루는 것은 매우 좋다.
잠을 충분히 자면
예리한 판단력, 높은 기억력
그리고 작업 능률에 좋은 영향을 준다."
-1876년 핀란드 바사에서 C.W. 로인이어

에스포 시 어린이들과 학생들이 충분히 잠을 자지 않고 있다. 특히 중학교 학생들의 3분의 1이 잠을 충분히 이루지 못하고 있다. 여기 '잠 자는 법'을 소개한다. 이 방법은 잠을 잘 이룰 수 있도록 도와주는 기본 가이드이다.

수도 헬싱키에 근접한 도시인 에스포 시 홈페이지의 학생 건강 생활 가이드에 최근 올라온 뉴스이다. 조사에 따르면 중학생들의 3분의 1 정도가 11시 이후에 취침하는 것으로 조사되었으며, 고등학생들의 취침시간은 이보다 더 늦어지고 있다고 우려하는 목소리를 담고 있었다. 학생들의 늦은 취침시간은 아침 기상시간이 늦어지는 악순환을 낳는다. 그리고 불규칙한 수면 리듬은 두뇌가 깨어나는 시간을 예측하지 못하게 만든다. 그러니 아침에 일어나도 맑은 정신을 가질 수 없기 마련이다.

이 뉴스는 핀란드 부모들의 주된 관심사를 관통하였다. 유난히 아이들의 규칙적인 수면에 민감하게 반응하는 부모들이기 때문에 부모들에게 수면의 중요성을 상기시키는 계기가 되기도 하였다. 핀란드인들에게 자녀의 수면시간은 아이가 태어날 때부터 주된 관심사이다. 핀란드 부모들은 아무리 어린 아기라도 잠을 잘 이루지 못하면 신속히 문제점을 분석하고 대처하려 노력한다. 자신의 노력으로 부족하다 싶으면 가정의학사에게 도움을 청하고 더 나아가 잠자는 법을 배우는 '잠자는 학교'에 상담을 요구하기도 한다.

'잠자는 학교'는 신생아부터 수면 습관이 정착되는 영·유아기까지의 부모들이 상담 신청의 주를 이룬다. 처음엔 잠자는 학교의 전문가와 전반적인 문제점을 상담한다. 자세한 내용들을 알아보자면, 영양섭취 리듬, 생활 리듬, 그리고 알레르기에 중점을 두어 문제점을 해결해보려는 것이 초기 단계이다. 다음 단계는 특별한 문제점이 없는데도 불구하고 아이들이 밤잠을 잘 이루지 못하면 '잠자는 학교'로 들어가 전문가와 함께 아이를 재워본다.

어릴 적부터 아이들의 수면 리듬을 바로잡기 위해서 꾸준히 노력하는 이들이 핀란드 부모이다. 하지만 아이들이 초등학교를 지나 중학생이 되면서 수면시간이 점차 늦어지는 것에 대해 경각심을 일깨워준 뉴스가 앞에서 말한 내용이었다. 뉴스에서는 학생들의 취침시간 변동과 그 이유를 자가 분석해보는 게 좋다면서 수면의 중요성을 강조하였다. 일명 '잠자는 법'을 소개하였다.

+ 집에서 휴식을 취하는 저녁, 잠자기 직전 텔레비전을 보거나 컴퓨터 게임을 하는 것은 깊은 잠을 방해한다.
+ 가벼운 운동은 잠을 잘 이루게 한다. 하지만 잠자기 2시간 전 심한 운동은 잠을 방해한다.
+ 머릿속에 가득한 생각들을 가까운 사람에게 얘기 또는 상담한다.
+ 저녁 샤워는 잠자는 것에 도움이 된다.
+ 잠자기 전 가벼운 간식은 깊은 잠을 잘 수 있게 한다.
+ 침실의 온도는 18도가 적당하다.
+ 잠자는 곳은 안전하고 평화롭고 조용하게 만든다.
+ 극심한 피곤은 저녁 잠을 방해한다. 그러니 15~20분간 짧은 낮잠을 자는 게 좋다.
+ 잠자는 시간에는 전화기를 끈다.
+ 일어날 때 밝은 전등과 신선한 공기는 정신을 맑게 한다.

+ 위의 방법으로도 잠을 잘 이루지 못했을 때는 가정 간호사 또는 학교 심리 치료사와 상담을 권장한다.

그리고 청소년기의 성장과 발전을 위해 수면은 큰 의미를 차지한다고 말한다. 수면은 어린이 성장과 두뇌 발달에 필요한 요소이다. 수면을 취하는 동안 성장 호르몬 발산은 절정을 이루기 때문이다. 특히 빠른 성장을 보이는 청소년기 초기에는 충분한 수면이 절대적으로 필요하다. 어린아이들은 잠을 많이 자고 나이가 들면서 잠이 줄어드는 것은 절대 생리적인 현상이 아니라는 주장도 전하고 있다. 나이가 적든 많든 충분한 수면을 취해야 즐겁고 활기찬 생활을 할 수 있으며 저녁 수면은 적어도 8시간 반에서 9시간이 되어야 한다고 보도하였다.

EBS 교육방송의 다큐멘터리 코디를 하며, 초등학교 3학년 남학생의 집을 방문한 적이 있다. 집안의 분위기와 부부의 가사 분담에 중점을 둔 취재라 나는 할 수 없이 이리저리 카메라를 피해 다녔다. 온 가족이 저녁 식사를 마치고 거실에 모여 책을 펼쳐 읽으려는 순간 잽싸게 부엌으로 몸을 피하고 끝나기만을 기다릴 즈음, 부엌 냉장고 문 귀퉁이에 걸려 있는 종이 뭉치를 우연히 읽게 되었다. 아이의 학교 시간표, 가정 통신문, 알림장 그리고 수면 일기를 들춰볼 기회가 된 것이다. 그중에서도 수면 일기라고 적혀 있는 종이는 흥미를 불러일으켰다. 결국 촬영을 마친 학생의 부모에게 수면 일기장에 관하여 조심스럽게 물어보았다. 수면 일기장의 한 단락을 옮겨본다.

날   짜: 2005년 3월 XX일
잠든 시간: 23시 30분
일어난 시간: 8시

수면의 질: 깊이 잠이 들었다. 아침에 일어나기 싫었다. 아침을 거르고 학교에 갔다.
학교생활: 잠시 머리가 아팠다. 학교에서 돌아와 낮잠을 잤다.

　　아들의 수면 일기장은 엄마가 작성하고 있었다. 매일 저녁 아들에게 지난 밤의 수면 상태와 학교생활을 물어 기록하는 방식이었다. 엄마는 아들의 취침시간이 늦어지는 것이 걱정되어 약 2주 전부터 시작하였다고 한다. 아들은 일찍 취침하는 데 쉽게 동의하지 않는다. 늦게 잠이 들어도 학교 공부에 별 지장을 못 느낀다는 억지를 부리며 도리어 엄마를 설득하려 하였다. 이에 엄마는 아들의 수면 일기장에 실질적인 문제점을 하나씩 적어가기로 마음을 먹게 된 것이다.
　　엄마는 아들을 설득할 방법을 찾아보았지만 별 뾰족한 방법이 없었다. 그러다 친구의 권유로 수면 일기장을 작성하게 되었다고 한다. 잠자리에 드는 시간에 견주어 학교생활을 순조롭게 했는지를 아들이 느낄 수 있도록 계획을 짠 것이다. 첫 2주는 아들이 원하는 시간에 잠을 잔 상태를 기록하고 다음 2주는 엄마가 권유하는 시간에 잠을 청하여 수면의 질과 학교생활을 기록하는 방식으로 이루어진다고 한다. 촬영 팀이 방문했을 당시는 수면 일기장을 기록한 지 2주밖에 지나지 않아 과도기적 시기여서 결과를 알 수 없었다.
　　아들의 수면 습관을 고쳐야 한다는 초등학교 3학년생 엄마의 가정교육학은 이러했다. 집, 학교 그리고 수면의 삼각관계를 생각해본다면 이해가 빠르다. 아들의 바른 수면 습관을 일깨워주고 맑은 정신으로 학교에 등교하면 학교 수업에 열중할 수 있고 활력 있는 학교생활을 만들어갈 수 있을 것이다. 이 삼박자가 잘 지켜지기 위해선 우선 부모들의 모범적인 태도와 생활 습관을 고려해야 한다. 자녀들의 수면 복지를 도와줄 수 있는 직접적인 책임은 부모에게 있음을 항상 명심해야 한다.

    건강한 자녀의 모습을 바라는 부모의 마음은 한결같을 것이다. 어릴 적부터의 바른 수면 습관은 이를 뒷받침하는 기초가 될 것이라고 믿는 핀란드 부모들의 면모와 아들의 잘못된 수면 습관을 고치려는 어느 엄마의 노력을 접하며 수면의 중요성을 새삼스럽게 상기해본다.

2부

교육천국
핀란드의 학교를 가다

다양한 학교
다른 나라, 다른 제도
그리고 또 다른 모습

핀란드 교육, 그 시작

| 박호근[1]

1. 세계적 관심의 나라 핀란드

숲과 호수의 나라, 산타클로스의 나라로 잘 알려진 핀란드. 그런 핀란드가 최근 몇 년 전부터 우리의 주목을 받고 있다. 국토 면적에 비해 인구가 많지 않은 나라, 국가경쟁력 1위이자 투명성 2위를 자랑하는 북유럽의 복지국가 핀란드. 핀란드는 과연 어떤 나라일까?

일반적으로 핀란드 하면 세 가지를 특징으로 꼽을 수 있다(외교통상부, 2006:1-4). 첫째는 숲과 호수의 나라이다. 핀란드는 전 국토의 70퍼센트가 숲으로, 10퍼센트가 호수로 이루어져 있다. 수면 면적이 500m²가 넘는 호수가 18만 8,000개에 달한다. 두 번째는 자일리톨의 나라이다. 자작나무에서 추출되는 자일리톨은 설탕 대용으로 사용되어 충치예방 효과가 있다는 것이 우리에게 잘 알려져 있다. 세 번째 특징은 사우나의 원조 국가라는 점이다. 사우나는 핀란드인들이 인류에게 선물한 가장 위대한 발명품 가운데 하나

1_ 필자는 현재 한국체육대학교에서 교육학을 강의하고 있다.

[출처 : 외교통상부 국가별 정보]

로 꼽히고 있단다. 약 2,000년 전부터 시작되었다는 사우나는 '사우나 라이프Sauna Life'라고 불리는 독특한 핀란드만의 문화를 형성하는 구심점 역할을 하고 있다. 전체 인구 530만 명에 전국의 사우나 숫자가 무려 160만 개 정도라니, 사우나 문화가 얼마나 대중화되었는가를 가늠할 수 있다. 사우나에 대한 대중적 인기 때문에 핀란드에서는 "집을 짓기 전에 사우나를 먼저 짓는다"는 말이 있을 정도이며, 집값도 사우나가 있느냐 없느냐에 따라 다르다고 한다. 핀란드 사람들은 손님을 자기 집 사우나에 초대하는 것을 가장 큰 예의라고 생각하며, 친구들이 모이거나 파티를 할 때에도 사우나는 필수적인 요소라고 한다.

그 외에도 핀란드는 우리에게 산타클로스의 나라로 잘 알려져 있으며, 핀란드 북쪽에서는 일 년 중 73일은 해가 지지 않고, 반대로 일 년 중 51일은 해가 뜨지 않는다. 수도 헬싱키에서도 6월 말에는 밤 12시가 되어서야 해가 질 만큼 여름의 백야 현상과 겨울의 흑야 현상은 핀란드의 또 다른 특징으로 꼽힌다. 그렇다면 이제 핀란드에 대해서 좀 더 구체적으로 들여다보기로 하자.

1) 일반 현황

핀란드는 북유럽 발트해 연안에 있는 나라로서 수도는 헬싱키Helsinki이다. 언어는 핀란드어(93퍼센트)와 스웨덴어(6퍼센트)를 공용어로 사용하고 있고, 기타 사미어 및 러시아어 등을 사용하고 있다. 종교는 핀란드 루터복음교 88퍼센트, 그리스정교가 1퍼센트 정도이다. 인종은 핀란드인 93퍼센트, 스웨덴인이 6퍼센트, 기타 사미족 및 러시아인 등으로 구성되어 있다.

핀란드의 면적은 338,145km²로 남한 면적 99,461km²에 비하면 남한보다 대략 3.4배 더 크다. 핀란드 면적 중 삼림이 75퍼센트를 차지하고 있고, 경작지가 8퍼센트 수준이어서 산이 많은 남한과 비슷한 환경에 놓여 있다. 이처럼 국토는 넓은 데 비하여 핀란드의 인구는 2009년 현재 대략 530만 명으로 남한 인구의 9분의 1 수준이다. 인구비율로 보면 수도 헬싱키에는 전 인구의 10퍼센트 정도인 56만여 명이 살고 있어 서울에 1,000만 명 이상이 밀집해서 살고 있는 남한과 대조를 보인다.

기후는 북극온대성으로 헬싱키의 평균기온이 여름인 7월에는 16.4℃, 겨울인 2월에는 -3.6℃이다.

2) 핀란드의 정치 경제 현황

핀란드의 정부형태는 이원집정제로 대통령제와 의원내각제를 겸하고 있다. 현재의 내각 구성은 중도당, 국민연합, 녹색당, 스웨덴인당의 연립내각 형태이다. 주요인사 및 소속 정당을 보면 대통령은 할로넨(Tarja Halonen, 사민당, 2000. 3~), 총리는 마띠 반하넨(Matti Vanhanen, 중도당, 2003. 6~), 외교장관은 일까 까네르바(Ilkka Kanerva, 국민연합, 2007. 4~), 국회의장은 사우리 니니스퇴(Sauli Niinisto, 국민연합, 2007. 4~)가 맡고 있다.

의회는 임기 4년제로 200명의 의원을 선출한다. 의회구성은 2007년 3월 총선을 치른 결과, 중도당 51석, 사회민주당 45석, 국민연합(보수당) 50석, 좌파연합 17석, 스웨덴인당 9석, 녹색당 15석, 기독민주당 7석, 참핀란드인당 5석, 기타 1석으로 구성되어 있다.

군사력은 총 3만 2,600명으로 우리나라처럼 징병제를 유지하고 있다. 군복무기간은 형태에 따라 180일, 270일 또는 362일로 일 년 이내로 하고 있다. 핀란드는 12월 6일을 독립기념일로 정하여 국경일로 하고 있다.

핀란드를 경제적인 측면에서 보면, 2006년을 기준으로 국내총생산액(GDP)은 1,609억 유로, GDP 성장률은 5.9퍼센트, 1인당 GDP는 3만 1,723유로에 달한다. 화폐는 유로Euro화를 쓰고 있으며, 1유로는 한화로 1,750원 정도이다.

2. 핀란드의 교육제도

핀란드 교육은 평등주의에 입각한 북유럽 시스템을 유지하고 있는데, 유치원부터 대학에 이르기까지 모든 학비가 무료라는 특징이 있다. 7살에 초등학교에 입학하여 우리나라의 중학교에 해당되는 기초중등교육 과정을 마치기까지 기초교육 단계인 9년제의 종합학교에 다닌다. 학생들은 자기가 살고 있는 지역의 학교에 취학하며, 이 기간은 의무교육 단계로서 학비는 물론 식사까지도 무료로 제공된다.

9년제 의무교육을 마친 학생들은 직업학교나 상급학교 진학을 위한 후기중등학교에 들어간다. 비록 최근에 와서는 두 학교체제 간의 이동이 일부 허용되고 있기는 하지만, 전통적으로는 그 이동이 허용되지는 않았다. 한편, 일부 외국의 교육제도와는 대조적으로 후기중등교육을 성공적으로 마친 학생들에게는 명성이 높은 아비투어Abitur라는 대학입학 자격증이 주어진다.

핀란드에는 20개의 대학과 30개의 폴리테크닉Polytechnics[2]이 있다. 고등교육 단계는 대학과 기술전문대학Ammattikorkeakoulu으로 나뉘는데, 두 교육체제 간의 학위는 호환되지 않는다. 대학만이 학사학위Licentiates와 박사학위Dotor를 수여한다. 기술전문대학을 졸업한 사람이 석사학위를 취득하기 위해서는 학점을 추가로 이수해야 하며, 직장경험Work experience을 필요로 한다.

2_ 우리나라의 전문대학 과정과 유사.

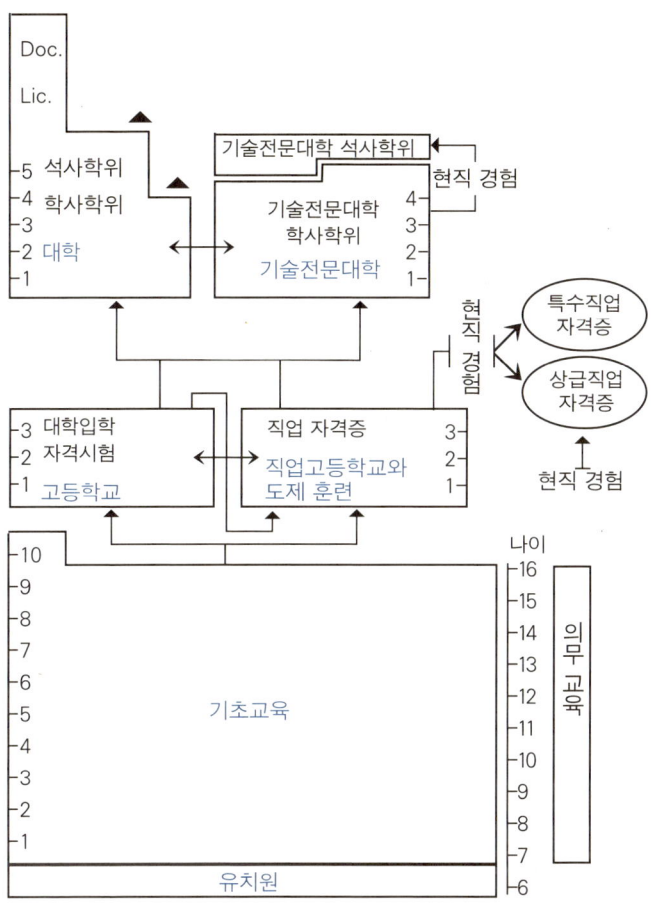

| 그림 1 | **핀란드의 학제**

1) 초등교육 및 전기중등교육-기초교육

핀란드의 초등 및 전기중등교육제도는 9년의 종합학교Comprehensive school로 이루어져 있으며, 이 기간은 의무교육 단계에 해당한다. 6, 7세에 입학하여, 16세 정도에 졸업을 한다. 초등 단계(7~12세)의 학생들은 우리나라의 초등학교와 마찬가지로 한 교실에서 대부분의 수업을 받지만, 중학교 단계의 학생들(13~15세)은 각각 다른 교실에서 다른 과목을 가르치는 교사에게 수업을 받는다.

일반적으로 초등 단계의 학생들과 중학교 단계의 학생들은 다른 건물에서 수업을 받고 있으며, 종합학교를 졸업하면 고등학교 단계에서는 대학 진학을 위한 학교Lukio, Gymnasium와 직업학교Ammatillinen Oppilaitos, Yrkesinstitut를 선택해야 한다. 우리나라의 고등학교에 해당하는 후기중등학교는 의무교육은 아니지만 대다수의 학생들이 후기중등학교에 진학하고 있다. 초등교육 및 중등교육 재원은 학생 수를 기준으로 국가 및 지방자치단체에서 마련한다.

초등 및 중등학교에서의 평가는 최저 4부터 최고 10까지 매겨진다. 4등급은 시험 낙제를 뜻하며, 그 학생은 재시험을 볼 수도 있다. 시험에서 등급을 주는 방식은 9-, 9+, $9\frac{1}{2}$, 9에서 9-, $9\frac{1}{2}$에서 거의 10 등으로 매길 수 있다.

초등학교 1학년은 공식적인 평가보다는 구술에 의한 평가를 한다. 숫자로 등급을 부여하는 것을 몇 학년부터 할 것인지는 각 지역에 따라 다르다. 대부분의 경우 종합학교의 학생들은 가을학기와 봄학기 말 등 일 년에 두 차례 성적표를 받는다. 만약 종합학교 학생이 봄학기 말에 한 과목에서 4등급을 받게 되면, 여름학기 말에 개별적인 시험을 치러야 한다. 또한 학생이 낙제 점수를 많이 받게 되면 학생과 부모의 의견을 들어 교사와 교장이 그 학년을 다시 다니게 할 수도 있다.

물론 핀란드에도 사립학교가 있지만 우리나라와는 달리 그다지 관심을 끌지는 못하고 있다. 현재의 사립학교들은 주로 종파 학교이거나 슈타이너 학교Steiner Schule[3]가 대부분을 차지하고 있다. 사립종합학교를 설립하고자 하면 의회의 승인을 받아야 하며, 일단 사립학교가 세워지면 그 학교는 일반

3_ 1919년 독일의 교육학자인 루돌프 슈타이너(Rudolf Steiner)가 발도로프(Waldorf) 학교를 세우면서 탄생한 학교로 우리나라의 경우 '대안학교'라고 할 수 있다.

공립학교와 동일하게 정부의 지원금을 받아서 운영한다. 그렇기 때문에 사립학교에서 학생들에게 등록금을 받는 행위는 엄격히 금지되고 있다. 아직도 주요 도시에는 몇 개의 사립후기중등학교와 사립직업학교들이 있는데, 1970년대 이전의 교육제도에서 생겨난 것들이 대부분을 차지하고 있다.

종합학교와 후기중등학교에 다니는 학생들은 많은 사회적 권리를 향유하고 있다. 그중에서도 가장 중요한 것은 학교보건과 무료급식인데, 그것은 하루 영양 섭취량의 3분의 1을 차지하고 있다.

또한, 종합학교 학생들은 무상으로 책과 학습 자료를 받아 공부하며, 통학 역시 무상지원을 받고 있다. 다만, 후기중등교육 단계에 속하는 학생들은 의무교육 대상자가 아니기 때문에 책과 학습 자료는 무상지원의 대상에서 제외된다.

2) 직업교육 및 후기중등교육

직업학교와 진학준비학교로 나뉜 후기중등학교를 한때 통합하고자 하는 노력이 있었다. 당시 '청소년 학교youth school'라는 프로젝트로 진행되었으나 결국 그 두 개의 학교를 분리하기로 결론을 맺었다. 직업분야에서 자격증을 가진 사람들의 수요는 많은 데 비하여 그 숫자가 턱없이 부족했기 때문이다.

후기중등학교 학생들은 국가적으로 등급화된 대학입학자격시험 격인 울리옵삘라스뚜낀또(ylioppilastutkinto, 고등학교 이수 학위)를 치른다. 이 시험은 말 그대로 대학 공부를 할 수 있는 자격을 부여하는 시험이다.

이 시험은 수험생 중 최고 점수와 최저 점수가 각각 대략 5퍼센트씩 나올 수 있도록 설계되어 있다. 각 대학에서는 이 점수를 입학시험 점수로 활용할 수 있다. 이 시험의 기원은 헬싱키 대학에서 시작되었는데, 그 명성이 현재까지 계속되고 있는 것이다.

직업고등학교에는 대학입학 시험이나 깍소이스뚜낀또 kaksoistutkinto(이중 학위, 예를 들어 인문고를 졸업하고 직업전문학교를 졸업할 경우 더블 학위를 취득하게 되는 것임, 두 개의 학위를 받는 걸 말함) 등 직업교육과 연계한 대학입학 시험을 위해 준비를 하는 특별 프로그램이 있다.

직업교육 및 고등교육 단계에서 가장 일반적인 평정방식은 0(낙제)부터 5까지이다. 대학원을 진학할 때 대학의 평균점수를 공식적으로 요구하는 것은 아니며, 평균점수는 단지 박사과정 입학에 사용된다. 대부분의 석사학위 과정은 대학의 학부과정에 연동되어 자동적으로 진학하게 된다. 통과/불통과로 등급이 매겨지는 과목들은 평균점수에 포함되지 않는다. 학생들은 학점과목을 선택할 것인지, 아니면 통과/불통과 평가를 선택할 것인지를 결정할 수 없다.

3) 고등교육

고등교육 단계는 두 가지로 분류된다. 하나는 대학(yliopisto, universitet)이고, 다른 하나는 폴리테크닉Polytechnics이라고 하는 기술전문대학(종합기술전문학교)이다. 신입생을 모집할 때, 국가에서 실시하는 대학입학 자격시험과 입학시험이 학생선발 기준으로 활용된다. 대학은 연구를 중심으로 하기 때문에 이론교육에 치중한다. 반면 종합기술전문학교는 실무기술에 초점을 두고 있어서 이론에 치중하기보다는 산업체와 연계한 프로젝트를 중심으로 진행한다. 예를 들자면 의사는 대학에서 배출하고, 간호사는 종합기술전문학교에서 배출하고 있다.

직업학교와 종합기술전문학교는 지방자치단체가 관장하며, 특수한 경우에는 민간단체가 관장하기도 한다. 우리나라와 마찬가지로 경찰대학은 내무부가 관장한다. 반면 핀란드의 모든 대학은 국립이다. 학사학위를 받기 위해서는 3~4년이 소요된다. 일부 학위 프로그램에 따라서는 대학만 졸업하는 경우가 있으나, 석사학위로 가기 위한 중간단계인 경우가 대부분이다. 반면, 종합기술 전문학사 학위는 3. 5~4. 5년이 걸린다. 그러나 핀란드 교육 제도상 종합기술 전문학사 학위는 낮은 단계의 대학 학위와 동등한 것으로 간주되지는 않는다. 핀란드 이외의 종합기술전문학교 학위는 일반적으로 낮은 대학의 학위로 사용할 수 있다.

종합기술전문학교를 졸업한 학생들은 대학의 석사학위과정에 진학하여 공부를 계속할 수 있다. 수학 연한은 대체로 2년이 걸리지만, 종합기술전문학교를 졸업한 학생들은 대학 졸업생들과 수준을 맞추기 위해서 종종 1년의 추가적인 수학을 요구받는다. 그러나 볼로냐 과정Bologna process은 추가적인 수학과정을 꾸준히 낮추어왔으며, 몇몇 경우에는 그 과정을 요구하지 않는 경우도 있다.

종합기술전문학교를 졸업한 학생들은 자신의 직업분야에서 3년의 직무 경험을 쌓은 이후에는 종합기술전문학교의 석사학위과정에 지원할 수 있다. 이 석사학위과정은 2년이며, 직장생활과 병행할 수 있다. 학사학위와는 달리, 종합기술전문학교를 졸업한 석사학위는 관련 분야에서는 일반 석사학위와 동등하게 인정받는다. 다만, 박사학위 및 자격학위Licentiate는 일반 대학에서만 취득할 수 있도록 제도화되어 있다.

대학에서는 학생회 가입이 필수적이다. 종합기술전문학교의 학생회는 법적으로는 유사하게 인정되지만, 학생회 가입은 자율이다.

핀란드 학생들은 누구나 학생 복지 혜택을 받을 수 있는데, 학업성적이 부진할 경우 그 혜택을 받기 어렵다. 물론 복지 혜택이 충분하지 못한 경우가 있어 학생들은 학업을 계속하기 위해 일상적으로 일을 하기도 한다. 학생들은 주에서 보증하는 학생대부금을 활용할 수도 있다.

일부 대학에서는 공학이나 의학 분야 등에서 전문 학위를 수여한다. 이들에게는 실무 분야에서 그 능력을 증명할 수 있는 추가적인 요구사항이 있다. 의학사는 상위 의료진들의 감독하에 의료 행위를 할 수 있다. 의료분야에는 석사학위가 없으며, 면허학위licentiate degree는 박사학위 논문을 요구하지는 않는다.

미국식 관점에서 의학박사에 해당하는 것은 '박사'가 아니라 면허소유자 Licentiate로 불린다. 연구자 또는 '교수학위'는 '의학박사'로 불린다.

영미권의 과학석사에 해당하는 과정diplomi-insinööri은 300 ECTS의 6년제 교육 프로그램이다.

석사학위과정을 마친 후에는 면허학위과정과 박사학위과정으로 진학할 수 있다. 면허학위과정Licenciate programme은 박사학위과정과 동등한 이론교육을 하지만, 박사논문을 쓰는 것은 일반 박사학위과정만큼 어렵지는 않다.

핀란드에서 가장 일반적인 박사학위는 철학박사 학위이며, 특정 분야를 가르치는 대학에서는 의학박사, 공학박사, 예술학박사, 정치학박사 등 그에 상응하는 학위를 수여한다.

4) 성인 교육

3년 과정의 직업학교를 마치면 계속 교육을 할 수 있는 자격을 공식적으로 부여한다. 후기중등교육은 지방자치단체가 운영하는 학교나 그와는 별도로 독립된 성인 교육센터가 지원을 하고 있는데, 직업교육을 실시하거나 종합학교 또는 고등학교 수준의 교육을 실시한다. 이 과정에서는 대학입학자격시험이나 졸업 증서, 또는 더 좋은 종합학교 학점을 얻을 수 있다.

새로운 경향과 새로운 기술과 정보들을 옴니아 성인 교육센터인 아이꾸이쓰꼬울루뚜스께스꾸스aikuiskoulutuskeskus에서 배울 수 있다. 대학에서는 아보인 울리오뻬스또avoin yliopisto 개방대학 프로그램을 운영하고 있는데,

각 대학에서 제공하는 여러 가지 사회교육 프로그램에 등록하여 공부할 수 있다. 특별한 요구조건은 없는데, 다만 약간의 수업료(1과정당 60유로)를 내야 한다. 종합기술전문학교 역시 이와 유사한 프로그램을 운영하고 있다. 개방대학에 다니는 학생들은 학위를 목표로 공부하지는 않지만, 높은 학점을 받은 경우에는 대학에 편입할 수 있다.

성인 교육의 제3의 분야는 바빠아 씨비스뚜쓰뚜오 vapaa sivistystyö라고 하는 무료교육이 있다. 교육비는 정부에서 일부분을 지원하고, 독립된 교육기관들은 교육수준과 교육기간이 다양한 교육과정을 제공한다. 무료교육의 목적은 전문적인 교육이나 학위 중심의 교육이 아니라 자기계발, 공동체에서의 활동 능력, 건전한 민주시민 육성, 평등과 다양성을 추구하는 데 있다. 역사적으로 무료교육은 19세기 후반부터 시작되었는데, 이것은 교육받지 못한 일반 대중을 교육하기 위해서 실시되었다. 무료교육은 258개의 시민 강습소 또는 근로자 강습소, 91개의 성인 강습소, 11개의 스포츠센터, 20개 대학에서 진행하는 하계 대학, 11개의 학습센터 등에서 진행하고 있다.

참고문헌

외교통상부(2006), 『핀란드 교육제도』.
외교통상부(2006), 『핀란드는 어떤 나라일까?』
외교통상부 국가별 정보DB
 (http://countryinfo.mofat.go.kr/europe/)
위키백과사전(http://en.wikipedia.org/wiki/Education_in_Finland).

교육천국 핀란드, 학교 탐방 이야기[1]

| 김영연 박원순 이용관

핀란드는 한반도보다 1.5배 더 면적이 넓지만 인구는 530만밖에 안 된다. 적어도 인구로 보면 한국보다 훨씬 작은 나라이다. 숲, 호수, 섬들로 유명하고 제지, 전자, 기계, 조선 등으로 유명하다. 핀란드는 흔히 수오미Suomi라고 불리기도 한다. 섬과 숲의 나라라는 뜻이다. 그만큼 자랑하는 섬과 숲이 많은 것이다. 북극이 국토의 3분의 2를 차지하고 있는 이 나라는 어찌 보면 우리나라와 비슷하기도 하다. 우선 언어가 우랄어 계통(핀노우그릭 어족, Finno Ugric)이라는 주장이 있다. 핀족 자체가 다른 유럽 인종과는 다르다. 뿐만 아니라 스웨덴과 러시아의 식민지로서 오랫동안 외세의 지배를 받아왔지만 고유의 언어와 문화, 전통을 지켰다. 1917년 독립한 핀란드는 지금 가장 부유하고 깨끗한 나라를 만들었다. 참으로 부러운 일이다.

이 나라는 여성의 위상이 높다. 1906년에 여성의 투표권이 보장되었다. 양성평등이 잘 보장되어 있다. 타르야 할로넨Tarja Halone이 현재 핀란드 공화국의 여성 대통령이다. 19명의 장관 가운데 12명이 여성이다. 200명의 의회의원 가운데 84명이 여성이다. 핀란드는 흔히 국가경쟁력 1위 국가로 많이 알려져 있다. 그뿐이 아니라 투명성 역

1_ 핀란드 교육 탐방 이야기는 김영연(2009), 「스스로 서고 서로 돌보는 교육체제를 구축한 스웨덴과 핀란드」, 『교육비평 26호(2009년 가을호)』 : 박원순(2009), 「헬싱키에서 우리교육의 부활을 꿈꾸다」 미출간 원고 : 이용관(2009), 「스웨덴·핀란드 교육현장 탐방보고」, 『북유럽·일본교육 탐방 보고 및 토론회 자료집』(2009. 4. 11. 새학교넷추진위원회외 주최)의 글을 이용관이 편집하여 엮었습니다.

시 1위이다. 오늘날 핀란드가 여러 가지 산업에서 융성하고 있는 것은 결국 깨끗하고 투명한 사회제도와 국민수준, 그리고 훌륭한 교육제도가 있기 때문이다.

핀란드에서 한 학년도의 수업일수는 190일이다. 하나의 학년도는 매년 정해진 날, 즉 그해의 22번째가 되는 토요일에 끝나는데 통상 이날은 6월 첫 토요일이 된다. 학교가 다시 시작하는 날은 8월 중순이다. 각 자치단체는 학기 시작일과 함께 수업이 없는 휴일을 결정한다. 일반적으로 10월에 짧은 휴가가 있고, 1~2주 크리스마스 휴가, 그리고 2월에 1주의 휴가가 있다. 1년간의 취학 전 교육은 6살 아동들을 대상으로 탁아소 혹은 학교에서 이루어진다. 의무적인 종합학교 교육은 7세에서 시작하여 9년 동안 계속된다. 이 종합학교는 1~9학년을 모두 수용하는 학교도 있고 1~6학년만 그리고 7~9학년만을 수용하는 학교도 있다. 대부분의 학교는 지방자치단체가 운영한다. 사립학교가 있지만 극소수이고 제공하는 교육 프로그램도 공립학교와 동일하다.

1. 통합교육이 성공한 종합학교

라또까르따노 종합학교(Latokartano comprehensive school)

면담 인사 – 사뚜 혼깔라Satu Honkala 교장
면담 장소 – 핀란드 헬싱키
　　　　　　레쓰끼로우바 프레이따기나꾸야Leskirouva Freytaginakuja 9 Vikiki
일시 – 2009년 1월 21일 오전 10시

교문이 따로 없는 첫 방문 학교인 라또까르따노 종합학교에서 탐방단 일행은 감동의 도가니 속으로 빠지고 말았다. 이런 것이 진정한 통합교육이구나 하는 느낌을 받지 않을 수 없었다. 무엇보다도 아이들을 중심에 놓고 선생님들이 최선을 다하고 그것을 전폭적으로 지원하는 핀란드 정부와 지방정부, 교육청의 숨결을 느낄 수 있었다.

사뚜 혼깔라 교장선생님은 우리를 학교 구석구석까지 친절하게 안내해 주었다. 중간에 수업을 들어보기도 하고 수업을 진행하는 교사에게 질문도 하고 아이들과 이야기를 나누기도 하였다. 학교의 건물과 분위기를 살펴보는 좋은 기회였다. 가장 인상적인 것은 교장선생님의 방이 두 개의 교실 사이에 있는데 모두 유리로 되어 있어 투명하게 보이는 점이었다. 아이들의 입장에서는 선생님이 늘 함께 있다는 생각을 할 것이다. 교장선생님의 방은 많은 자료들로 어지럽게 널려 있었다. 일하는 교장의 분위기가 물씬 풍겨나고, 이곳의 교장은 더 이상 권위의 상징은 아닌 듯했다.

라또까르따노 종합학교의 전경.

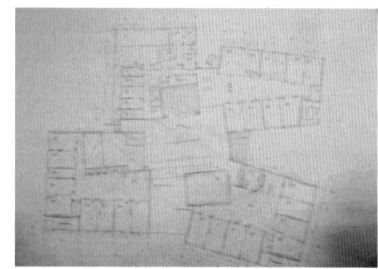

새로 이사 갈 학교 건물 도면.

학교의 역사와 특징

- 라또까르따노 종합학교는 2006년 8월 1일 설립되었다.
- 이전의 로이후부오리Roihuvuori 초등학교 학생들로 구성되었으며 레스껜레흐띠Leskenlehti 건물을 사용한다.
- 비이키 주택지역 인구 팽창으로 학생들이 늘어나 새로운 건물을 건축 중이다.
- 무학년제로 100~150명 정도의 3개 섹션으로 운영된다.
- 로이후부오리 초등학교의 교사들은 대부분 미래학교 프로젝트에 참여하고 있다.
- 교수방법, 지역 내 학교 간의 협동, 서로 다른 문화를 이해할 수 있는 학교공동체를 이루고 있다.
- 유네스코의 학교 프로젝트에 참여하고 있는 ASP학교Associated Schools Project Network :ASPnet 중 하나이다.

- 비이키 지역의 지속 가능한 발전을 위하여 종합적인 교육 서비스를 제공한다.
- 모든 학생들을 위하여 좋은 학교가 되는 것이 목표이다.
- 모든 학생이 능력에 따라 공부할 수 있도록 기회를 보장한다.

- 모든 학생은 개인 학습계획에 따라 융통성 있는 공부를 한다.
- 평화, 민주주의, 인권, 그리고 유네스코가 추구하는 교육 원리를 추구한다.
- 균형 잡힌 개인과 집단의 성장을 위한 협력학습을 한다.
- 삶의 기술을 학습하는 것을 중요하게 여긴다.

학교 운영과 재정 운영

핀란드 학교는 학교운영위원회[2]가 학교 운영에 대한 많은 사항을 결정한다. 학교운영위원회는 교육과정을 결정하고, 정규교사를 추천하며, 각 회계연도의 예산을 확정한다. 교장은 학교를 운영하고 학교운영위원회의 간사가 된다.

교장은 리더십을 발휘하여 학교를 팀별로 자율성을 토대로 공동체를 형성하는 데 주력하고 교사들을 일주일에 한 번씩 만나 대화를 나눈다. 또한 학습의 결과는 일 년에 두 번씩 교사와의 발달 대화를 통해 개별 교사의 학습활동을 도와준다.

학교 교육활동에 대한 자율 평가 결과를 연말에 보고서로 작성하고 다음 해의 학습계획을 세우는 데 반영한다.

학교 예산은 학생 수에 따라서 지방자치단체에서 지원을 받는다. 교사 인건비가 차지하는 비중이 전체 예산의 약 70퍼센트를 차지하고 있다. 학교 시설 유지 보수비가 20퍼센트이고 나머지 10퍼센트는 교재 구입, 교내연수 교육과정 운영 등에 사용한다.

모든 학생을 받아들이는 것이 원칙이고 6세 아동, 특수 아동도 통합교육을 하고 있다. 이민자 자녀는 주로 러시아, 소말리아에서 온 학생이 많다.

전체 교원은 29명으로 교장 1명, 전임교사 22명, 보조 교사와 시간제 6명이다. 영역별로는 전체 일반교사 10명, 특수교사 5명, 언어교사 2명, 수공예교사 2명, 러시아어와 소말리아어를 가르치는 모국어 교사, 이슬람·가톨릭·러시아정교를 가르치는 종교 교사, 시간제 사회사업 전공자, 시간제 심리학자, 수업 보조 교사 2명, 방과 후 보육보조 교사 3명으로 구성된다. 직원은 시간제 학교 직원, 건물, 청소, 식당을 담당하고 있는 빨미아Palmia 회사 직원이 있다.

2_ 학교운영위원회는 7명으로 구성되는데 교사와 나머지 직원들이 각각 대표 1명을 내고 나머지 5명은 학부모가 선정한다.

학생 수는 총 280명이고, 15개의 반으로 구성되어 있다. 1~2학년이 5개 반, 2~3학년이 1개 반, 3~4학년이 2개 반, 5~6학년과 6~7학년이 각각 1개 반, 7~8학년이 2개 반이고 1~3학년, 4~6학년, 7~9학년의 특수아동이 각각 1개 반으로 구성되어 있다.

사뚜 교장은 학교 신축 프로젝트에 교육학적 고문역도 맡고, 교감은 사울리 유깔라Sauli Jukkala와 씨르꾸 사가스Sirkku Sagath이며 일반교사와 마찬가지로 수업도 하고 있다.

완벽한 통합교육과 무학년제 수업

이 학교에서 가장 인상적인 것은 무학년제도라는 것이다. 말하자면 초등학교 1학년에서 9학년까지를 진급하는 형식으로 운영하지 않는다는 것이다. 개인의 발달과정에 따라 개별적 목표를 정하고 그 성취도에 따라서 개인적인 학습 디자인을 해준다.

무학년제=차별화·다양화, 이렇게 볼 수 있다. 이것은 학습자가 더 많은 것을 배우게 한다. 무학년제도라는 것은 사실 유연성 가르침이라고 할 수 있다.

사실 이것은 핀란드의 발명품이 아니다. 1930년대 미국이나 스웨덴에서 시작된 것의 확대 적용이다. 모든 아이들은 배울 수 있고 배울 능력이 있다는 점에서 전제된 것이다. 모든 아이들에게는 발달의 기회가 주어져야 한다. 학생들의 웰빙도 중요하고 추가활동도 지원한다. 모든 아이들이 학습의 진보를 누릴 기회를 준다.

무학년제는 1학년에서 9학년을 학년 집단으로 편성하지 않고 개별 학습 집단 홈룸에 편성하여 학습한다. 개별 학생은 교과목별로 자기 수준에 맞는 홈룸에서 수업을 한다. 통합교육과 무학년제는 학교 전체가 동참해서 미리 계획을 세워야 하기 때문에 학교 전체가 협력체제를 이루어야 가능하다고 한다.

학교 건물에 배인 통합교육의 철학

핀란드 학교 건물과 시설은 그 학교가 지향하는 교육의 방향과 교육철학을 고스란히 담아내고 있다. 그래서 설계과정이 학교 구성원들이 만들어낸 학교교육계획을 바탕으로 공모과정을 거치고, 공모에서 선정된 이후 건축과정에도 지속적으로 학교 책임자나 구성원들과 협의하여 그 학교가 지향하는 통합교육의 철학이 건물과 시설에 일일이 배일 수밖에 없게 한다. 그래서 핀란드에서는 우리나라처럼 학교 건물이 공장이나 교도소처럼 똑같지 않고 학교마다 다 다르고 특색이 있다.

이 학교 건물은 유치부와 초등학교 저학년 어린이를 위한 기초교육을 온전하게 하려는 통합교육의 철학을 담아내고 있다. 그래서 유치부와 초등학교 1, 2학년 어린이가 함께 공부할 수 있도록 설계되어 나이 어린 아이들이 초등학교 아이들과 어울려 함께 생활함으로써 공동체 속에서 기초교육을 완성하려는 배려가 묻어 있는 것이다.

현재 이 학교는 옮겨 갈 새로운 건물을 짓고 있다. 이 건물 디자인의 핵심은 가정과 같은 분위기를 만드는 것이다. 그리하여 서로 소통할 수 있도록 방마다 통유리를 설치하여 서로 소통을 쉽게 만든다. 1학년부터 9학년까지 내내 9년을 서로 다닐 수 있도록 하기 때문에 이것은 하나의 작은 커뮤니티와 마찬가지다. 100여 명이 들어가는 이런 섹션을 세 개 정도 만들어 각 섹션이 독립적으로 운영되도록 설계되었다. 2층도 1층과 똑같은 설계인데 특히 2층에는 화학실, 공예실, 실험실 등이 있다.

이 학교 건물은 기본 가이드라인이 주어지고 공개 경쟁에 의해 공모한 결과 선정된 건축가에 의해 설계되었다. 물론 이 건물 설계의 기본 콘셉트는 교육적 철학과 관점에 기반하고 있다. 결정된 이후에도 세부적인 부분은 계속 학교당국과 교장과 상의하면서 구체화되었다고 한다.

미래의 교육을 담아내는 학교 건물

새로운 신축 건물은 이 학교가 바라는 미래의 교육 방향과 교육 내용과 방법, 그리고 교육철학을 담고 있어 핀란드 교육의 성공이 그냥 돈만 투자해서 이루어진 것이 아니라 교육계와 국민들의 세심한 교육적 안목과 전문성에서 비롯되었다는 것을 새삼 느끼게 해주었다. 새로 짓고 있는 라또까르따노 학교 건물은 핀란드가 지향하는 미래 교육의 모습을 담아내는 데 부족함이 없었다. 공개 경쟁을 통해 설계한 이 학교의 건축 설계의 주제는 자연 통풍 시스템에서 여실히 드러난다. 공기압에 의한 자연 통풍을 통해 햇빛과 깨끗한 공기 순환이 이루어지도록 설계되었다. 공기압을 이용한 자연 통풍이기 때문에 외풍도 최대한 막아주는 이중적인 효과를 노리고 있다.

건축설계는 '연A Kite'의 원리를 이용한 것으로 뚜오마스 썰벤노이넨 Tuomas Silvennoinen이 책임건축가로서 2009년 말까지 완공될 예정이다. 2층으로 된 건물의 각 층은 구조가 비슷하고 각 층은 중앙 홀과 4개의 영역으로 구성되고 각 영역은 중앙 홀과 연결되어 있으며 각 영역은 다시 5개의 홈 영역으로 이루어지고 각 홈은 100명을 수용하여 홈 안에서 모든 활동이 가능하도록 되어 있다. 각 홈 영역은 연령층과 학년에 상관없이 학습 공간을 공유하며 통합학습이 가능하도록 설계되었다. 100명의 한 팀이 다양한 공간에 흩어져서 교실 이동을 하면서 수업을 받을 수 있으며, 예술·수공예·과학 과목은 특별 교실이 별도로 있다.

홈 영역은 학생들에게 장기적이고, 지속적이며, 친숙하게, 안전한 학습환경을 제공하고 공동체적 일체감과 좋은 사회적 관계를 이룰 수 있는 그야말로 통합수업을 효율적으로 할 수 있게 설계된 것이다. 모든 홈 영역은 공동으로 사용하는 로비, 컴퓨터, 학생 개인사물함 등이 있다. 교실은 분리와 통합이 가능하도록 했고 서로 볼 수 있게 유리 문을 사이에 두고 있다.

중앙 홀은 만남의 장소, 무대 공간, 행사 공간, 휴게 공간 등 다양하게 이용할 수 있는 다목적 공간으로 개방되어 있다.

신축 건물은 1~9학년까지의 아동 500명을 수용할 수 있으며, 이 건물이 완공되면 현재의 건물은 유아원, 탁아소, 유치원, 그리고 1~2학년을 위한 학교로 이용할 것이다.

유연성의 비결

"우리는 국가교육과정을 따라야 하고 나머지는 우리가 자유롭게 결정한다. 이 학교는 학년제가 없다. 개인 학생을 위한 최적의 학습을 제공한다는 의미이다. 각 학생을 위한 각자 학습계획을 가진다. 각자 무엇을 배울 것인지, 학습 속도 역시 자신에 맞게 조정할 수 있다. 그러나 9학년까지 학습을 마친 경우에는 국가가 정한 수준을 갖추어야 한다.

저학년 그룹 아이들은 읽고 쓰는 데 집중하고 산수도 배운다. 고학년의 경우에는 외국어 등 원하는 과목을 좀 더 선택할 수 있게 한다. 작은 그룹으로 나누어 수학을 가르친다거나 일부 학생들은 언어를 배운다거나 한 교실에서도 다양한 그룹, 다양한 학습이 이루어진다. 내용도 마찬가지로 습득해야 할 지식의 양이 정해져 있지 않고 유연성 있게 이루어진다."

모국어를 가르칠 수 있는 강사들이 헬싱키 교육청에 등록되어 있다. 학교에 와서 가르치기도 하는데 그 언어를 교육받는 아이들의 숫자가 너무 적은 경우 일정 지역으로 가서 수업을 받는 경우도 있다고 한다. 그만큼 학생 하나하나를 위해 쏟는 정성이 대단한 것이다.

2~3명의 교사가 함께하는 협력학습

학생들을 가르치고 생활지도를 하느라고 힘겹게 하루하루를 살아야 하는 우리나라 교사들의 상황과 핀란드 교사의 상황은 완전히 다르다.

교사 혼자서 가르치는 것이 아니다. 늘 두 사람 혹은 세 사람이 함께 팀을 구성하여 가르친다. 학생들의 요구에 따라 보조 교사, 주된 교사가 그룹을 나누어 가르친다.

교실을 운영할 때 교실 뒤에 처져 있는 아이는 없다. 어느 그룹에 소속되어 공부한다. 학년 표시를 겉으로 하는 장치가 없다. 학습속도에 따라 1학년, 2학년 등의 분류를 할 뿐이다. 그 학년에 소속된 것을 꽃이름으로 된 홈 그룹으로 분류한다.

아이들은 모르는 것을 학습한다. 이미 알고 있는 것을 가르치지는 않는다. 모둠으로 나누어 가르친다. 모둠에서 떨어진 한 개인을 가르치는 것이 아니다. 학습속도는 빠르기도 하고 늦기도 한다. 그렇지만 모든 아이들이 함께 가도록 배려한다.

우리가 들른 한 교실에서는 10명의 아이들이 수업을 듣고 있었다. 집중장애가 있는 아이들을 위한 특수학급이었다. 그런데 여기에는 정규 교사 한 명과 두 명의 보조 교사가 함께 아이들을 가르치고 있었다. 이 정도라면 아이들에게 정말 대단한 투자와 정성을 기울이고 있는 것이 아닌가.

그뿐이 아니었다. 산수를 잘 못하는 아이들 넷을 특수교육 전문 교사 한 명이 데리고 나와 별도의 공간에서 가르치고 있었다. 집안 분위기가 나는 작은 학교 공간 안에서 많은 선생님들이 여러 기능과 전문성을 가지고 아이들의 이런저런 특성과 문제를 그때 그때 파악하여 즉각 대응하고 처리하고 지

*늘 정규 교사와 보조 교사 한두 명이 함께 수업한다(왼쪽). 교장선생님 방(오른쪽). 방이 아주 작고 바로 교실에 붙어 있으며 투명한 유리로 되어 있어 누구나 오가며 볼 수 있다.

* 아이들은 한 교실 안에서도 각자 다른 주제로, 다른 형태의 수업을 하고 있다(왼쪽). 집중력 장애가 있는 아이들 10명을 따로 조직해서 영어를 가르치고 있다(오른쪽).

원하는 모습을 보며 참 대단하다는 생각이 들었다.

지원을 위한 평가와 발달을 위한 대화

평가는 개인의 목표에 따라 이루어진다. 먼저 목표를 정하고 합의한 그 목표에 도달했는가를 기준으로 평가한다. 기대한 목표에 미달할 경우 다른 방법으로 그 목표를 이룰 수 있도록 지원하는 데 목적을 둔 평가 방식이며, 학습방법에 대해 서로 협의를 시작한다.

그러나 이러한 평가는 스스로 하는 것이 원칙이다. 교사도 마찬가지다. 학교 평가보고서도 15페이지밖에 안 된다. 시청 교육국에서 특별한 의사표시를 할 필요가 있는 학교에 대해서는 간단한 논평을 한다. 거기에 대해 학교가 계획을 세우고 지원이 필요하면 돈을 준다. 문제가 있는 학교, 학생이 있으면 그것을 벌주기 위한 것이 아니라 지원하기 위해 논의한다. 부모, 학생, 교사의 3자대화도 마찬가지다.

교사도 교장과 대화한다. 발전을 위한 대화라고 칭한다. 상호 요구도 하고 칭찬하고 도움을 요청한다. 한마디로 말하면 교장의 리더십이 하나의 소통체제에 기반하고 있다. 모두 아이들을 위한 발달 대화development talk라고 할 수 있다.

학생이 개인적인 목표를 스스로 정하게 하고 그 과정에서 학부모와 교사들이 함께 참여하여 결정한다. 학부모의 참여가 자연스럽게 이루어진다. 흔히 '3자 대화', 즉 부모와 교사, 그리고 학생이 참여하는 대화는 필요하면 늘 열린다.

아이가 무엇인가 잘못하는 일이 생기면 아이 본인과 상의하고 필요한 경우 부모와도 상의를 한다. 좀 더 심각하면 특수교육 담당 교사가 개입해서 개선할 수 있는 프로그램을 작동한다. 아주 심각하고 질병 수준이라면 병원으로 갈 수 있도록 주선할 수도 있다.

2. 최상의 교육환경과 학생자치 활동

뽀흐요이스-따뻬올라 고등학교(Pohjois-Tapiola Upper Secondary School)

면담 인사 – 또이니 라우하마끼Toini Rauhamäki 교장

일시 – 2009년 1월 21일 오후 2시

우리가 방문한 이 학교가 있는 곳은 에스포Espoo라는 핀란드에서 두 번째로 큰 도시이다. 세계적으로 유명한 이동통신회사 노키아의 본사가 위치한 곳이기도 하다. 이곳은 가든 도시로 설계되었다. 바다와 야생이 잘 어우러져 있는 곳이라고 한다. 온 도시와 들판에 눈이 가득하다. 헬싱키에서 40~50분 걸려 도착하였다. 키가 크고 얼굴이 성인이 다 되어 보이는 학생들이 수업을 끝내고 막 학교를 나오고 있었다. 우리를 맞은 또이니 라우하마끼 교장선생님은 여성으로서 가슴에 한글 이름과 교장이라는 직책이 쓰여 있었다. 이 분

은 경기여고 초청으로 한국을 다녀가 이미 한국에 대해서는 좋은 이미지를 가지고 있었다.[3] 그런데 막상 강당으로 몰아넣더니 보통 수업시간보다 훨씬 더 집중적인 강의를 해서 모두가 힘들어했다.

또이니 라우하마끼 교장선생님이 학교 이곳저곳을 돌아다니며 안내하고 있다. 어학연습실과 도서관이다. 이 여자 교장선생님은 한국도 다녀가는 바람에 한국에 관심이 많았다.

학교 개관

- 1962년에 설립, 따삐올라 지역의 중심에 위치.
- 에스포 학교 네트워크의 일원.
- 학생 수 380명(다음해는 420명), 교사 수 27명.
- 건물은 2002~2003년에 수리.
- 컴퓨터, 프로젝트, 최첨단 칠판Smartboard, 인터넷 기반 학습e-learning 환경 갖춤.
- 드라마와 미디어 과정 특성화, 농구는 전문 코치가 지도.
- 각 언어 과목에서 제공하고 있는 언어 강좌

    A-언어: 영어, 독일어, 스웨덴어

    B1-언어: 스웨덴어

    B2-언어: 불어, 독일어

    B3-언어: 불어, 독일어, 라틴어

3_ 이때의 상황에 대해 나중에 교장선생님은 이렇게 말하였다. "웨스틴 조선 호텔에 머물렀는데 서빙을 하는 한 여성에게 물어보았다. 당신의 고등학교 시절에 무엇이 가장 기억에 남느냐고. 그랬더니 그 여성이 하는 말이 공부하느라고 아무것도 기억이 나지 않는다고 대답했다. 공부는 아이들에게 많은 추억을 남기는 것이다."

교육과정 운영

뽀흐요이스-따뻬올라 고등학교는 해마다 신입생이 들어오면 학교에서 제공하는 '강좌 프로그램 매뉴얼'에 의해서 학생, 학부모, 교사 3자가 협의하여 학생이 이수할 프로그램을 설계하여 결정한다.

학생은 설계된 매뉴얼에 따라 우선 고등학교 학업계획서를 세워야 한다. 이 계획서는 학생 신상 기록과 함께 개설과목에 따라 1년차 선택 강좌, 2년차 선택 강좌, 3년차 선택 강좌를 기록한다. 물론 강좌는 필수과목, 선택과목, 심화과목을 학생의 수준에 따라 선택하여 학생 개개인에 맞게 구성하게 된다. 학생은 자신의 학업 수준과 관심 있는 과목과 진로를 고려하여 자신의 학업계획서를 세울 수 있는 능력이 있어야 하며, 교사는 학생이 잘 이해하도록 지원하고 도와주는 역할을 한다.

핀란드는 1년에 5학기제다. 이 학교도 학교 강좌 매뉴얼을 1년차, 2년차, 3년차에 맞춰 5학기별로 선택하여 짠다. 학기별로 8개 강좌를 기본으로 한다. 6개 강좌군이 있어 3개는 수학, 과학, 이공계 강좌군이고 3개는 인문사회, 어문계 강좌군으로 구성되어 있다. 선택 강좌는 대학이나 타 학교와 협동으로 운영하는 강좌도 있어 이 학교에 개설되지 않은 강좌는 그 학교에 가서 수강한다.

선발과 입학

의무교육으로서의 중학교를 마친 학생들이 고등학교로 온다. 55퍼센트의 중학교 졸업자가 고등학교로 온다. 이 지역에서는 60퍼센트 이상이다. 부모들의 교육수준이 높기 때문이다.

학생들은 핀란드 내의 어떤 고등학교라도 지원할 수 있다. 5개의 고등학교를 지원하되 우선순위를 둔다. 6월 초순 그 합격 여부가 발표, 통보된다. 입학자격은 중학교 졸업 시의 증명에 의한 학문적 평균 성적에 기반을 둔다.

이 학교에 들어오고 싶은 학생들이 많아 2008년에는 8.08이 커트라인이었다. 에스포 지역에서 최고 점수는 9.08이고 최저 점수는 7점이었다. 에스포에서는 핀란드어로 가르치는 11개의 학교와 영어와 스웨덴어로 가르치는 학교가 하나씩, 성인을 위해 가르치는 학교가 하나 있다.

학생이 중심인 학교 운영

학생들은 스스로 시간표를 작성하고 코스를 마음대로 선택할 수 있다. 학생들은 이렇게 스스로 선택할 수 있는 광범한 자유를 가진다. 물론 그만큼 책임도 진다. 학생들은 첫해에 마지막 시험을 위한 예비계획을 세운다. 물론 필요하면 수정이 가능하다. 이 과정에서 그 학생의 카운슬러 역할은 지대하다. 지도교사에 해당하는 학급Home room 선생은 정기적으로 그 학생이 문제가 생기지 않도록 노력한다. 그래야 큰 문제를 사전에 방지할 수 있다. 홈룸 선생이 담당하고 있는 학생은 30여 명 정도 된다. 만약에 학업에 문제가 생기면 그 학생과 진로지도 교사와 협의를 하고 그것도 불충분하면 학부모를 불러 논의하고 대안을 찾는다.

학생자치활동—학생회 student association [4]

학교가 진정으로, 학생들로 하여금 참여하고, 자립적으로 되며, 자기 이미지를 고양시키고, 자기의 협력 기술 발달에 영향을 미치기 위해서 노력하도록 장려하고자 한다면, 이런 기술들이 모든 교과목들 및 여타 학교 활동들과 관련 속에 실행되도록 해야 한다. 학생들은 교사 및 관련 집단과 함께 학교에서의 일상생활과 교육적 가치를 숙고해야 한다. 학생회의 운영과 여러 교과 수업들 모두 동등하게 학교의 교육 목표 실행을 지원해야 한다. 학생

---

[4] 학생회, 청소년의회, 청소년의 목소리에 대한 정리는 심성보 교수의 「능동적 시민으로 만드는 핀란드의 참여적 시민교육」에서 발췌하였다.

과 교사의 협력은 참여적인 작업 문화의 핵심 열쇠이다.

'함께하기'는 협력적인 작업 태도를 일컫는 말이다. 협력적인 작업 태도는 체계적인 기교가 아니라 생각하는 방식이라는 점이 특히 강조될 필요가 있다. 협력은 민주주의와 참여와 협력을 지탱하는 사회적 틀이며, 경험주의적 학습과 구성주의적인 학습 개념에 바탕을 두고 있다. 함께 일하고, 서로 돕고, 서로에게서 배우면서 우리는 개방성, 역동적 관계, 집단적 토론, 공동의 문제 해결을 특징으로 하는 사회로의 변화를 위해서 노력한다. 어린이와 청소년의 개인적 성장과 자립심은 사회의 성장 발달과 병행하여 진전되어간다. 학급이나 학교에 유익한 사람이 되기 위해서, 학생들은 정신적이고 지적인 역할을 주체적으로 경험해볼 필요가 있다. 협력적인 작업 태도 속의 다음 요소들은 공동체적인 사고의 발달을 촉진한다.

〈협력적 작업의 태도〉
- 긍정적인 사고방식을 갖게 함으로써, 위험에 대처하고, 문제를 파악하며, 토론을 진전해가는 능력을 향상시키며, 학생들이 학생회를 민주적인 공동체로 인식하도록 돕는다.
- 학생회 운영위원들에게는, 다른 사람들에게 조리 있게 문제를 설명하고, 협상하고 요약하고 논쟁하고 결정을 유도하는 능력을 기대하게 되는데, 그런 기대는 높은 수준의 인식체계와 추론 능력을 요구한다.
- 협력적인 집단 안에서 토의하고 협상하면서, 구두로 결론을 이끌어내는 능력과 개인이 알고 있거나 생각하는 것을 설명하고 평가하고 숙고하는 능력을 향상시킨다. 토의되고 있는 문제들은 심의하고 협상하는 과정을 통해서 공동으로 중요한 문제가 된다.
- 다양한 능력이 요구되는 임무를 수행해야 하는 학생회 운영위원회와 같은 이질적인 집단은 개개인으로 하여금 열린 사고와 창조적인 반응을 하

게 하며, 자신의 재능을 최대한 사용도록 한다. 집단 구성원들 사이의 차이는 문제점이 아니라 오히려 이점이 된다.

- 학생회 운영위원회의 구성원들은, 다양한 수준의 생각들을 서로 모방하고 문제 해결 방법을 설명하고, 서로 피드백하고 격려하면서 서로의 학습에 영향을 미친다.
- 서로 갈등하는 의견들이나 해석, 설명들이 있는 경우 어떻게든 해결되어야 한다. 이런 상황은 집단 구성원들로 하여금 신중한 대화에 참여하지 않을 수 없도록 강제한다. 갈등을 조직화하는 것은 해결책을 찾는 데 훌륭한 수단이 될 수 있다.

〈학생회 협력의 원칙〉
학교의 참여적인 작업 문화를 지원하는 협력적 학생회 운영을 하는 데는 4가지 원칙이 있다.

- 공통된 목표들과 긍정적인 상호의존
- 상호작용과 사회적인 집단 기술
- 개인의 책임감
- 학생회의 목표와 그것의 참여과정에 대한 집단적인 평가

청소년의회 Youth Council

〈청소년의회의 역사〉
핀란드 교육 탐방 기간 동안 가장 인상깊은 것은 뽀흐요이스-따뻬올라 고등학교에서 방문객에게 학교 설명 중에서 학교장이 청소년들의 자치모임

인 '청소년의회' 대표자[5]를 소개한 것이다. 이 일은 아직까지도 생생하게 나의 뇌리에 박혀 있다. 도대체 '청소년의회Youth Parliament, Youth Council'는 어떤 중요한 모임이기에 우리에게 소개하였을까? 방문객 모두는 그 대표 여학생에게 눈길이 집중되었다. 방문객 중 많은 사람이 청소년의회에 대한 설명이 끝나자마자 서로 다투어 함께 사진 한 장 찍자고 줄을 섰으니 말이다. 마치 유명가수의 사인을 받으려고 대기하는 것 같았다.

청소년의회의 출발은 핀란드의회가 설립 100주년 기념을 앞두고 핀란드의 의회를 개혁하고자 하는 국가 프로젝트의 일환으로 이루어졌다.[6] 국제적

---

[5] 청소년의회에 대해 이 학교 출신이면서 이 지역의 전 의장인 한나 야르비살로Hanna Järvisalo가 직접 설명해주었다. 한나 야르비살로는 전국협의회에서 활동 중이다.

[6] 〈헌법〉 핀란드의 시민들이 참여하고 영향을 미칠 수 있는 권리는 우리의 법률에 상당히 폭넓게 보장되어왔다. 헌법에 그런 내용들이 명시되어 있고, 정부와 사회는 시민들의 적극적인 역할을, 중요한 사회·정치적 가치이자, 원칙 또는 목적으로 간주할 수 있다. 행정 당국의 임무는 헌법에 규정된 민주주의와 평등의 원리, 시민들의 기본권, 자유와 인권이 실현되고, 법의 원칙이 존중되도록 보장하는 것이다(헌법 제22조). 비록 어린이와 청소년들은 전통적으로 미성년으로 취급되고 있지만, 헌법이 선언하고 있는 민주주의 원칙은 이들에게도 적용된다. 비록, 어린이와 청소년들이 국가나 지방 선거의 투표권을 갖고 있지는 않지만, 헌법은 어린이와 청소년들이 자신들이 관련된 일에 대해서 그들의 발달 수준에 상응하는 정도의 영향을 미칠 수 있는 제도를 마련하도록 성인들에게 의무를 부여하고 있다(헌법 제6조). 누구도 어떤 합당한 이유 없이 성, 나이, 출생지, 언어, 종교, 신념, 의견, 건강, 장애 또는 그 사람에 관계된 어떤 이유로도 차별 대우를 받아서는 안 된다(헌법 제6조).
〈지방자치법〉 지방자치법에는 지방의 의사결정 과정 참여에 관한 일반적인 규정이 있다(지방자치법 제27조). 지방자치단체는 사람들이 사회활동에 참여하는 문화를 배울 수 있는 중요한 마당이다. 그러나, 어린이와 청소년들이 사회 참여 문화를 배우기 위해서는 문제들의 맥락을 알아야 한다. 예를 들면, 어린이와 청소년들은 학교의 운영에 관련된 요소들을 알아야 한다. 지방자치법은 지방자치단체가 어린이와 청소년들을 포함한 지역 주민들의 의견을 의무적으로 듣도록 규정하고 있다.
〈UN 아동권리협정〉 UN 아동권리협정(CRC)은 1989년 11월 20일 UN 총회에서 채택되었다. 그 협정은 모든 어린이가 피부 색깔, 성, 언어, 종교, 정치적 견해, 국적, 인종적·사회적 태생, 재산, 장애, 출생이나 다른 신분에 관계없이 가져야 할 권리에 대해 보편적으로 인정되고 있는 견해이다(CRC, Part 1, Article 2). "어린이의 권리는 어른들의 책임이다."
〈학교법과 시행령〉 시행령에서 국무회의(내각 cabinet, council of state)는 교육의 임무를 특히 다음과 같이 규정하고 있다. (제2장 제2절) : 교육은 또한 사람들이 사회의 능동적인 구성원으로 성장하도록 지원하고, 민주적이고 평등한 사회에서 활동할 수 있게 준비시

으로 프랑스의 국회의장인 로랑 파비우스Laurent Fabius가 EU 회원국에게 청소년의회를 조직할 것을 제안한 것도 청소년의회의 결성에 영향을 미쳤다. 핀란드의 청소년의회는 2006년 3월에 제정된 '청소년법Youth Law'에 의해 처음으로 만들어졌다. 청소년의회 설립을 위한 프로젝트는 국회, 청소년활동가, 교육기관의 협력 속에서 집행되었다. 이 법 8조에는 지방자치단체가 청소년들의 삶에 영향을 미치는 주제에 관하여 청소년들의 의견을 들을 의무가 있다고 규정하고 있다.

국가교육과정의 기본으로서 법과 시행령, 보통교육 시행령에는 학생들의 역할을 교육의 목표나 임무에 따라서 규정될 뿐만 아니라 교육의 가치에 따라 규정될 수도 있다고 명시되어 있다. 그러므로 지방자치단체들은 학생들의 역할을 발달시켜야 할 여러 목표 중에 하나로 선택할 수 있다. "학생들의 참여적인 시민으로서의 책임감을 강화하는 것은 헬싱키 학교들의 민주주의를 위한 전제조건이다. 헬싱키는 학생들의 참여적 시민으로서의 책임감을 특별히 발달시킴으로써, 개인으로나 사회 구성원으로 바람직한 방향으로 학습하고 성장하도록 지원한다. 참여해서 어떤 역할을 맡는다는 것은 어린이와 청소년들이 목표를 세우고, 토론을 하고, 다른 선택 가능성을 생각해 보고, 어떤 결정을 하며, 자기의 행동에 대해 책임을 지는 일련의 활동을 한

켜야 하며, 지속적인 발달을 촉진해야 한다. '일반계 고등학교교육법(the Act on General Upper secondary Education)'에 따라 그 법에 언급된 교육을 조직하는 모든 교육기관들은 학생들로 구성된 학생회를 두게 되어 있다. 고등학생들은 이 법의 규정에 따라서 자동으로 학생회에 소속된다. 학생회의 임무는 학생들의 협력과 학교의 업무를 촉진하는 것이다. 이 법에 의거해서, 교육을 조직하는 자는 학생들이 학교교육의 발전에 참여할 기회를 제공하고, 학습이나 학생들의 지위에 많은 영향을 미치는 문제들에 관한 결정을 내리기 전에 학생들의 의견을 들어야 한다. 학생회는 이런 문제들에 관해서 학생들의 목소리(students' voice)를 이용한다. 학생회의 운영과 활동 계획에 대해 법령에 규정된 것은 없다. 따라서, 학생회는 그런 문제들에 대해서 스스로 결정한다. 교육을 조직하는 자는, 학생회를 하나 또는 여러 다른 교육 기관이나 운영 단위들과 함께 운영할 것인지 등과 같은 학생회 운영 조직 편제를 결정한다.

다는 것을 의미한다. 어린이와 청소년들은 누구나 활동에 참여하면서 어떤 역할을 맡는 경험을 하게 되며, 자기의 환경에 변화를 가져온다.

학생 조직의 운영은 민주적인 운영 문화의 중요한 한 부분이다. 학생회 운영은 학생들이 자신들 집단의 대표로 활동할 수 있게 하고, 협상을 바탕으로 협력하는 훈련을 하게 한다.

청소년의회는 이러한 규정을 충실히 지키는 중요한 과정이고 절차이다. 청소년의회는 자신들의 영향력을 미칠 수 있는 평등한 기회를 청소년들에게 제공하기 위해 만들어진 기구이다. 청소년의회는 청소년의 목소리를 듣는 자연스런 채널이다. 청소년의회는 각 지방자치단체의 청소년들을 대표하는 자치조직이라고 할 수 있다. 청소년의회는 청소년들의 권리와 청소년문제에 관하여 스스로 의사를 형성하고 전달하는 교량 역할을 한다. 이 모임을 통해 시청의 의사결정 과정에 친숙하게 만든다.

청소년의회는 청소년들이 관심을 가지는 문제에 대해 대의민주주의 방식을 통해 의사결정을 경험하게 함으로써 미래시민으로서 자라도록 준비시키는 정치적 훈련이기도 하다. 이 모임을 통해 지방의회의원이나 국회의원을 자연스럽게 만나게 된다. 이러한 만남을 통해 청소년들로 하여금 사회에 관심을 갖게 하는 동시에 정치에 대한 관심을 증진하도록 유도한다.

〈청소년의회의 조직〉

청소년의회는 '적극적 시민active citizenship'의 경험을 하도록 하는 중요한 매개체이다. 청소년의회는 청소년들을 공공적이고 행정적인 일에 참여시키고 있는 청소년들의 특별자치조직이라고 할 수 있다. 청소년들을 정책결정 과정에 참여시키기 위해 청소년들의 목소리를 경청하고, 그들이 관심을 갖는 이슈를 공적으로 제기할 수 있는 조직체가 청소년의회이다.

핀란드의 지역청소년의회는 현재 전국적으로 약 150여 개가 있다. 청소년

개발 프로그램이 점차 개발됨으로써 더 많은 청소년의회가 출현할 것으로 예측된다. 보통 청소년의회에 참여하는 연령대는 13~26세까지이다. 청소년의회는 반드시 선거에 의해 선출한 대표로 구성된다. 해당 지자체에 거주하는 13~20세의 사람들에게 투표권이 있으나 나이 제한은 지역에 따라서 조금씩 다르다. 의원수는 보통 10~40명으로서 구성되며 시마다 그 수는 다양하다. 우리가 방문한 에스포 시의 경우 30명의 청소년의회 의원과 30명의 부위원들로 구성되어 있다. 주로 13~18세이고, 실제 투표에 의해 선출된다. 연간 5만 유로의 예산을 시에서 법적으로 지원한다. 한 달에 한 번 총회가 열리고, 그 외에도 실무위원회와 기타 활동이 이루어지고 있다. 시의회의 의사결정에 영향을 미치기 위해 청소년의회는 공정한 기회를 갖고자 여러 가지 시도를 한다. 청소년의회는 시의회에 제안을 보낼 권리를 가지고 있고, 시의회의 교육위원회, 환경위원회 등에 대표를 파견할 수도 있다. 미디어 문제에 대해 성명서를 발표하기도 하고, 비영리 청소년단체나 학생위원회와 협력하기도 한다.

1998년에는 청소년의회를 지원하기 위해 '청소년의회전국연합회NUVARY: www.nuva.fi'가 설립되었다. 청소년의회전국연합회는 청소년의회의 활동을 지원하고 연대하는 청소년의회의 전국조직umbrella organisation이다. 핀란드 청소년의회전국연합회의 목표는 핀란드의 종합학교에 다닐 나이의 어린이들이 참여하여 영향을 미칠 수 있는 가능성을 확대하는 것이다. 운영을 위한 이념적인 기초는 UN 아동청소년권리협정이다.

〈청소년의회전국연합회의 목표〉
- 종합학교에 다니는 나이에 해당하는 어린이들을 대상으로 한, '참여와 영향력 행사를 위한 포럼'의 지방자치단체 차원의 소집 책임자로 활동한다.
- 행정 당국과 학교 및 학생들 사이의 상호작용을 개발하고 다양하게 한다.

- 지방자치단체가 탐페레Tampere 어린이국회 모델에 따라 자신들의 영향을 미치는 포럼을 개설하는 것을 돕는다.
- 지방자치단체별 특별 어린이국회와 핀란드 어린이국회의 성명서나 선언을 제출하고, 채택된 의안의 진행 과정을 지원한다.
- 관련 당국들이 이미 준비하고 있는 어린이와 청소년에 관련된 의사결정에 대해서 청소년의회에 보고하도록 지원한다.
- 당국들, 특히 교육부와 접촉을 갖고 종합학교에 다닐 나이의 아동청소년들이 참여하고, 영향을 미치는 것과 관련된 현안 문제들에 대해 보고한다.
- 핀란드 국회 개원 100주년이 되는 2007년에 시작되는 핀란드 청소년의회 연례 회의를 조직한다.
- 운영위원회의 결정에 따라서 의안을 제출하고 제안서를 작성한다.
- 훈련을 위한 모임을 조직하고, 종합학교에 다니는 나이의 어린이들에게 '영향을 미치는 기술'을 증진할 수 있는 자료들을 만들어낸다.

청소년의회전국연합회는 핀란드 전국 자치체에 1,500명이 넘는 회원들을 두고 있다. 9명(대표 1명, 부대표 2명, 평의원 6명)으로 구성된 위원회에 의해 운영되고 있다. 이 협회는 지역 청소년의회와의 협력을 도모하고 지원하며, 청소년의회의 권리와 가능성에 대해 청소년의회의 회원들을 훈련하는 일도 한다. 중요한 사안의 경우 세미나 개최를 돕기도 한다. 정부로부터 기금을 따오기도 한다. 청소년들이 청소년의회가 더 많이 참여하도록 고무하는 활동을 하고, 새로운 청소년의회를 만드는 데 도움을 주기도 한다. 전국적 차원의 일일 경우 성명 등 언론활동을 주선하기도 한다. 전국협회는 청소년친화적인 지방자치체가 되도록 청소년의회활동을 지원한다. 일 년에 두 번 책자 『Vaikute』를 발행하고, 한 달에 한 번 이메일을 통한 뉴스레터를 발송한다.

전국협회는 국내뿐만 아니라 국외의 다른 나라의 청소년의회와 기타 단체와 교류하면서 국제적 행동을 위한 가능성을 모색한다. 다만 전국협회는 정당의 정치활동이나 종교적 활동에는 간여하지 않는다.

청소년의회는 지방자치단체의 사안들에 대해 결정권이 없다. 그들의 가장 중요한 임무는 청소년들의 견해와 희망, 행동을 위한 제안들을 지방자치단체의 의사결정권자들에게 전달하는 것이다. 어떤 지방자치단체에서는 청소년의회가 시의회에 직접 의안을 제출할 수 있는 권한을 가지기도 하는데 그 경우 시의회는 그 문제를 공식적으로 다룰 의무가 있다. 지방자치단체들 중에는 새로운 청소년 관련 시설을 계획할 때 청소년 의회가 시작 단계부터 참여할 수 있도록 하는 곳도 있다.

잘만 운영된다면, 청소년의회는 청소년들을 의사결정 과정에 참여시키는 효율적인 도구가 될 수 있다. 청소년들은 청소년의회 구성원들에게 쉽게 아이디어와 제안을 제출하고, 누구든지 후보가 될 수 있다. 더욱 좋은 점은, 영향력을 행사하고 참여하는 문제에 관한 한 청소년의회가 효과적으로 학습할 수 있는 최상의 기회라는 점이다. 지방자치단체는 반드시 청소년의회를 지원하는 성인으로 활동할 공무원을 임명해야 한다. 이 공무원의 임무는 청소년의원들을 격려하고 지도해주는 것이다.[7]

지방자치단체들 안에는 참여하고 영향을 미치는 문화를 확립·강화하기 위해서 학생조직과 청소년의회들 사이의 협력은 매우 중요하다. 예를 들면, 여러 학교의 학생회 운영위원회 대표들과 청소년의회 대표들이 6개월에 한 번씩 모여서 자기 지방자치단체의 어린이와 청소년 관련 문제들을 토론하고, 앞으로 추진될 프로젝트들에 대한 공동 협약을 만들기도 한다. 청소년의회의 대표자들은 학생들의 역할을 증진시키는 운영 문화가 발달될 수 있

---

[7] 예를 들어 의안의 제출 등이 있을 수 있다.

도록 하기 위해서 지방자치단체의 지도적인 공무원들과 정기적으로 만날 수 있어야 한다.

참여와 영향력의 행사를 가능하게 하는 다양한 구조를 만드는 핵심적인 목표는 어린이와 청소년들이 지방자치단체의 의사 결정에 적극적으로 참여하도록 하는 것이다. 이런 구조는 지방자치단체의 청소년 및 교육 담당 부서와 협력하는 가운데 만들어진다. 젊은이들의 아이디어와 프로젝트들은 처음부터 끝까지 어린이와 청소년과 성인들이 함께 협력하는 가운데 실행된다. 어린이들과 청소년들은 그들 자신의 주거 환경과 주변의 사물을 설계하고 시행하고 평가하는 데 참여한다. 어떤 사안에 대해 청소년들의 참여는 참석하는 것attending과 참여하는 것participating은 그 의미가 약간 다르다. '참석'하는 것은 다른 사람에 의해 조직되고 자기 자신이 영향을 미치지 않았던 어떤 상황에서 단지 그곳에 존재했다는 것을 뜻한다. 반면에 어떤 일에 '참여'하는 것은 어떤 행동에 스스로 참여하고, 일의 진행과정에 영향을 미침은 물론 결과에 책임지는 것까지를 원한다는 것을 의미한다. 참여는 의사결정과 영향을 미치는 행위에 대한 자기 자신의 경험과 경험에서 우러나는 책임을 가리킨다. 어떤 사람이 정말로 자기 자신의 삶과 주변 환경을 변화시킬 수 있다는 경험을 해보는 것이 참여의 핵심이다. 청소년들은 영향을 미치거나 역할을 맡아보는 경험을 함으로써, 사회에 영향력을 행사할 수 있는 자신의 능력에 대한 많은 경험을 하게 된다. 청소년들은 '나는 내 주위에서 일어나는 일들에 영향을 미칠 수 있다'는 느낌과 경험을 얻는다.

핀란드 헌법은, "모든 인간은 법 앞에 평등하다는 것은 어린이들에게도 똑같이 해당되며, 어린이들은 헌법에 따라 개인으로서 동등하게 대우받아야 한다"는 것을 명백히 강조하고 있다. 어린이들에게도, 그들의 발달 단계에 맞추어 자신들이 관련된 일에 영향을 미칠 수 있는 기회가 제공되어야 한다. 이 헌법 조항은 성인들에게, 자기들의 지식이나 견해, 경험에 근거한 관례를 이용해서 어린이들에게 영향을 미치는 문제들을 다루지 않도록 하는 의무를 부과하고 있다. 이 의무 사항은 특히 행정 당국에 해당된다.

이렇게 운영할 수 있는 가장 중요한 장소가 바로 학교이다. 학교는 언제나 모든 연령대의 사람들이 함께 있기 때문이다. 학생 조직들이 영향력을 행사할 실질적인 기회를 제공할 때, 학생회 운영은 지방자치단체의 참여 및 영향력 행사 시스템의 한 부분으로 발전된다. 지방의 영향력 행사는 여러 학교의 학생회 운영위원회 대표들과 그 지역 청소년의회youth house의 대표들이 함께 모이는 지역 그룹Local Groups[8]이 형성되면서 가동된다. 어린이와 청소년은 지역 그룹 안에서 자신들의 관심을 끄는 주제들에 대해 토론하고, 어떻게 하면 결점들이 고쳐질 수 있는지, 어떻게 해야 젊은이들의 새로운 아이디어들이 실행에 옮겨질 수 있는지 등에 대해 계획한다.

* 탐페레 어린이국회Tampere Children's Parliament

탐페레에서 어린이국회는 2001년부터 운영되고 있다. 어린이국회는 2004년에 시 문화국 소관의 청소년 사업의 하나로 설치·운영되었다. 청소년 지도자 한 명이 어린이국회의 운영을 책임지며, 핀란드 최초의 지방자치단체 어린이 대변인인 '탐페레의 어린이 대변인'이 그를 지원한다. 어린이국회 모델

8_ 지역 그룹: 학생회 운영위원회는 학교들, 교육 기관들, 그리고 관련 집단들과 협력할 필요가 있다. 여러 학교의 학생회 운영위원회 대표들(학교당 4명씩)은 정기적으로 회합을 가져야 한다. 이 회의를 '지역 그룹'이라고 한다. 이들은 지역 청소년의회에서 회의를 할 수도 있다. 지방자치단체 청소년 담당 부서는 이런 형식으로 학생회 운영의 발달에 참여하고, 모든 연령 그룹들과 접촉할 수 있는 틀을 구축한다. 학생 조직들은 직간접적으로 시의 의사 결정자들과 접촉한다. 같은 지역에 있는 여러 학교의 학생회 운영위원회 대표들(학교당 4명씩)이 정기적으로 회합을 가지면서 경험과 정보를 나누고 청소년들의 참여를 위한 공동의 사업을 하는 모임을 말한다. 지역 그룹의 목표는 ① 학생회 운영위원들의 임무와 관련된 훈련을 시킨다. ② 자기 지역의 청소년들의 참여를 증진한다. ③ 지역의 문제들을 다루고 관리하기 위한 구조를 창출한다. ④ 성인, 어린이와 청소년 사이에 서로 정보를 교환하고 경험을 공유한다. ⑤ 학교와 시, 청소년 부서 사이의 협력을 명료하게 한다. ⑥ 지역 학교의 원칙을 구체화한다.

은 참여적인 운영 문화에 기초하고 있다. 탐페레 어린이국회가 훈련위원회에 제출한 발의안에 의하면 학급 대표들로 이루어진 학생 조직의 운영위원회가 1학년부터 6학년까지 다니는 모든 종합학교에서 가을(학기초)에 시작된다. 그 후 교사와 학생들, 학부모-교사 연합회 대표들과 청소년 활동가들은 참여적인 운영 문화 속에서 훈련을 받기 시작한다. 탐페레의 모든 시민들이 그들 자신의 학교나 주거 지역 그리고 시에 관련된 문제들에 대하여 어떤 역할을 맡을 수 있다는 것은 매우 중요하다. 어린이국회의 학교 대표는 자기 학교에서 학교의 요구를 담아서 작성한 의안을 정부 또는 중요한 회의에 직접 제출한다. 어린이국회 대표의 형태는 학교에 위임되어 있다.

탐페레 시는 어린이국회가 여러 가지 문제들에 대해 의견을 표명해주도록 요청했고, 현안을 계획하고 준비하는 단계에서부터 어린이국회 대표들이 참여하도록 초대했다. 어린이국회는 시 당국자들을 만나 직접 얘기하거나 글로 써내는 방법 등으로 수많은 의견을 제출하였다. 제출된 의견들은 학교의 환기 상태, 컴퓨터 사용 가능성, 열쇠 달린 사물함, 스케이트보드 경사로, 해변의 쓰레기통 증설 등 다양한 문제들과 관련된 것들이었다.

탐페레에서 어린이국회의 대표는 종합학교 5~7학년의 학생들 가운데 선거를 통해 선출된다. 대표들은 1년에 두 번 시의회 회의실에서 중요한 회의를 갖는다. 첫 번째 회의에서 운영위원회, 시 계획위원회, 문화위원회, 여가위원회가 선출되어 2년 임기 동안 일한다. 위원회의 회의는 대략 한 달에 한 번 조직되며, 관심 있는 사람 누구에게나 공개된다. 영향을 미치기 위해서 인터넷의 잠재적 가능성을 활용하려는 시도가 점점 더 많이 이루어지고 있다. 어린이국회는 탐페레 청소년 포럼과 협력하고 있으며, 시의회에서 대표되는 모든 정당에 접촉할 수 있는 연락 책임자가 있다. 2006년 11월에 차기 대표의 임기가 시작될 때 어린이국회는 1~6학년 학생들로 구성된다. 각 학교별로 한 명의 대표자가 나오고 그를 대신할 제1, 제2 부대표가 선출된다. 4~6학년 학생들이 학교 선거에 후보로 나설 수 있으며, 가장 많은 표를 받은 학생이 대표가 된다. 부대표는 4~5학년 학생 중에 다수의 표를 얻은 사람들이 선출된다. 만일 6학년이 대표로 선출되었고 활동 2년째에 7학년이 된다면, 제1부대표가 학교 대표가 되어 잔여 임기를 채운다. 임기는 여전히 2년이다.

청소년의 목소리 The voice of the young

'헬싱키 청소년의 목소리 The Voice of the Young in Helsinki'는 헬싱키 어린이와 청소년들이 참여하는 조직의 이름이다. 켐페레 Kempere와 이뷔스킬레 Jyväskylä 지방자치단체에도 Voice of the Young groups 이라는 비슷한 조직이 있다. 헬싱키에서 청소년의 목소리는 캠페인을 벌인다. 이 캠페인의 비전은 어린이와 청소년들이 헬싱키 시를 자신들의 의견을 경청해주고, 자신들에게 중요한 사안들에 대해 영향력을 미칠 수 있는 도시로 경험하도록 하는 것이다.

〈캠페인의 목표〉
- 어린이들과 청소년들이 자신들의 거주 환경과 주변의 사물을 변화시키는 데 일정한 역할을 함으로써 (영향력 행사의) 경험을 얻는다.
- 학교와 청소년 의회에서 어린이와 청소년들의 공동체성과 협상을 바탕으로 하는 운영 문화가 강화된다.
- 헬싱키 시에서 공공사업과 사회적 의사 결정을 발전시키는 데 어린이와 청소년들이 참여할 기회를 갖는다.

* 청소년의 목소리 회의 The Voice of the Young meeting

이 프로젝트에 참여하는 모든 학교의 대표들은 헬싱키 시장이 이끄는 '청소년의 목소리'에 참석한다. 이 회의는 시의회 회의실에서 개최된다. 학생들이 자기 학교의 프로젝트들을 설명하면, 그것을 위해 필요한 예산이 보조금 배분의 형식으로 이 회의에서 승인된다. 이 결정들은 확정을 위해서 다른 행정 부서에 제출될 필요가 없다. 시장이 이끄는 청소년의 목소리 회의에서 학생들이 학교 환경 개선을 위한 프로젝트에 배분될 보조금을 결정한다. 보조금은 학교의 유지 보수를 위해 사용할 전체 예산의 일부로 (청소년 목소리에 소요될) 연간 총액을 따로 떼어두고, 운동장의 체력 단련 시설이나 복도 도색, 학생회실이나 도서관 코너의 집기 마련 등 사용자들이 정한 우선 순위에 따라 각 학교에 배분하는 것이다. 각 학교의 학급에서는 이런 행사에 앞서서, 미래 워크숍, 학급 프로젝트들에 대한 운영위원회에서의 토론, 그리고 각 학교에서 제안된 프로젝트에 대한 최종적인 결정 등이 이루어진다. 프로젝트에 대한 최종적인 결정은 학생회 운영위원회에서 이루어진다.

청소년 포럼Youth Forum, 열린 포럼Open Forums

청소년 열린 포럼은 가을에 개최되며 참가자는 초·중학교의 고학년 학생, 고등학교 학생, 직업학교 학생, 청소년 의회의 연장자 등이다. 포럼의 주제는 언제나 청소년들과 관련되거나 사회의 최근의 현안들과 관련 있는 것들이다. 오픈 포럼에서 청소년들은 시의 정치가나 행정가와 함께 상호 작용을 한다. 주제는 청소년들과 관련이 있는 최근의 현안들로 정해지고 있다. 이 전에 다루어졌던 주제를 예로 들면 '음주 행위에 대한 공판 기간', '청소년들의 헬싱키, 그것은 존재 하는가?', '학교법의 개혁' 등이다.

〈청소년 오픈 포럼의 목표〉
- 청소년들은 사회적 이슈에 대해 동료 그룹 및 의사 결정자들과 함께 토론하는 것을 배운다.
- 공동의 문제들을 다루어보는 건설적인 상황에 대한 이해와 경험, 자신

들에 관련된 의사결정에 청소년들이 영향을 미칠 수 있는 가능성을 창출한다.
- 학교와 청소년의회에서 사회적 활동을 장려하는 과정을 강화한다.
- 청소년들과 시 공무원들 및 시 의원들과 친해질 수 있도록 한다.

* 탐페레 청소년 포럼Youth Forum

탐페레 청소년 포럼의 핵심적인 임무는 청소년들의 생활과 그들이 즐기는 것들과 관련된 결정에 영향을 미치는 것이다. 청소년 포럼은 청소년들에게 관련된 의사결정을 모니터하고 그들이 중요하다고 여기는 사안에 대해 자신들의 의안을 만들어낸다. 목표는 탐페레에서 7학년 이상의 청소년들을 위한 일종의 로비 그룹으로 활동하거나, 영향을 미치는 통로의 역할을 하는 것이다. 청소년 포럼은 밴드(악단)를 위한 시설의 증가, 탐페레에 청소년 카페의 설립 및 자신들이 선정한 위원회에 참석하고 발언할 권리를 받는 것 등 많은 의안들을 제출하였다. 그 중에 어떤 것들은 '어린이국회'와 협력해서 만든 것도 있다.

청소년 포럼은 1년에 두 번의 중요한 회의를 가지는데, 탐페레에 있는 7~10학년이 있는 모든 학교와, 학교가 정한 선출 절차를 가진 고등학교 및 직업학교에서 선출된 2명씩의 대표들이 참석한다. 운영위원회와 다른 여러 위원회들이 2001년 가을부터 활동을 시작했다. 위원회 안에는 학교위원회, 시 계획위원회, 문화위원회, 여가위원회 등이 있고, 음악과 스포츠 행사를 주관하는 이벤트 그룹도 하나 있다.

가장 중요한 연례행사는 탐페레 일미외Tempere Ilmiö라고 불리는 밴드 경연대회인데, 일미외는 매년 5월에 열린다. 현재 30명이 넘는 청소년들이 운영위원회와 청소년 포럼 위원회 관련 일들에 참여하고 있다. 청소년 포럼은 탐페레에 있는 모든 정치적인 그룹 안에 연락 책임자를 가지고 있다. 어린이국회와 청소년 포럼의 구성원은 2004년 가을학기 동안 시의회 문화위원회, 여가위원회와 교육위원회에 참석하여 어린이와 청소년에 관련된 사안에 대해 발언할 권리를 부여받았다. 두 포럼에 한 번에 한 명씩 참석하였다. 해당된 시 위원회의 의제들은 포럼 구성원 자신들의 위원회에서 재검토(복습)되었다. 새로운 참여 모델을 계속할 것인지는 참여 실험에서 얻어진 경험들을 평가한 뒤 매년 반영하고 있다.

3. 핀란드 PISA 성공과 그 함의
헬싱키 대학교 교육평가센터

강의 - 또미 까르얄라이넨Tommi Karjalainen 교수
일시 - 2009년 1월 21일 오후 4시

헬싱키 대학의 교육평가센터의 또미 카라야라이넨 교수가 직접 뽀흐요이스-따삐올라 고등학교까지 와서 PISA 결과와 핀란드에서의 성공의 배경과 함의에 대해 강의를 해주었다.

그동안 OECD국가를 상대로 이루어진 PISA 조사 결과에서 늘 1등은 핀란드였다. 핀란드 역시 이러한 결과로 인해 상당히 고무된 것 같다. 사실 한국의 PISA 결과도 성공적이다. 그러나 외형적인 결과 그 자체보다도 그 내용을 잘 분석해볼 필요가 있다. 또미 교수가 제시한 다양한 분석은 우리와는 달리 PISA의 좋은 결과는 핀란드의 좋은 교육 시스템에서 나왔음을 증명해주고 있다.

PISA 2006년 평가 결과

PISA는 국제학생 평가 프로그램이다. 이것은 학생들이 의무교육을 종료한 시기에 지식사회에 참여하는 데 얼마나 자신의 지식과 기술을 획득했는지를 측정하는 것이다. 2000년 이후에 세 번의 PISA 사이클이 있었다. 독해, 수학, 과학을 측정하는 것이 바로 그것이다.

2006년 테스트 결과를 보자. OECD국가 중에서 과학 분야는 핀란드는 1등이다. 캐나다, 일본, 뉴질랜드, 그 이후에 한국이다. 읽기에서도 한국 다음으로 핀란드이다. 수학의 경우 핀란드가 1등, 한국이 2등이다.

PISA와 여러 항목과의 상관관계

이러한 성적의 배경에는 돈이 있다. 그러나 그 외의 이유도 있다. 얼마나 교육에 투자하였는지가 결정적으로 중요하였다. 상위권에 속하는 핀란드,

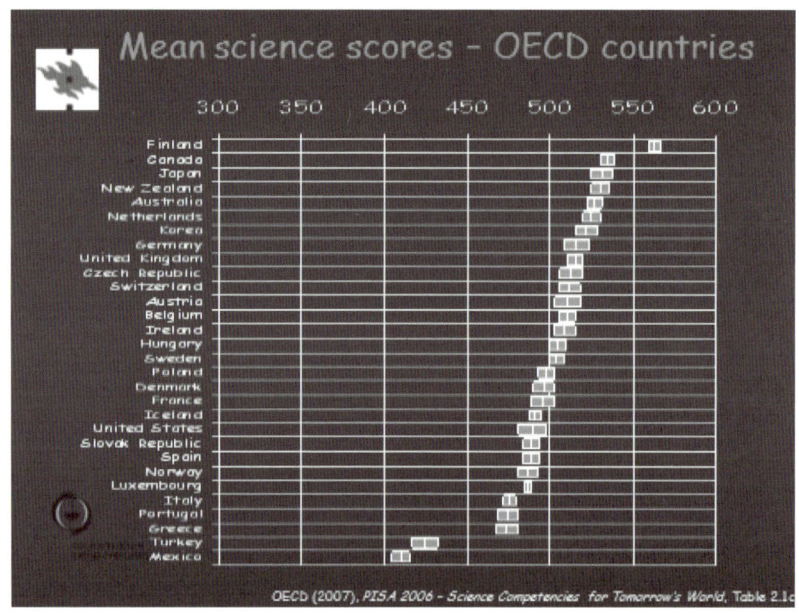

과학 분야 PISA조사 결과표. 핀란드가 압도적 1위임을 볼 수 있다.

뉴질랜드, 오스트레일리아, 일본, 한국 등이 평균 이상의 교육비 투자를 하고 있는 것이다.

학생들의 성적 결과는 사회적 배경과의 상관성이 있다. 독일의 경우를 보면 학교, 학생의 사회경제적 배경이 바로 PISA 결과에 영향을 미친다는 것이 발견되었다. 풍부하고 유복한 사회경제적 위치에 있는 아이들과 학교들이 좋은 성적을 내고 있는 것이다. 일본의 경우에는 상대적으로 사회경제적 배경이 크게 영향을 미치지 않는다. 핀란드의 경우에는 각 학교가 비슷한 성적을 냈음을 알 수 있다. 사회적·경제적 배경이 비슷하다. 그러나 독일이나 일본처럼 최상의 성적을 낸 학교는 적다는 것을 알 수 있다. 학교 간의 편차와 학생 간의 편차를 보자. 독일의 경우 어떤 학교를 다니느냐에 따라 성적의 편차가 많다. 그러나 핀란드의 경우 어느 학교를 다니든 비슷한 성적을 내고 있다.

외형적인 결과보다 핀란드는 학생과 학교 간의 편차가 적다. 통합교육의

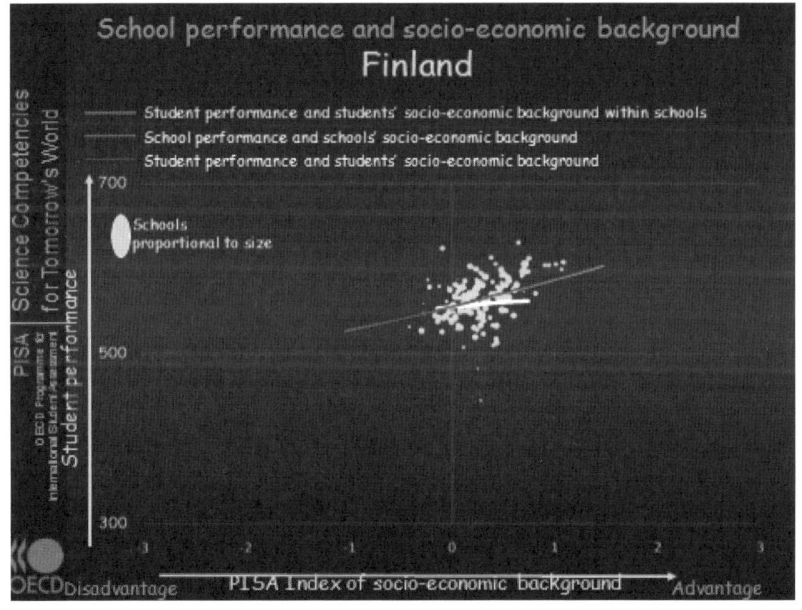

핀란드 학생은 모든 학생이 상위권에 밀집되어 있다.

결과이며, 낙오자를 만들지 않는 핀란드의 평등교육이 대단히 중요함을 알 수 있다.

핀란드가 성적이 우수한 배경

핀란드는 다른 서양 국가들과 비교해보면 농촌사회에서 도시화하는 속도와 시기가 늦었다. 1960년 종합학교가 시작되면서 핀란드는 여전히 농업국가였다. 그러나 핀란드는 자존심이 강하고 근면한 민족이라고 말할 수 있다. 루터교회는 모든 사람을 위한 교육이 이루어져야 한다는 신념을 갖고 있다. 핀란드에서는 교육이 사회적 지위의 상승이나 성취에 직결되기 때문에 중시하고 있다. 제2차 세계대전 이후 교육받은 노동자에 대한 요구가 크게 일어났다. 통합학교의 아이디어가 나오기까지 20년이 걸렸다. 종합학교가 기능하기 전에는 학부모들의 수준이 떨어졌지만 지금은 높아졌다.

1971년 대학수준의 교사교육이 도입되었다. 이것은 많은 숫자의 교수가 학문적 수준을 갖추게 하였다. 학문적 직업운동이 교수집단의 지속적인 인기에 공헌하였다. 교사가 되려는 사람의 10퍼센트만이 교사가 될 수 있었다. 유치원의 경우에도 대학 이상의 졸업이 필요하고 그 이상의 교육기관에서는 그 이상의 학력이 필요하다.

핀란드 교사교육은 연구 중심으로 이루어진다. 초등학교 교사들은 실험 연구방법과 계획을 수행한 교사들이다. 이들에게는 PISA와 같은 종류의 사고방식이 전혀 낯설지 않다. 핀란드 교사들은 정치적으로 보수적이고 전통적인 역할을 믿고 학생들은 교사들의 위치를 정한다. 교사들은 학생들로부터 존경을 받는 것이다. 전문 직종으로서의 교사들을 믿고 신뢰하는 분위기가 있다. 핀란드에서는 이러한 교사들에 대한 신뢰가 창의적인 교수법을 조장하고 열정을 불러일으킨다.

신뢰 문화가 비결

모든 사람들을 위한 교육전문가로서의 교사들의 창의성과 열정, 지속적인 리더십, 현실적인 창의성에 대한 인정과 감사, 심층적인 학습에 대한 집중과 시험, 신뢰의 문화가 바로 핀란드의 PISA 성공의 배경이다.

핀란드 학교 수준의 상승, 학습장애아들과 저수준 아동들을 위한 특별한 교육 시스템의 높은 수준, 더빙 없이 자막만 넣는 텔레비전과 신문의 집배달제도, 90년대 과학적 교수법과 학습의 미래를 증진시키는 커리큘럼 비전 등도 성공의 비결로 추가할 수 있을 것이다.

4. 직업교육의 완결판 옴니아

옴니아(Omnia) 직업학교

면담 인사 - 유하-뻬까 싸아리넨Juha- Pekka Saarinen(옴니아 직업학교 교장)

마아릿 싸아렌뀔라Ms. Maarit Saarenkyla(국제업무 담당)

면담 일시 - 2009년 1월 22일 오전 9시

직업학교그룹 옴니아

옴니아 직업대학: 중학교 졸업자와 일반계 고등학교에서 온 16세 이상의 청소년을 대상으로 직업훈련을 실시한다. 학생 수는 4,500명.

옴니아 성인교육센터: 중학교를 졸업하고 직업 경험이 있는 18~60세의 성인들을 대상으로 직업훈련을 실시한다. 학생 수 1,500명.

도제훈련센터: 노동현장에서 발생한 문제를 중심으로 현장에서 직업교육

을 실시하고, 여기에 보조적으로 이론교육을 실시, 전자와 후자의 비율은 80대 20. 이러한 형태의 도제교육은 직업고등학교와 청소년과 성인을 모두 대상으로 성인 직업교육기관 양쪽에서 실시하고 있음. 학생 수 약 1,500명.

옴니아 청년직업연수: 학교를 떠난 17~24세 실업 청소년의 훈련과 지원. 학생 수 150명.

(옴니아 전체 학생 : 약 7,000명, 교직원 : 약 600명)

"모든 길은 옴니아로 통한다All Roads lead to Omnia."
이 학교 소개 프레젠테이션 자료 첫 장에 써놓은 문장이다. 옴니아Omnia는 라틴어로서 '모두'라는 뜻을 가지고 있다. 모든 사람이 질 높고 평등하게 교육을 받을 수 있다는 뜻이다. '모두' 속에는 농업을 제외하고는 모든 직업

옴니아 직업학교의 전경. 우리가 이 학교를 방문한 날은 엄청 눈이 내렸다.

학교 입구에 있는 이글루 모양의 작품이 이색적이다.

의 종류가 포함되어 있고 다양한 자격증이 주어진다. 옴니아 캠퍼스는 여러 곳에 흩어져 있다. 7,000여 명의 학생이 있고 가장 큰 직업학교 중 하나이다. 낮에 공부하는 16~20세의 학생이 5,000여 명 되고 나머지 2,000여 명은 밤에 다닌다. 600명의 교직원이 일하고 있고 그중에 교사가 400명이다. 7,000여 명의 학생들은 이 주변지역인 에스포 등지에서 온다. 헬싱키 여러 주변 도시에 옴니아 캠퍼스가 흩어져 있다고 한다.

여기에는 네 개의 직업교육기관으로 옴니아 직업학교, 옴니아 성인교육센터, 옴니아 도제훈련센터 Apprenticeship Training Center, 옴니아 청소년워크숍이 있다. 또한 국제 서비스, 행정, 학교의 발전과 개발, 학생들에 대한 지도, 지원 서비스 등의 행정지원 체계도 갖추고 있다.

옴니아는 청소년과 어른들이 이 지역사회에서 온갖 교육 서비스를 받아 좋은 직업적 능력과 좋은 직업 이력을 갖게 하는 것이다. 헬싱키 대도시 주변에 많은 교육기관들이 있지만 우리가 최고의 기관이 되려는 생각을 하고 있다. 이것이 옴니아가 세운 '비전 2009'의 내용이다.

졸업자가 취업해서 노동현장에 투입되었을 때 가장 우수한 능력과 실력을 발휘하도록 하는 것이 옴니아의 가치이다. 옴니아가 가르치는 학생들의 요구와 노동현장의 사람들이 우리 학생들에게 무엇을 원하는지를 알고 그 요청에 부응하고자 한다. 바로 수요자 맞춤교육을 한다는 것이다. 핀란드는 개방사회이다. 학교의 지식을 세상에 나눈다. 강의는 일방적이 아니라 서로 나누는 방식이다. 강의를 듣는 학생들만이 아니라 온 세상에 개방하는 것이다.

직업학교는 비교적 인기가 있는 편이다. 지역에 따라 다르기는 하지만 초등학교 졸업한 아이들의 50퍼센트 이상이 직업학교로 온다고 한다. 도시 아이들은 일반학교(인문계)로 많이 가고 지역의 아이들은 직업학교로 간다. 90년대 이후 직업학교를 다녀도 일반 대학에 갈 가능성을 크게 열어놓았기 때문에 더욱 그렇다. 기업에서도 경험을 중시하기 때문에 직업학교 출신을 선호한다.

특히 직업학교 졸업자는 주로 폴리테크닉(우리나라의 기능대학)으로 가는데 폴리테크닉에서도 직업학교를 선호한다. 보통 폴리테크닉에 있는 호텔 매니저 과정은 직업학교에서 호텔 리셉션 공부를 한 학생을 뽑는다. 호텔 매니저를 하려면 리셉셔니스트receptionist를 해보아야 제대로 할 수 있다고 믿기 때문이다.

분리된 직업교육과 개방적인 학습과 공부

16세 종합학교를 졸업한 뒤 직업학교에 들어온다. 보다 구체적인 지식과 기술을 배워 직업을 구하려는 아이들이다. 핀란드에 특유한 것은 여기에서 공부한 아이들이 대학을 가서 계속 공부를 할 수 있다는 사실이다. 실제로 그렇게 대학으로 진학하는 아이들도 상당수 있다.

3년간 공부하며, 총 120시간의 학점을 취득한다. 여기서 직업의 기본적인 기술을 습득한다. 성인들을 위한 기술의 업그레이드 교육, 특수한 교육도 동시에 제공한다. 학생들은 40시간을 공부해야 하고 그 시간을 학교에서 다 보내지 않고 실습장이나 집에서 공부하기도 하고 직업현장에서 많이 체험하기도 한다.

90학점은 직업에 관련된 것이고 10학점은 자신이 마음대로 선택할 수 있다. 언어나 예술과 관련된 분야이다. 20학점은 핵심 과목에 관하여 취득해야 한다. 의무학점은 16학점으로서 모국어, 제2국어인 스웨덴어, 외국어, 수학, 물리학과 화학, 사회과목, 기업가적인 현장 공부, 육체 및 건강교육, 예술과 문화 등이 그것이다. 보편적으로 세계화, 지속적인 발전, IT, 소비자 기술, 기업가 정신 등은 모든 학생이 갖추어야 한다.

직업학교는 스웨덴과는 달리 일반 인문계 학교와 완전히 분리되어 있다.

그러나 직업학교를 다니는 아이들도 인문 과목을 들어 대학을 갈 수는 있다고 한다. 현재 이 학교의 5퍼센트는 그런 사례라고 한다. 반대로 일반 고등학교로 가서 인문 공부를 하는 아이들의 경우에도 다시 직업학교로 올 수 있다고 한다. 20퍼센트 정도가 이런 학생들이라고 한다. 생각보다는 많은 숫자이다. 이처럼 유연하고 개방적인 것은 바로 학생들의 이익과 취미, 그들의 결정과 미래를 위한 것이다. 역시 학생들의 평등한 학습을 보장하려는 핀란드다운 일이다.

옴니아 학교 학생들이 목공과 건축의 실습을 하고 있는 모습들.

옴니아 학교 학생들이 목공과 건축의 실습을 하고 있는 모습들. 야외에서 직접 건축을 해보아 나중에 실제 건축 업무에 적응하도록 학교 외부에서 건축 실습을 하고 있는 모습.

집을 지어 파는 조경학과 학생

이 학교의 건축과 학생은 한 학년이 40명이다. 작년에는 160명이 지망하여 경쟁했다고 한다. 보통 그 학과를 선택한 열정이나 재능을 검토하여 선발한다. 교사는 2명이니까 20명에 한 사람의 교사가 배치되는 셈이다.

1학년은 기본교육을 받는데 학교 안에 있는 큰 공작실에서 이루어진다. 우리가 방문한 날에는 3명이 작은 집이나 창고 등을 짓고 있었다. 실내 외에도 야외에서도 건축을 해 본다. 왜냐하면 핀란드의 날씨에 맞는 건축과 그 건축방식에 적응해야 하기 때문이다.

2학년이 되면 실제 학교에서 5킬로미터 떨어진 부지에 직접 주택이나 건축물을 지어서 분양하거나 판다고 한다. 지난해에는 50만 유로(우리나라 돈으로 7~8억) 정도의 가격이었다. 이 부지는 학교에서 마련했다고 한다. 물론 이 건물에 대해서는 10년 동안 보증한다. 그래서 이 건축을 한 학교와 학생들이 계속 책임을 진다.

3학년이 되면 실제 건축회사에 가서 수습을 한다. 수습이니까 월급을 주지는 않는다. 그러나 여기서 열심히 하면 그 회사에 취직하는 길이 열리기도 한다. 학교 교사와 그 건축회사 사람이 공동으로 시험문제를 내고 평가한다. 주로 구체적인 문제를 내고 해결방안을 묻는다.

학생들이 직접 만든 교무실과 강의실의 가구

그 다음으로 목공과를 둘러보았다. 보통 이 학과에 오는 아이들은 종합학교에서 예술이나 디자인 등에 관심이 있거나 프로젝트를 해본 경험이 있는 아이들이 많다고 한다. 친환경 아이디어를 접목해보려는 아이들도 있다고 한다.

목공실을 들어가 보니 아이들이 여러 가지 공구를 허리에 차고 다양한 가구나 목공작업을 하고 있었다. 특히 다수의 여학생들을 만날 수 있어 흥미

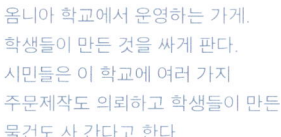
옴니아 학교에서 운영하는 가게.
학생들이 만든 것을 싸게 판다.
시민은 이 학교에 여러 가지
주문제작도 의뢰하고 학생들이 만든
물건도 사 간다고 한다.

로웠다. 하기야 목공에 남녀의 구별이 있을 리 없다.

현장에서 안나라는 여학생을 만났다. 그녀는 여기서 가구 제작을 제대로 배워서 언젠가는 자신의 회사를 만드는 것이 꿈이라고 한다. 실제 수업과정에서 기업가정신을 가르친다고 했는데 이 학생의 말을 들어보면 그런 교육이 효과를 거두고 있는 게 틀림없다. 실제로 이 목공과에서 만든 가구들을 교장실이나 교무실에서 사용하고 있다고 한다.

기업처럼 운영되는 학교

보통 핀란드에서는 직업학교 학생 한 명에게 8,000유로를 지급한다. 물론 학생에게 직접 돈을 주는 것이 아니라 학생 숫자대로 그 학교에 지급하는 것이다. 일 년에 두 번 학교가 정부의 교육청에 학생의 숫자를 보고하면 그 숫자만큼 돈이 지급되는 것이다.

이렇게 지급받은 돈으로 학교는 교사와 교직원의 월급, 기자재 구입, 급식(하루에 한 끼), 기타 학교운영에 사용한다. 교사와 직원들이 필요한 항목과 예산을 제출하고 서로 상의하여 예산 초안을 이사회에 제출하면 이사회가 최종 승인을 한다. 보통 이사회에서는 지방자치단체에서 3명, 이사장, 교장, 이사회 상임이사 등이 구성원이 된다.

이렇게 학교의 예산의 배치와 사용, 학교의 운영은 모두 그 학교에 맡긴다. 말하자면 학교 구성원들의 자율성과 창의성을 보장하는 것이다. 우리나라에도 이렇게 하면 어떠냐고 했더니 함께 참여한 한국 선생들은 고개를 젓는다. 그러면 아마도 학교법인이나 이사장들이 다 떼먹는다는 것이다. 교육법이 결국 이런 학교운영과 재정의 투명성을 높이자는 것인데 이것을 극력 반대하고 있지 않느냐는 것이다. 결국은 사회의 투명한 시스템과 신뢰의 구조가 모든 정책의 근간인 법이다. 밖에는 눈이 흩날리고 있다. 한국의 학생들을 생각하니 답답하다.

학생 평가와 졸업

학생들이 갖춘 기술은 현장에서 시연해야 한다. 병원에서 하는 일의 경우 6주나 8주 동안 병원에서 실습을 한다. 학생마다 튜터가 따라붙고 그것을 관찰해서 평가를 한다. 학생 자신이 스스로 능력과 기술을 평가하고 교사가 동시에 학생들의 능력을 평가한다. 이 두 가지 잣대로 1등급부터 5등급까지 정한다. 이것은 나중에 졸업 시에 받게 되는 증서에 기록된다. 평가방식은 나라마다 다르다. 이 학교에서의 평가는 일방적이고 숫자로만 이루어지지 않고 함께 관찰하고 토론함으로써 정해진다.

여기서 졸업하면 두 종류의 자격증을 얻게 된다. 하나는 학교로부터 이론 강의를 다 들은 다음에 얻게 되는 것이다. 또 하나는 실습을 다 마친 기술적 공부에 대한 자격증이다.

성인을 위한 직업교육

성인 교육의 경우에도 능력과 수준은 청소년 교육과 다를 것이 없다. 보통 자격증을 딴 지가 너무 오래되거나, 실업자가 되거나, 전직을 생각하는 경우, 그리고 좀 더 배우고자 하는 사람들에 대해 성인 교육이 제공된다.

이런 성인들은 청소년들이 겪는 모든 공부를 다 할 필요는 없기 때문에 테스트를 해서 필요한 것만 배운다. 어떤 사람은 한 학기, 또 어떤 사람은 2년을 공부하기도 한다. 성인 교육의 경우 각자의 능력과 사정에 따라 공부하는 것이다.

평가는 교사, 현장지도자 등이 하게 되는데 이들이 위원회를 구성하여 해당 성인의 능력을 평가한다.

학생 개개인에 초점인 맞춤형 교육

많은 관심이 학생들 개개인에 집중된다. 핀란드 교육에서 가장 부러운 점이 바로 이것이다. 온갖 노력과 성의를 다해 학생 하나하나의 문제를 해결하고 성장을 지원한다는 사실이다.

장애인이 있으면 그 장애 학생을 도와줄 도우미를 제공한다. 옴니아에서도 휠체어를 타고 다니는 학생을 위해 하루 종일 그 아이를 도와주는 사람을 제공하고 있다. 여기서는 심리상담사, 사회복지사 등이 배치되어 학생들을 돕는다. 물론 이곳에서도 학습 의욕이 떨어지는 학생들이 있지만 이들이 지원함으로써 극복하고 있다. 그리하여 좌절이나 실의에 빠지거나 어떻게 살아갈지 방황하는 아이들을 잘 지도하고 있고 휴식기간을 가지고자 하는 학생에게는 그런 기간을 보장해준다.

그리고 이러한 배경에는 좋은 교사들이 있다. 질 높고 열정 있는 교사들이 있는 것이다. 마아릿 싸아렌퀄라는 자신의 배경을 설명하면서 이렇게 말한다.

"교육을 담당하는 교사들의 수준이 높다. 이들은 질 높은 교육과 훈련을 받았으며 교육에 대한 열정이 높다. 나만 하더라도 치료사였다. 그 과정을 마치고 대학을 가서 교육을 받았고 졸업 후 일 년 후 특수 직업학교에 가서 교사로서 트레이닝을 또 받았다."

직업학교의 시련과 도전

그렇다고 해서 이 학교가 도전이나 문제에 직면하지 않는 것은 아니다. 어떻게 하면 아이들을 동기화할 것이냐가 문제다. 부모가 강제로 방향을 주는 것도 아니다. 우리 학교에 들어오면 2개월을 들어보고 이 길이 내 길이 아니라고 생각하고 포기하기도 한다. 대도시 헬싱키 주변이니까 알코올이나 마약에 손대는 일도 많다. 이것은 학업을 포기하는 이유가 된다. 또 다른 직장을 미리 얻어 월급을 받게 되면서 중도 탈락하는 경우도 있다.

- ▶ 학생들의 학업 동기가 약하다.
- ▶ 약물 및 알코올 중독으로 문제가 되는 경우도 있다.
- ▶ 중도 탈락자가 많다(약 20퍼센트).
- ▶ 대학 진학을 원하는 학생 수가 점점 늘어나고 있다(현재 5~10퍼센트 정도).

5. 다양성과 특수성이 조화된 거대 학교의 실험

야르벤빠 고등학교 Järvenpää Upper Secondary School

면담 인사 – 앗쏘 따이빨레Atso Taipale 교장

면담 일시 – 2009년 1월 22일 오후 2시

학교 개관
- 1928년 8월 최초의 남녀공학 학교로 개교.
- 2003년에 현재 방사형 건물로 리모델링.
- 2008년 현재 전일제 학생 수는 980명, 실업학교에서 오는 시간제 학생 70명, 야간수업을 듣고 있는 성인 학생이 80명(핀란드 고등학교 학생 수 평균 100~300명).
- 교사 수 60명.
- 일반과정 프로그램과 음악과정 프로그램.
- 축구와 농구 훈련과정에 지원할 수 있는 프로그램 운영.

앗소 따이빨레 교장선생님은 1980년부터 교사로 일하였다고 하며, 소탈하고 친절하였다. 처음부터 끝까지 직접 프레젠테이션을 해주었다. 그러나 학교 전체를 둘러보는 일은 학생들이 했다. 튜터로 지정받은 아이들이 우리 일행을 세 그룹으로 나누어 학교의 구석구석을 안내해주었다. 때로는 수업 중이거나 실습을 하고 있거나 또는 휴식을 취하거나 농구를 하기도 하였다. 교사들과 대화도 나누고 학생들과도 이야기를 나누었다. 질문을 거부하거나 도망가는 학생은 아무도 없었다. 개방적이고 친절하였다.

이 학교를 둘러보면서 느낀 것이 참 많았다. 무엇보다 대학 같은 느낌을 받았다. 각자 자신의 코스를 선택하고 그 과목이 진행되는 강의실로 찾아가 수업을 듣는다. 우리처럼 학년이 있고 반이 있는 것이 아니다. 스스로 하

고 싶은 과목을 선택하고 스스로 열정을 다해 공부를 한다. 자유로우면서도 책임이 분명하다.

또 하나 부러웠던 것은 공간이다. 공간은 활동과 행동, 사유를 지배한다. 좋은 학교 교사가 좋은 수업, 좋은 학습을 보장한다. 아이들과 학습에 좋은 최상의 공간을 설계하고 건축하였다. 우리는 우리 아이들이 공부하는 공간을 얼마나 연구하고 고민하였던가. 너무도 부럽고 부끄럽다.[9]

필수과목과 전문심화과목-다양성과 특수성의 조화

필수과목에 관해서는 국가교육청의 가이드라인이 있다. 그 가이드라인 안에서 학교는 독자적인 과목과 코스를 개발하고 이를 가르칠 수 있다. 다음 표에서 필수과목과 학교가 개발한 자체적인 전문심화과목들의 리스트를 볼 수 있다.

개설 교과목들은 '모국어와 문학', '언어와 문화', '수학과 자연과학', '인문사회과학' 그리고 '예술 및 체육' 군으로 나뉜다. 또한 과목을 구성하고 있는 강좌들은 필수와 전문심화 강좌로 구분되고, 전문심화 강좌는 다시 국가규정 전문심화 강좌와 학교재량 전문심화 강좌로 구분된다. 야르벤빠 고등학교는 필수, 전문심화, 그리고 자유선택 강좌를 통틀어 약 300개 강좌를 개설하고 있다. 학생들은 이 테두리 내에서 자신의 필요, 학습속도, 그리고 장래 직업진로를 고려하여 개별별 학업계획을 설계할 수 있다. 필수와 전문심화 과목을 공부하는데 졸업시험은 필수과목에서 나온다. 학교에서 특성화한 실용적인 과목도 있는데 두 과목을 접목하기도 하고 실습을 주로

---

[9]_ 사실 우리나라 학교는 흔히 교도소로 비견된다. 이런 이야기를 여러 선생님으로부터 들었다. 높은 담장과 하얀 교사는 교도소의 건물과 연상된다. 또한 교도소도 '큰 학교'라는 말을 하지 않던가. 갇혀 있는 학교, 폐쇄적인 학교에서 개방적이고 열린 학교, 아이들의 자유와 영혼이 숨 쉬는 그런 학교로 만들어야 하지 않겠는가.

과목		필수	특성화(선택)	
		국가수준	국가수준	학교별
국어		6	3	9
A 외국어		6	2	9
B 외국어		5	2	5
B2 외국어			8	2
기초수학		6	2	3
상급물리		10	3	5
물리	1	7	5	
화학	1	4	2	
지리	2	2	3	
생물		2	3	4
역사		4	2	3
사회		2	2	4
심리학		1	4	3
종교학/윤리학(Lutheran, Orthodox etc)		3	2	2
철학	1	3	1	
보건		1	2	2
체육		3	2	20
미술/음악		1-2	3	25
학생상담	1		1	
정보기술				6
응용c와 프로젝트들				20
졸업논문		6		

하는 과목도 한다. 75개 코스를 들어야 하는데 그중에서 47~51개의 코스가 의무이고 나머지 300개 과목 중에서 선택할 수 있다.

공부는 2~4년까지 지속되는데 빠른 학생은 2년, 길게는 4년까지 다닌다. 70퍼센트가 3년 안에 코스를 끝내며, 10퍼센트는 4년을 다니기도 한다. 한 학기에 선택할 수 있는 것은 최대한 8개이다. 한 코스는 21개의 수업으로 구성되고 한 수업은 75분간 한다.

어떤 아이는 2년 6개월 만에 졸업하는 아이도 있고 4년 만에 졸업하는 아이도 있다. 자기 역량에 따라 다양하게 과목과 수업을 선택하고 조정한다. 아이들의 능력과 재능의 다양성을 존중하면서 동시에 못 따라가는 아이에게 충분한 기회를 주고 지원을 한다. 다양성과 특수성을 동시에 추구하는 교육인 것이다.

무학년제로 신뢰/협동/소통/자기규율

이 학교는 1,000여 명이 있는 비교적 큰 학교이다. 보통 핀란드의 고등학교는 100~300명 정도라고 한다. 지금 새롭게 지은 좋은 건물로서도 거의 만원이라고 한다. 학교가 좋아지니 당연한 일일 것이다.

80년대에는 학생들의 코스 선택권을 주자는 논의가 많았다. 동시에 지역의 일원으로 학교가 어떨 것인가 고민하였다. 막상 학년제도가 없어지면서 수업은 반이라는 소속감이 없이 진행되고 다양한 학생들을 만나게 된다. 학교 단위로서의 소속감을 키워야 하며, 선택권에 따른 책임도 져야 한다. 학교와 교사 간의 소통도 중요하다고 보았다.

1994년 이래 무학년제도를 선택하였다. 옛날 학교들은 군대식 교육을 해서 교사와 학생들 간의 소통이 전혀 없어 새로운 것을 찾아야 한다고 보았던 것이다. 이제 무학년제도의 도입에 따라 상호 소통과 책임감을 높이는 방안들을 많이 찾으려고 하였다. 자기규율, 신뢰, 협동심을 중요시하고 있다.

따이빨레 교장은 무학년제의 가장 큰 약점으로 불변집단[10]이 가변집단으로 바뀜에 따라 나타날 수 있는 공동체의식의 약화 현상을 꼽았다. 따이빨레 교장에 따르면 이 약점을 보완하기 위하여 착안한 대책은 다음 세 가지이다.

첫째는 학교 건물을 선택의 자유와 공동체 의식이 자연스럽게 결합할 수 있도록 설계한다는 것이다. 이 학교는 중앙 홀을 중심으로 방사형으로 설계되어 있다. 중앙 홀로 연결되어 있는 각 날개는 하나의 교과군에 필요한 시설과 교실이 집중되어 있다. 중앙 홀은 식당, 도서관 등 학생의 편의 시설이 집중되어 있다. 날개들이 개별성과 선택의 자유가 향유되는 공간이라면 중앙 홀은 개인을 넘어서서 공동체를 느끼고 호흡할 수 있는 공간이다.

둘째는 교사와 학생 간의 소통이다. 보다 원활한 소통을 위하여 이 학교는 일종의 담임mentor 제도를 두고 있다. 교사 한 명이 30명 정도를 맡아 정기적으로 만나 학업뿐만 아니라 다양한 문제를 놓고 서로 소통한다.

셋째는 학생들의 책임을 강조한다는 것이다. 책임은 자유로운 선택에 대한 반대급부적 개념으로 공동체를 전제로 한다.

학교는 학생들의 책임의식을 강화하기 위하여 다음 세 가지 방침을 고수하고 있다.

첫째 방침은 학생들의 자기 단련이다. 자아가 뚜렷하지 못하고 의지가 견고하지 못하면 자유로운 선택은 부화뇌동이 될 수 있고, 책임보다는 남의 탓이나 핑계에 매달리게 된다.

둘째 방침은 학생들에게 뭐라고 지시하고 지도하고 설득하기 전에 그들을 스스로 통제하고 잘못을 바로 잡을 수 있는 인격적 존재로 믿는다는 것이다. 책임은 자율적이고 성숙한 인격에서 나오는 것이기 때문이다.

10_ 우리나라는 고정된 불변집단으로 담임반 학급(home room)과 일반 교과 수업을 하는 반이 일반 교실(class room)과 결합된 불변집단이다. 그러나 이곳은 학급 담임반과 교과 교실 학급이 일치하지 않아 가변집단이라고 할 수 있다.

셋째 방침은 아무도 홀로 내버려두지 않는다는 것이다. '나 혼자다' 혹은 '고립되어 있다'는 느낌은 자신의 존재기반은 물론 공동체의 기초를 무너뜨리기 때문이다.

특화된 프로그램 – 음악과정과 스포츠 훈련단

이 학교는 음악 부분에서 심화학습이 가능하도록 특화된 프로그램을 운영하고 있다. 음악에 대한 종합과정과 전문과정을 개설하여 음악 프로그램만 8개 강좌를 이수한다. 이 프로그램의 학생은 중학교 과정의 음악적 재능을 중심으로 선발한다. 이 과정은 대학까지 연결한 전문적인 연구와 직접 음악 전문인으로 활동할 학생도 함께 모여 심화된 음악교육을 가능하게 한다. 강좌는 음악과 이론에 대한 학문적 강좌와 다양한 악기 연주와 창작, 합창 등 실습 프로그램을 운영하고 있다. 이러한 프로그램의 전문성을 높이고 심화과정을 운영하기 위해 이 지역의 음악전문대학인 께스끼넨 우씨마 Keskinen-Uusimaa 음악대학과 음악전문기관인 시벨리우스 아카데미와 긴밀한 협조로 과정을 운영한다.

또한 농구와 축구에 특별한 재능이나 관심 있는 학생을 위해 특별 훈련 프로그램을 운영한다. 이 프로그램은 수업 일에는 코치의 훈련을 받아 학업 프로그램의 일부로 인정받고, 방과 후나 방학 중에는 특별 프로그램을 운영한다. 전체 프로그램은 12~15 훈련 강좌를 운영하고 있다. 중학교 성적과 해당 스포츠의 재능에 의해 선발된 각각 25명 정도가 이 프로그램에 참여한다.

지역사회의 교육 인프라 활용

이 학교는 이 학교가 운영하는 교육과정과 관련 있는 이 지역의 다양한 교육 인프라를 최대한 활용하여 교육과정을 운영하고 있다. 음악 심화과정은 시벨리우스 아카데미와 께스끼넨 우씨마 음악대학의 전문가와 프로그램과 시설 및 기자재까지 최대한 활용할 수 있는 협력체제를 유지하고 있으며, 영상예술은 지역 미술학교, 무용은 께스끼넨 우씨마 댄스대학과 협동하여 프로그램과 강좌를 운영하고 있다. 또한 물리학과 같은 다양한 전문심화 강좌는 대학 강좌를 수강할 수도 있는 시스템을 갖추고 있다. 또한 인근에 있는 일반계 고등학교 과정의 학생들도 지역에 있는 직업학교와 연계하여 직업과정을 동시에 이수할 수도 있도록 개방적인 시스템을 운영하고 있다. 교사양성과 훈련과정도 헬싱키 대학교 사범대학과 연계되어 있어 이 학교에서 실습과 훈련은 물론 교육학 연구 프로그램도 협조하고 있다.

최상의 교육을 위한 학교 환경

이 학교에서 가장 감동받은 것은 바로 학교 건물과 교육 환경이었다. 건물 자체나 내부 인테리어가 아주 우수하고 학교 공간 곳곳이 최상의 교육 활동이 가능하도록 조직되었다. 고등학교 건물로서는 상상하기 어려울 정도였다. 여기에 있는 학생들은 저절로 공부가 될 것 같았다. 도대체 어떻게 이 좋은 학교 건물이 만들어졌던 것인가.

모든 과목의 선생님들이 각자의 필요를 이야기하고 자신들이 바라는 공간을 설계하여 초안을 내도록 하였다. 그리고 5명의 건축가들과 함께 논의하고 토론하였다. 그 중에 한 건축가를 선택하였다.

공동체로서의 소속을 가질 수 있도록 가운데 공간에 만남의 광장을 만들었다. 이 광장을 중심으로 방사형으로 연결된 건물에는 영역별로 다섯 개의 파트로 나뉜 집중과 분산을 효율적으로 할 수 있는 공간 배치가 되어 있었다. 이 학교 건물은 작은 우주라고 할 수 있다.

이 학교의 건물은 현대 대학의 건물에 비교해도 손색이 없는 건물이었다. 핀란드에서는 드문 1,000명의 학생을 수용하는 대단위 학교임에도 불구하고 전체가 공동체적 생활과 학습 공간으로서 부족함이 없을 뿐만 아니라 집중과 분산을 가장 효율적으로 할 수 있도록 설계되었다. 1층은 스포츠, 행정실, 식당과 강당 공간이다. 2층은 화학, 수학, 물리 등의 과학 학습 공간이다. 3층은 인문 과목의 강의가 이루어지는 곳이다. 선생님들이 한 곳에 몰려 있지 않고 사무실이 흩어져 있고 지나가다가 학생들을 쉽게 만나고 쉽게 이야기할 수도 있다.

야르벤빠 고등학교의 전체 모습. 학교 한가운데의 광장을 중심으로 각 학과가 사용하는 교실이 방사형 모양으로 연결된 건물. 광장은 하늘의 햇빛이 그대로 투명하게 비치게 설계되었다.

시간별로 선택할 수 있기 때문에 8개를 모두 채우지 않고 나머지 여유시간을 가진다. 이들이 컴퓨터를 하거나 친구들과 대화를 나눌 수 있도록 공간을 배려하였다. 교장 방의 경우도 교장이 선택할 수 있는데 학교 1층의 가장 구석에 위치해 있다. 늘 왔다 갔다 하면서 학생들을 만나다 보니 머물 시간이 없다고 한다.

이 건물이 바뀐 다음 많은 것이 달라졌다고 한다. 과거에는 못했던 많은 것이 가능해졌다고 한다. 학생들은 아침 6시 45분부터 오후 8시 45분까지 여기서 지낼 수 있다. 아침 일찍 와서 식사도 하고 예습도 할 수 있는 것은 월요일부터 목요일까지이고, 금요일은 오후 4시에 문을 닫는다. 소통 시스템은 인터넷 페이지와 이메일을 통해 늘 열려 있다. 이것을 통하여 교사와 학생, 학생과 학생 간의 소통이 매우 활발하게 이루어진다. 수업 외에 특별 활동, 예컨대 음악, 예술, 스포츠, 드라마 등 활동이 이루어진다.

교장선생님 방. 아주 작다. 학교 1층의 맨 구석에 있는 이 방은 조용하기는 하지만 교장선생님의 권위를 찾아보기 힘들다. 늘 돌아다니며 아이들과 대화를 나누고 토론에도 참여하기 때문에 이 방에 머물 시간도 별로 없다고 한다.

선생님들은 공동으로 방을 사용한다. 이동식 수업을 하기 때문에 자신의 교실이 자기 방이기도 하단다. 왼쪽 사진은 역사 과목을 가르치는 선생님들의 방. 이곳에 역사를 담당하는 선생님들의 책상이 놓여 있다. 서로 수업에 대해 논의하고 아이들에 대해 의논할 수 있는 공간이 된다. 오른쪽은 선생님들의 공동 휴게실. 여기서 차도 마시고 휴식을 취하기도 한다.

모든 곳이 투명한 유리로 설치되어 투명하기 그지없었다. 동시에 층마다 그리고 층의 골목마다 전공과목 수업 공간이 지정되어 있었다. 그래서 어느 곳은 역사 전용 회랑, 또 어느 곳은 예술 전용 회랑 이런 식이다. 이런 좋은 설계와 건축을 지방정부는 쉽게 인정하고 돈을 대주었다고 한다. 지금 다른 학교나 다른 나라에서도 이 학교 건물을 보기 위해 온다고 한다. 참으로 부러운 것은 정부나 지방정부에서 학교 건물 건축 경비에 아무런 제한을 두지 않는다고 한다. 학교를 위해서, 학생을 위해서 무제한으로 투자한다는 것이다.

>> 놓칠 수 없는 팁 하나 : 튜터tutor 제도

우리를 안내한 사람은 학생들이었다. 다른 곳에서 교사나 교장이 한 것

3층의 어디에서나 1층을 내려다볼 수 있고 1층에서는 2층, 3층을 올려다볼 수 있다(왼쪽).
1층 광장은 식당, 집회, 휴게 공간 등 다용도로 사용할 수 있다. 이 공간의 일부는 단을 높여놓아 필요할 때는 공연이나 발표회 등으로 사용할 수도 있게 설계되어 있다(오른쪽).

과는 달랐다. 두 명의 학생들이 우리를 1층에서부터 3층까지 구석구석 돌아다니며 안내해주었다.

그런데 이렇게 튜터로서 일하면 한 코스의 학점을 준다고 한다. 튜터는 2학년들이 하게 되는데 1학년을 지도하거나 조언하는 멘토 역할을 한다. 그 외에도 외부 방문객을 안내하는 일도 이들이 맡는다. 학점도 받고 봉사도 하고 공부도 하는 것이다.

>> 놓칠 수 없는 팁 둘 : 살인의 화장실

학교 안의 한 화장실에 들렀다. 피가 튀기고 칼이 꽂혀 있어 깜짝 놀랐다 (오른쪽 사진). 화장실 벽에는 온갖 신문 쪼가리가 어지럽게 붙어 있다. 알고 보니 예술을 전공하는 한 학생이 설치예술로 만들어놓은 것이라고 한다. 물론 누구나 이 화장실을 사용한다. 학생이 이런 실험적 예술활동을 화장실 안에 해놓게 한 학교당국이 참 대단하다는 생각이 든다. 이런 화장실을 드나들면서 학생들은 현대미술과 설치미술을 이해하고 상상력을 키우게 되지 않을까. 예술은 그리 멀리 있지 않은 것이다.

우리를 안내한 두 여학생

>> 놓칠 수 없는 팁 셋 : 라스뗀 네오볼라lasten neuvola 어린이 보건소 이야기[11]

어린이들은 태어나면서부터 특별한 보호를 받는다. 이른바 어린이진료소라는 것이 있어 일 년에도 몇 번씩 가서 검사를 맡고 진료를 받는다.[12] 여기서는 의료적인 진찰이나 신체적 건강에 대해서 체크하고 치료하는 것은 기본이고 더 나아가서 다양한 검사를 하는 것이 특별나다고 한다. 예컨대, 아이를 데리고 가면 퍼즐 맞추기나 종이 자르기, 말하기 등을 검사해서 지적 발달 상황을 체크하고 문제가 있으면 이를 치료해준다. 말하자면 학습지진아를 찾아내고 사전에 치료함으로써 나중에 발견하고 치료하는 비용과 고통을 덜어주는 것이다. 이들 문제가 있는 아이들에게는 심리치료사 등을 집으로 보내거나 아이를 데려오게 하여 치료한다. 여기서는 또한 언제부터 아이가 기기 시작하였는지, 숟가락을 잡았는지, 혼자 앉았는지 등 아이에 대한 자세한 사항을 묻고 기록하여 평가와 판단, 진단과 치료에 도움을 주고 있다고 한다.

11_ 우리를 버스 속에서 안내한 곽수현 씨가 들려준 이야기이다.
12_ 곽수현 씨의 경험으로는 한 살이 되기 이전에는 한 달에 한 번씩 가서 검진을 받았고 그 이후에는 일 년에 한두 번씩 간다고 한다.

6. 지방자치단체의 교육복지 재원 조달체제

지방자치단체연합 Association of Finnish Local and Regional Authorities

면담 일시 - 2009년 1월 23일 오전 9시
면담 인사 - 에티텔락비(국제협력 담당)

　　　홈페이지 : www.localfinland.fi

　우리는 핀란드 교육복지와 사회복지의 엄청난 재원이 어떻게 조달되는가를 알아보기 위해서 그 재정조달체제의 핵심이라고 할 수 있는 핀란드지방자치단체연합 사무실을 방문했다. 핀란드의 교육은 중앙정부는 가이드라인만 정하고 실제 교육의 구체적인 목표설정, 예산지원 등 대부분의 일은 지방정부와 단위 학교에서 이루어진다. 그러니 지방자치단체들이나 그 연합체를 방문해 그 실상을 들어보아야 한다는 것이 안승문 선생의 의견이었다.

　실제로 방문해본 핀란드지방자치단체연합의 사무실은 생각한 것보다는 훨씬 방대했다. 지상 4층, 지하 2층의 거대한 건물을 이 연합체가 다 쓰고 있다. 여기서 일하는 사람이 모두 900명을 넘어선다니 대단한 일이 아닐 수 없었다. 더구나 단순히 이 연합체뿐만이 아니라 그 산하에 자회사를 5개 설립해서 지자체가 원하는 공무원 교육, 컨설팅 등의 요구에 응답하고 있는 것이다.

　우리나라의 경우 지자체의 장은 혼자서 일한다. 물론 행정안전부 산하에 지방행정연구원이라는 싱크탱크, 지방공무원교육원 같은 연수기관들이 있지만 효율적이거나 실용적이지 못하다. 더구나 중앙정부 산하에 있으니 지방정부의 요구와 상황에 맞게 좋은 서비스를 제공할 수가 없다. 인근 국가인 덴마크, 노르웨이, 스웨덴 등 대부분의 EU 국가에는 이런 지방자치단체연합기구가 있고 다양하고도 전문적인 서비스를 제공하고 있다니 우리도 배울 일이다.

숲속의 작은 지자체와 격차를 줄이려는 노력

지도를 보면 핀란드가 대륙의 어디에 속하는지 알 수 있다. 유럽의 북동쪽에 위치하고 있다. 2000년에 450개였던 지자체를 통폐합하여 현재 348개의 지자체가 있다. 지자체와 도시 간에는 큰 차이가 없고 도시와 농촌도 큰 차이가 없다.

핀란드의 인구로 보면 348개의 지자체가 있다는 것은 좀 많은 느낌이다. 최근에 그것조차 감축하고 통폐합한 것이라고 하니 핀란드도 지자체 통폐합의 노력을 하고 있는 모양이다. 행정구역 개편으로 시끄러운 우리나라에서 참고할 일이다. 문제는 핀란드에서는 도농 간 격차나 지역 간 격차가 별로 없다는 점이다. 우리는 서울과 중소 도시, 도시와 농촌 간의 격차가 너무 심각한데 말이다.

라플란드Lappland라고 하는 지자체는 유럽의회에서 가장 북쪽에 있다.[13] 이곳에 2만 명이 살고 있고 그중에 맨 북쪽에 있는 이나라는 곳에는 8,000명이 산다. 75만 마리의 사슴이 살고 그 면적이 벨기에의 절반이다. 이렇게 지역이 방대한 지자체에서 전국적으로 동일한 수준의 학교를 조직하고 건강 서비스를 제공할 수 있을지 어려운 문제이다. 대부분의 지자체는 작은 규모이다. 2,000~5,000명까지 되는 지자체가 173개, 2,000명 이하가 81개, 6,000~1만 명이 75개이다. 이런 상황에서 한 지자체가 교육·복지 서비스를 제공하는 것은 어렵다. 당연히 중앙정부의 교부세가 필요하다.

13_ 라플란드(Lappland)는 핀란드 최북단에 있는 지역으로서 흔히 산타클로스 신화의 탄생지로 알려져 있다.

지자체가 건강과 교육을 책임지는 복지천국

모든 지자체가 수행하고 있는 사업 분야를 이야기하겠다. 첫째로 지자체는 공공 보건과 건강에 대해 책임지고 있다. 세금 등으로 운영되는 병원의 운영이 그것이다. 이러한 병원과 보건소는 물론이고 온갖 의료 서비스도 기본적으로 지방정부의 권한이고 책임이다.

두 번째 큰 것은 사회복지이다. EU나 아시아와도 다르다. 어른이나 아이를 돌보는 것이 가정이 아니라 지자체에 책임이 있다. 여성의 사회참여율이 높아서 아이를 돌보는 것도 지자체가 책임져야 한다. 데이케이센터는 21만 3,000명의 아이를 돌보고 있다. 한 아이의 어머니가 지자체를 상대로 소송을 제기하였는데 아이를 돌볼 시간이 없어 일자리로 돌아가지 못한 것에 대해 지방정부가 보상을 해달라는 것이었다. 물론 이 여성이 승소하였다.

건강과 돌봄 서비스도 마찬가지겠지만 탁아의 경우도 완전히 무상은 아니며, 약간의 경비를 받는다. 하지만 돈을 많이 벌어도 서비스 수요자는 최상한은 200유로만 낸다. 1주일에 5일간의 데이케어와 한 끼의 식사가 포함되어 있다. 이것도 부모의 소득에 따라 차이가 있다. 8만 7,000명의 어르신을 돌보는 홈 헬프 서비스Home Help Service가 있다. 1,300유로 이하의 소득자를 사회복지 차원에서 2004년부터 돌보고 있다.

핀란드 지방자치단체연합의 사무실에 걸려 있는 각 지자체들의 상징 문장들.

차츰 이야기를 듣다 보니 핀란드는 진정 천국임에 틀림이 없다. 보건과 건강, 육아와 교육, 주거와 복지—그 모든 것에서 정부가 모두 책임져주는 그런 나라, 그것이 천국이 아니고 무엇인가.

택시로 통학도 시켜주는 나라

그러나 뭐니 뭐니 해도 핀란드의 핵심 자랑거리는 교육이다. '모든 이를 위한 교육'이라는 공교육의 이념이 이미 150년 전에 시작되어 꾸준하게 교육의 질과 수준을 향상시켜온 것이다.

우리가 그동안 교육현장을 다니며 핀란드의 교육을 살펴보았다면, 오늘 이 자리에서는 전체 교육정책과 현실을 듣는 좋은 기회가 되었다. 특히 통계를 가지고 설명하니 전체 이미지를 갖는 데 도움이 되었다.

세 번째 지자체가 책임진 것이 교육이다. 지자체는 대학에 이르기 전까지 교육에 대해 책임을 진다. 그 이후는 중앙정부가 책임진다. '모든 이를 위한 교육'이라는 모토를 내세운 공공교육이 1860년대부터 정착되었다. 특히 7~17세까지 아동청소년 교육은 지자체가 책임지는 의무사항이다. 의무교육이라고 해도 자신의 집에서 직접 자기가 키우려고 하면 지자체가 막을 도리는 없지만 이런 경우는 아주 드물다.

98퍼센트의 학생이 지자체가 제공하는 의무교육을 받고 있다. 핀란드 전체에는 91개의 사립학교가 있다. 여기서는 프랑스어로 교육하는 등 특수한 목적을 가지고 교육을 하고 있다. 그러나 기본은 공립교육이며 국가와 지방자치단체가 모든 교육을 담당하고 있다.

의무교육은 물론 무상이다. 법에 따르면 학교와 집의 거리가 5킬로미터 이상인 경우에는 교통비를 지급한다. 무상 티켓을 나누어주지만 북쪽 라플란드의 경우에는 택시를 이용하여 통학을 시키고 있다. 22퍼센트의 학생들이 무상 통학 지원 서비스를 받고 있다.

학급 규모에 대하여 법으로 정해진 것은 없다. 지난 법에 교육부는 학급 규모가 얼마나 되는지 조사를 벌였다. 1학년에서 6학년까지 가장 큰 학급의 학생 수가 22명이다. OECD의 조사결과에 따르면 핀란드의 학교 격차가 가장 적다. OECD국가들이 34퍼센트인 것에 비해 핀란드는 5퍼센트에 불과하다.

13만 5,000명의 학생들이 직업교육기관에서 교육을 받고 있고 13만 명이 폴리테크닉에서 직업교육을 받고 있다. 71만 명의 학생들이 지자체가 제공하는 초·중등 학교를 다니고 있다.

이주민 증대에 따른 교육의 새로운 도전

그러나 핀란드 역시 교육에 장애물이나 도전이 없는 것은 아니다. PISA 성적에서 매년 1등을 거두었으니 1등하는 자가 늘 그렇듯이 엄청나게 스트레스를 받는다고 한다. 또한 최근 늘기 시작한 이주민들과 그들의 자식들에

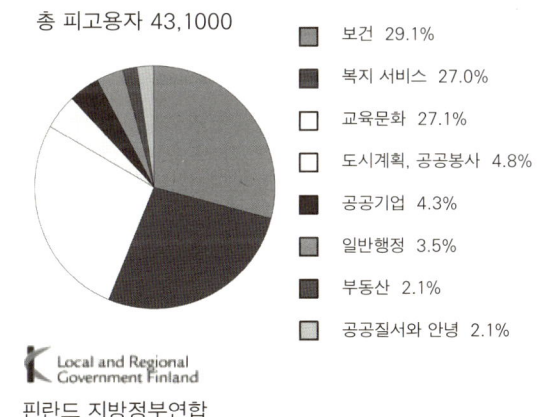

핀란드 지방정부연합

핀란드의 지방정부 공무원 43만 1,000명 중 보건복지 영역 56.1퍼센트, 교육 공무원 27.1퍼센트로 교육과 복지가 83.2퍼센트다. 그만큼 시민들의 삶의 질과 역량개발에 힘을 쏟고 있는 것이다.

대한 교육 때문에 새로운 어려움을 겪고 있다.

핀란드의 의회와 중앙정부가 교육의 기본 구조를 만든다. 10년마다 이러한 큰 계획을 세우고 바꾼다. 지금의 구조와 계획은 2004년에 세워진 것이다. 이에 따라 지방자치단체가 그 중앙정부의 프레임워크를 실현하기 위하여 지방정부 단위에서 구체적인 실행계획들 세운다. 지자체가 구체적인 목표와 네트워크, 외국어 교육 등에 대한 구체적인 계획을 정하는 것이다. 16세에 외국어를 어느 수준까지 달성해야 한다고 하면 그것을 어떻게 달성할 것인지는 지자체에 맡기는 것이다.

핀란드는 상당히 동질성이 강한 사회였다. 그러나 10년 전부터 이민자와 외국인의 수가 늘어나기 시작하였다. 과거에는 똑같은 언어를 이야기하였지만 지금 도시지역에서는 외국 모국어, 외국의 배경을 가진 부모와 아이들이 많아졌기 때문에 새로운 도전을 맞고 있다. 예컨대, 과거 법률은 모든 어린이들이 일주일에 몇 시간씩 자기의 모국어를 배워야 한다고 되어 있다.

문화를 즐기고 사랑하는 문화예술의 천국

또한 다양한 문화와 레저 활동이 이루어지고 있는데 그중의 하나가 도서관 서비스이다. 핀란드에서는 PC방을 보기 어렵다. 도서관이 디지털 서비스를 제공하고 있다. 이것은 디지털 갭을 방지하고 줄이는 데 큰 기여를 하고 있다. 핀란드에서는 TV나 영화의 경우 원어를 듣고 자막을 핀란드어로 제공하여 언어에 대한 적응력을 높이고 있다.

그 결과 대다수의 국민들이 다양한 문화 활동에 참여한다. 매년 1억 700만 권의 책이 대출되고 있다. 300~400만의 시민들이 영화와 오페라를 관람하러 극장에 간다. 콘서트에 가는 사람이 매년 92만 명에 이르며, 2만 9,000개의 운동장이 있다.

깨끗한 도시 환경을 위한 지자체의 권한

지방정부가 도로 건설과 수선, 대중교통수단, 폐기물 처리를 담당하고 있다. 특히 주목할 부분이 쓰레기 처리이다. 연간 약 2억 2,000만 톤의 쓰레기를 처리하고 있다. 지자체가 시민들을 위해 전달해야 할 공공 서비스를 결정할 때 시가 직영하는 방법이 있고 외부의 회사들과 계약을 맺어 위탁하는 방법이 있다.

도시설계의 책임도 지자체가 진다. 주택단지를 만들고 공장지역을 건설할 때 지자체가 중요한 결정권을 가진다. 여기에 도로를 건설하는 대신 슈퍼마켓을 짓겠다고 주민들이 말하는 것은 어렵다.

지자체는 환경을 깨끗하게 유지하기 위해 강력한 제재수단을 가지고 있다. 공장이나 복사기 잉크에 이르기까지 환경을 해치는 요소들을 규제할 수 있다. 헬싱키 건물관리위원회는 빌딩의 깨끗한 관리를 위하여 감독하고 있는데, 불만사항이 많이 접수된다면 이의 시정을 권고하고 안 들으면 벌금을 부과할 수 있다. 역 운영회사에 벌금을 부과하였다고 해서 법정까지 간 적이 있다고 한다. 철도회사는 역 앞 부분을 고치려고 했지만 의회에서 예산을 지원하지 않았다고 변명하였는데, 법원은 건물모양을 잘 유지하는 것은 개인이나 운영회사든 책임을 져야 한다고 판결하였다.

핀란드는 사회민주주의 정권이 오래 지속되면서 그 정책이 사회주의적 장점을 많이 현실화하였음을 느낄 수 있다. 모두가 공동으로 해결하고 국가가 재정적인 부담을 떠안는 식이다. 난방조차도 모두 중앙난방 형식으로 해결하고 개인 집에서는 굴뚝을 볼 수 없다는 설명이 참 인상적이었다.

헬싱키는 중앙난방식의 지역난방 시스템을 취하고 있다. 개인 집에서는 연기 나는 굴뚝을 볼 수 없다. 지자체는 상수도 공급과 하수도 종말처리장을 운영하고 있다. 상수도와 하수도는 최소한의 비용을 소비자가 낸다. 헬싱키에서는 120킬로미터의 터널 송수관을 통해 수도가 건설되어 깨끗한 물을 마시고 있다.

깨끗한 수돗물을 시민들에게 제공하기 위하여 120킬로미터의 먼 길을 수로로 연결하여 물을 공급한다는 말은 얼마나 감동적인가. 마치 스위스의 알프스 산록으로부터 물을 수도로 연결하여 이탈리아까지 끌어온 로마의 수도水道를 연상하게 된다.

서비스와 지방공무원의 증대를 위한 지자체의 권한

전쟁이 끝난 뒤에는 중앙정부가 고용한 공무원이 훨씬 많았다. 그러나 건강과 교육 서비스가 지자체로 넘어간 이후 2004년에는 43만 명의 지방공무원이 있고 중앙정부에는 12만 4,000명밖에 없다. 전체 공공경비의 3분의 2가 지방정부에 의해 사용된다. 그만큼 지방정부의 역할이 큰 것이다. 43만 지자체 공무원 가운데 거의 대부분이 건강, 사회복지, 교육 세 분야에 투입되어 있다. 지방자치단체 공무원의 평균임금이 2,483유로이고 교사의 경우 3,128유로이고 기술 분야의 공무원이 2,587유로이다. 의사의 경우에는 5,700유로가 넘는다.

예산을 분석해보면, 수입으로는 47퍼센트가 지방세수이다. 지방세수는 2004년 현재 1억 3,500만 유로이다. 이 중에 88퍼센트가 소득세이고 재산세가 7퍼센트, 부동산세가 5퍼센트이다. 중앙정부 국세청이 세금을 거두어 다시 지방정부에 배분한다. 국세청에서 12월이 되면 세금 고지서를 보낸다. 각 노동자의 특유한 상황을 고려하여 세금이 나온다. 이상이 있으면 조정을 신청한다. 이렇게 조정·확정된 고지서를 고용주에게 제출하면 국가납부 유보액을 공제하고 개인이 납부한다. 만약 고용주에게 제출하지 않으면 고용주는 전체 임금의 60퍼센트를 국가에 세금으로 납부한다. 자영업의 경우 정부가 소득액을 다 파악할 수 있다. 미용실의 경우 구매한 물건이나 원료에 의해 전부 파악되어 탈세를 할 수 없다. 핀란드 국민은 비교적 세금에 대해 저

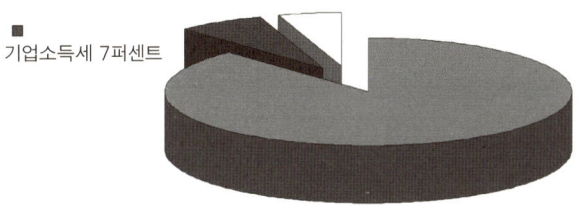

한국의 경우 지방정부는 늘 세수 부족으로 고통을 겪는다. 지방자치단체장의 목은 늘 서울을 향해 기울어져 있다. 지방교부금을 따오기 위해 안달이 난다. 그러나 핀란드의 경우 스스로 상당한 정도의 세원을 가지고 징세함으로써 지방자치단체가 주도권을 가지고 정책을 펼 수 있다. 소득세, 기업세, 부동산세 등이 바로 그런 세금들이다.

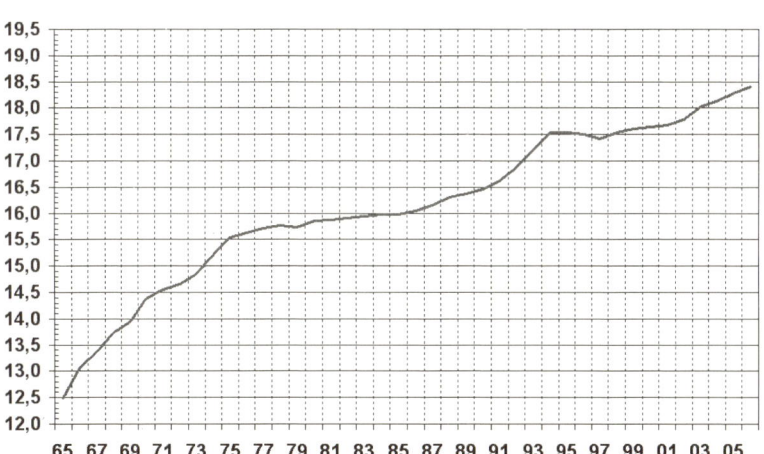

지방세원은 지속적으로 늘어나 좋은 지역사회 만들기를 뒷받침하고 있다.

항감이 적다.

임금의 절반을 세금으로 낸다면 당연히 조세 저항이 터져 나올 것이라고 예상할 수 있다. 그러나 핀란드에서는 이런 일이 없다. 그것은 정부와 관료들의 행정에 대한 신뢰가 높다는 증거이다.

세원을 중앙정부와 함께 나누는 지방정부

소득세는 중앙정부 소득세와 지방자치단체 소득세가 있다. 지방 소득세는 균일하고 중앙 소득세는 누진세이다.

지방세의 세율을 정하는 것은 지방자치단체의 강력하고 독립적인 권한이다. 이 세금은 1965년 이래 2006년에 이르기까지 증대되어왔다. 지자체에 따라 이 소득세의 비율은 15.5~21퍼센트에 이르고 있다.

지방자치단체가 돈이 모자라면 다른 은행에서 빌려오기도 한다. 이것이 약 5퍼센트 16억 유로에 이른다. 이 돈을 융자받는 권한은 전적으로 지자체에 있다. 지자체가 돈을 빌렸다가 갚지 못하면 재정 위기가 올 것이라는 우려가 있다. 이 우려에 기초하여 규제하려는 입법이 시도된 적이 있지만 거부되었다.

함께 나누는 세금

또 하나 인상적인 것은 지방 간의 차이를 균형화하는 방식이다. 중앙정부가 차등적으로 사용함으로써 지방정부 간의 차이를 없애는 교부세를 지급하는 것은 우리나라와 같다. 그러나 부자 지방정부가 스스로 다른 지자체에 잉여 예산을 양도함으로써 전국적인 공공 서비스의 균형을 맞추려는 것이 아주 인상적이다.

중앙정부의 교부세가 전체 예산의 17퍼센트를 차지하고 있다. 이것은 지역마다 사정이 다르며, 라플란드의 경우에는 60퍼센트가 넘는다. 헬싱키의 경우 중앙정부로부터 전혀 받지 않는다. 이것이 지방 간의 격차를 줄이는 하나의 중요한 방법이 된다. 그럼으로써 지방정부가 고른 수준의 공적 서비스를 제공하게 된다.

뿐만 아니라 국세를 거두어 지역 간의 편차를 줄이는 방법 외에 지방정부가 거둔 세금을 다른 지역에 넘기기도 한다. 부자 지자체가 가난한 지자체에게 일부 지방세를 이양하는 것이다.

지방자치단체의 헌법에 의한 권한

지방정부는 세금을 징수할 권한이 있다. 지방의회 의원들이 4년에 한 번씩 투표에 의해 선출된다. 국가는 지자체에 의무를 부과할 수 있지만 법률에 의하지 아니한 경우 그것을 거부할 수 있다. 지자체 장 중에서 총리보다 더 많은 돈을 버는 사람이 6명이나 된다.

지자체도 정당에 따라 달라진다. 선거가 자주 열리지만 결과가 크게 달라지지는 않는다. 사회민주당이 압도적으로 다수를 차지하고 있으며, 여성의원들의 비율도 계속 높아지고 있다.

지방자치단체연합의 위상과 역할

지자체연합에 가입하는 것은 의무는 아니지만 모든 지자체가 가입해 있는 임의단체로서 세 가지 역할이 있다. 하나는 지원이다. 모든 지자체의 활동을 지원하는 것이다. 두 번째는 로비이다. 중앙정부나 의회에 대한 로비, 대변하는 것이다. 세 번째는 지방정부의 역할을 발전시키기 위한 서비스를 제공하는 것이다. 공무원 교육이나 공동 프로젝트가 있다.

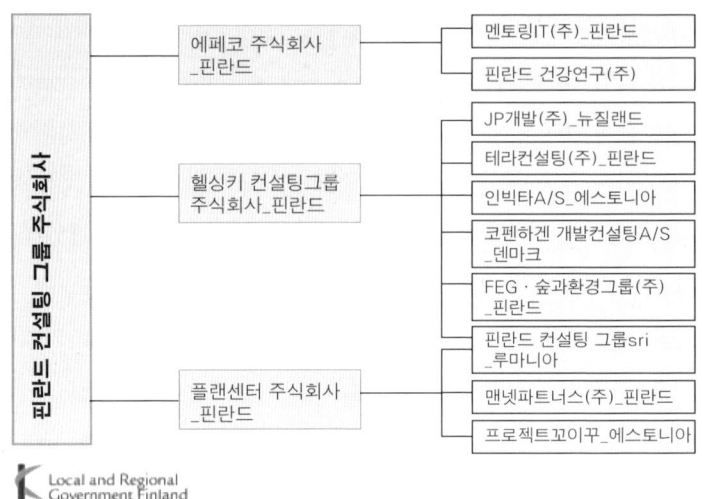

지방자치단체연합의 산하 회사

지자체연합에는 300명이 근무하고 있다. 몇 개의 기업이 산하기관으로 일하는데, 합치면 800명에 이른다. 산하기관으로 여러 자회사를 거느리고 있다. 예컨대, 싱크탱크가 하나 있는데 이것은 주식회사의 형태이다. 60퍼센트의 주식은 지자체연합이 가지고 있고 나머지는 헬싱키 대학 등이 가지고 있다.

총회에는 101명으로 구성된 위원회가 있고, 15명의 정이사와 15명의 준이사로 구성된 이사회가 있다. 그 산하에 교육문화 자문위원회, 사회복지 및 건강 자문위원회, 작은 지자체에 대한 자문위원회 등이 있다. 부서로서는 지역정부금융위원회 등 여러 기구가 있다. 정부고용위원회에서는 각 지방정부가 임금수준에 관한 협의를 할 때 적용할 최저임금 기준을 정한다.

예산의 12.8퍼센트가 회비 수입, 10.1퍼센트가 서비스에 대한 수수료가 차지하고 있다. 이곳에서 하는 여러 서비스를 판매하고 있다. 전체 예산은 3,000만 유로가량 된다.

7. 핀란드의 교육 박람회
교육박람회 EDUCA 2009

관람 일시 : 2009년 1월 23일 오후 2시~4시

　우리는 핀란드의 교육관련 당사자가 모두 참여하는 교육박람회EDUCA 2009에 참여하였다. 헬싱키의 국제전시장에서 열린 이 페스티벌은 한 곳에서 핀란드 교육의 모든 것을 볼 수 있는 절호의 기회였다.

　이곳에는 각종 학교들이 자신들의 교육에 대해 전시하고 자랑하는 기회로 활용하고 있었다. 우리가 다녀왔던 옴니아 직업학교도 한 코너를 차지하고 아이들이 나와 목공 실습을 보여주고 있었다. 헬싱키 대학을 비롯한 여러 대학에서도 평생학습을 중심으로 전시 부스를 차지하고 있었다.

　또한 다양한 교재와 교육기자재 회사들이 나와 자신들의 상품을 널리 선전·전시·판매하고 있었다. 새로운 성능을 갖춘 전자칠판, 아이들에게 쉽고도 재미있게 가르칠 수 있는 외국어 교재 등을 파는 부스들이 여기저기 눈에 띄었다. 그중에는 핀란드에서 가장 으뜸가는 출판사들도 나와 있었다. 자신들이 가장 많은 교과서를 내고 있다는 출판사도 있었다.

　교사들의 모임에도 참가하였다. 한 곳에서는 역사교사들의 모임이 자신들이 그동안 펴낸 책들과 연구 논문들, 팸플릿 등을 전시하고 있었다. 곳곳에서 세미나도 열리고 있었다. 대형 강당에서, 시장바닥 같은 전시장 여기저기에서 이런 저런 주제를 가지고 강연자가 열을 올리고 있었다. 한 곳에는 핀란드 교육의 미래를 논하고 있었고, 또 한 곳에서는 육아 이슈에 대한 정보와 새로운 지식을 소개하고 있었다.

　재미난 것은 단지 교사나 교수, 교재 회사들만 참여하고 있는 것이 아니

EDUCA 2009에 참여한 여러 업체들과 학교, 교사와 학부모들. 교재·교구를 전시하기도 한다.

다양한 교재들을 전시하고, 다양한 강좌와 세미나가 열리기도 했다. 아기를 들쳐 업고 나온 학부모 등 열기가 대단하다.

라 다수의 학부모들이 참여하고 있다는 사실이다. 아이를 유모차에 태우고 참석하고 있는 주부들도 적지 않았다.

　기본적으로 이 행사는 핀란드 국내 행사였기 때문에 영어로 서비스되는 일은 하나도 없었다. 교재나 교과서, 자료 등이 모두 핀란드어 아니면 스웨덴어로만 되어 있었던 것이다. 그러니 이방인인 우리들이 듣고 이해하기에는 역부족이었다. 자료나 책을 사오고 싶어도 이해하기 어려운 상황이었다. 그것이 너무 아쉬웠다.

　우리 일행은 핀란드 교원노조 부스를 방문하여 핀란드 교원노조 국제국장을 면담하고, EDUCA 전시회장에서 가까운 핀란드 노총회관에 있는 핀란드 교원노조를 방문하여 두 시간 동안 핀란드 교육과 교원노조 활동에 관한 간담회를 할 수 있는 기회도 갖게 되었다.

8. 어릴 때부터 예술과 함께

장소 : 안난딸로 예술센터 Annantalo Arts Centre
일시 : 2009년 1월 23일 저녁 5시

저녁은 안난딸로 예술센터라는 곳에서 마지막 파티 형식으로 하기로 되어 있다. 이번 모임과 저녁은 헬싱키에서 활동하고 있는 안애경 씨가 주선한 것이다. 안애경 씨는 오래전에 이곳에 정착하여 한국의 문화를 헬싱키와 핀란드에 소개하는 역할을 다하고 있었다. 이 예술센터의 관장을 포함하여 모두 그녀의 친구들이라고 한다.

그녀가 보기에는 헬싱키에 일본 문화가 훨씬 더 잘 소개되고 있다고 한다. 매년 '일본의 날'도 열리고 많은 문화계 인사들이 상호 교류와 방문도 하고 있다고 한다. 그래서 일본 문화에 빠진 사람도 흔히 있다는 것이다. 이 안난딸로 아트센터에도 곳곳에 일본의 그림이나 물건들이 보였다. 문화라는 것이 보잘것없었던 한국과 여기 핀란드의 문화와 사회를 비교하면 늘 속상하다는 그녀는 요즘은 그런 생각을 버렸다고 한다.

최근 한국을 방문하면서 한국이 다이내믹 코리아 Dynamic Korea를 내세우고 있음을 보고 이것은 아니라고 생각했단다. 한국의 영혼이 담겨 있고 정신적인 것을 보여주어야 한다고 말했다. 안애경 씨는 토템 Totem이라는 것에 한국과 핀란드 문화의 유사성이 있음을 발견하였다. 한국에 남아 있는 전남 남해안의 별신굿 무당들을 데리고 와서 헬싱키의 문화공간과 대학 등에서 공연을 해서 큰 관심을 불러일으켰다고 한다. 정확한 말이다.

보이지 않는 것을 보이게 하는 예술교육

안난딸로 아트센터는 일종의 어린이들을 위한 예술회관이다. 18세까지의 청소년과 어린이들이 이곳에서 각종 예술활동에 참여한다. 안난딸로 Annantalo라는 말은 안나Anne의 집이라는 뜻이다. 안나는 예수의 할머니 이름이라고 한다. 120년이나 오래된 곳이다. 원래는 학교로 사용되었던 곳인데 지금의 아트센터로 개조되었다고 한다. 건물은 시의 소유이다. 시에서는 이 아트센터의 운영을 위해 매년 150만 유로를 지급한다고 한다.

먼저 동영상 하나를 보여주었다. 제목이 'Making Invisible Visible(보이지 않는 것을 보이게 한다)'이었다. 당장은 아이들 눈에 보이지 않지만 예술에 젖어들어 언젠가는 예술이 보이고 예술에 젖어들고 예술을 하게 만든다는 뜻이리라.

헬싱키 시내에는 이 외에도 미술센터가 5~6개 있고 음악센터도 12개가 있다고 한다. 그러나 낮 시간에 무료로 제공하는 곳은 이곳이 유일하다고 한다. 아무튼 시청에서 어린이와 청소년들에 대한 예술적 활동을 지원하고 보장하기 위하여 이런 예술회관까지 만들고 운영한다는 것에 우리는 또 한 번 감동받는다.

5+2 원칙-아이들 누구나 받는 예술수업

안난딸로의 활동 내용이 다양하게 자세히 소개되는 동영상을 보고, 저녁 시간이 지나서까지 강의가 이어진다. 좀 피곤하기도 하지만 이왕 공부하러 온 길이니 어쩔 수가 없다. 열심히 공부하는 수밖에.

여기는 무엇보다도 먼저 예술에 관한 학습활동이 주로 이루어진다. 그림과 조각, 도자기, 만화 등 온갖 예술의 영역이 포함된다. 이들은 스스로의 경험을 예술로 표현하는 각종 테크닉과 방법, 감수성을 훈련받는다.

이곳의 예술수업에는 5+2 원칙이 있다고 한다. 이 예술센터에 한 번 올 때

안난딸로 예술센터 전경과 입구.

다양한 문화예술 행사 안내 자료.

어린이들이 만든 다양한 만화와 캐릭터들.

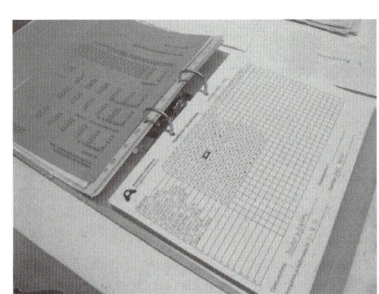
출석 현황과 수업태도 등을 체크한 기록.

저녁시간에 학습하고 있는 한 어린이.

2개 수업에 참가하고, 이것이 5주 동안 진행된다는 것에서 나온 원칙이라고 한다. 5,000명 정도가 예술 강좌에 참여하였다. 이 숫자로 보면 헬싱키의 한 학년 정도는 다 참석했다고 할 정도로 많은 아동들이 참가하고 있는 셈이다. 기본적으로 원하는 아이들은 누구나 참가할 수 있는데 그러다 보니 계속 참가하는 사람만 하게 되고 못 오는 사람은 계속 못 오는 폐단이 생겼다. 이곳은 기본적으로 세금으로 운영되는 곳이니 모두에게 공평하게 사용되고 활용되어야 한다. 그래서 여러 학급을 적극적으로 초청해서 참여하도록 권유하는 활동도 벌인다고 한다. 헬싱키에는 120개 초등학교에 1,000여 개의 학급이 있는데 1년에 200개의 학급을 초청했다고 한다. 좀 더 지속적으로 참가할 수 있도록 각 학교의 담당자들을 네트워크하는 코디네이터를 두기도 하였다고 한다.

현재 30여 개의 아트 코스가 진행되고 있다. 도자기, 음악, 댄스, 동화, 만화, 사진, 비디오, 그림 등이 그것이다. 교사와 예술가들이 학생들을 가르치는데 현재 50여 명이 이 작업에 종사한다. 그중에 절반은 직업적 예술가이고 나머지는 교사자격이 있는 선생들이다. 교사들이 자신의 창의성과 개성에 따라 수업의 진행방법을 결정한다고 한다.

전시회와 공연으로 승화되는 예술적 경험

여기에서는 특별한 프로젝트들이 벌어진다. 아이들은 그동안 익힌 재능을 전시회나 공연을 통해 대중에게 공개하는 기회도 가진다. 이러한 활동을 통하여 자신의 개인적 경험이나 연습을 보다 더 보편적인 경험으로 승화해낸다. 어린 시절에 자신의 작품을 무대에 올리거나 전시회를 연다면 얼마나 큰 자신감을 갖게 되겠는가. 예컨대, 이들은 '식물들의 영혼Spirit of Plants'이라는 전시회를 통하여 자신이 생각하는 식물의 영혼을 그려보고 상상해보는 훈련 기회를 가졌다. 그 외에도 다양한 세미나와 대화, 토론의 기회도 주어진다.

뿐만 아니라 이 아트센터는 박물관이나 도서관 등 다른 기관과의 협력사업도 추진한다. 14~16세에 이르는 청소년들은 박물관의 무료 출입 카드를 받으며, 이들을 위한 특별한 프로그램도 준비된다고 한다.

장애 아동에 대한 끝없는 배려

장애가 있는 아동은 늘 일반 아동과 함께 교육을 받는다. 장애 아동을 위한 특수학급도 있기는 하지만 부모의 선택에 따라 일반학급에서도 얼마든지 공부를 할 수 있는 것이다. 장애 아동들도 늘 일반 아동과 함께 지낸다. 같이 놀고 같이 밥 먹고 같이 공부한다. 더 많은 관심과 지원이 필요한 학생들만 특별학급으로 간다.

헬싱키에는 특수학교가 다섯 군데뿐이다. 나머지 장애 아동들은 모두 일반학교에서 공부한다. 일반학교에서는 일반교사 외에도 특수교사들이 함께 근무하면서 이들을 지원한다. 교사와 학부모가 모여 그 아이의 좀 더 효율적이고 좋은 교육을 함께 고민하고 디자인한다. 여기서도 '3자대화'가 이루어진다.

보통 의무교육으로 종합학교 과정은 9년이다. 그런데 장애 아동은 프리스쿨Pre-School에서 2년간 더 다닐 수 있다. 말하자면 장애 아동의 경우 11년을 다닐 수 있는 것이다. 그런데 미리 학습에 참여하여 학습 적응에 도움을 준다는 것이 중요하다. 그만큼 장애 아동들을 더 배려하고 고민하는 것이다. 갈수록, 알아갈수록 핀란드의 교육은 인간적이고 체계적이며 합리적이다.

9. 스스로 서고, 서로 돌보는 유아교육체제
회스마린푸이스톤Hösmarinpulston **학교 유치원**

"그 나라가 아동을 어떻게 대우하는가에 따라 그 나라의 가치가 무엇인지 판단될 수 있다"는 말이 있다. 만약 이 말이 사실이라면 핀란드는 분명 세계적인 복지국가 수준에 있는 국가임이 틀림없었다. 무엇보다 핀란드는 대중 속에 묻힌 개인이 아니라 특별한 존재로 인정받고 있는 진정한 개인주의가 돋보인다는 점이 소중하다고 생각된다. 아동을 존중하고 소중히 여기는 국가의 배려와 문화, 교사들의 노력이 부럽기만 하다.

꿈을 만들어낸 '무민'의 나라

'무민' 동화는 핀란드의 동화 작가이자 화가 토베 얀손Tove Jansson의 1945년 작품이다. 무민마마를 중심으로 모여드는 스노크 아가씨, 스니프, 스너프킨, 꼬마 미, 필리정크스 등의 인물은 제각기 고유의 개성과 철학을 지닌 존재들이다. 토베 얀손이 이들을 주인공으로 하여 쓴 총 9권의 무민 동화는 전 세계 33개국 언어로 번역되어 우리나라 서점에서도 흔히 볼 수 있다. 얀손은 어느 인터뷰에서 "그 아름다운 어린 시절이 없었다면 결코 무민 동화를 쓸 수 없었을 것이다"라고 말했다. 그 정도로 아름다운 어린 시절이 만들어낸 무민 동화는 인간 사회의 축소판을 재미있는 이야기로 풀어낸다. 사람 같기도 하고 동물 같기도 하고 요정 같기도 한 이들의 모습과 행동은 인간과 동물 나아가 모든 자연의 생명체들이 서로 도움을 주고받으며 살아가야 한다는 것을 보여준다. 무민의 이야기에는 꽃과 나무와 노래와 시와 사랑과 자유, 따뜻한 모성애가 넘쳐난다. 또한 얀손의 동화에 깔린 철학을 보면 우리는 누구나 서로 다른 존재이며, 서로 다름과 함께 어울려 살아가는 모습을 동화를 통해 들려주고 있다. 이 동화의 철학이 핀란드의 교육철학과 일맥상통하며, 다양성과 배려, 소통의 아름다움이 실현되고 있다는 느낌을 강하게 갖게 되었다.

핀란드도 스웨덴과 비슷한 유아교육체제를 갖추고 있었는데, 우리를 안내한 안애경 씨는 핀란드는 중앙정부보다 지방자치단체에서 유아학교 지원과 관리가 거의 이루어진다고 들려준다. 1968년부터 지금까지 핀란드 교육이 추구해온 핵심적인 목적은 나이나 거주지, 경제적인 형편, 성이나 모국어와 관계없이 모든 학생들에게 질 높은 교육 기회를 동등하게 제공하는 것이었다. 모든 국민은 차별 없이 질 높은 교육을 받을 권리가 있고, 정부와 지방자치단체는 그런 국민의 권리를 보장하기 위해서 최상의 교육 서비스를 제공할 책임이 있다. 유치원 교육이 끝나는 프리스쿨(preschool, 만6세 유치원 단계-취학 전 학교)에서는 취학 전에 테스트를 통해 집중력, 인내력, 자기관리력 등 초등학교에서 학업이 가능한지 살피고 재교육이 이루어진다고 한다. 핀란드에서 교육은, 만 6세 취학 전 교육에서 대학원생에 이르기까지 모두에게 무상으로 이루어지고 있다.

스스로 서고, 서로 돌보는 회스마린푸이스톤 학교

유치 3세 아동부터 초등학교 2학년 과정이 있는 이 학교는 배려와 돌봄의 정신 그 자체라는 생각이 들었다. 핀란드인과 결혼하여 핀란드에서 생활한지 8년째 되었고 두 아이의 엄마인 한인교포 곽수현 씨는 핀란드의 교육은 유치원에서 철저히 시작되고 유아교육을 중시한다는 이야기를 해주었다.

우리나라의 유아교육 현실에 비추어본다면 꿈 같은 이야기지만 교육운동을 고민하는 분들에겐 교육운동의 출발이 유아교육에 있음을 일깨워주는 시간이었다. 철저히 아이를 중심에 놓고 교육하고 있는 핀란드와 스웨덴에서의 교훈은 평생교육이라는 관점에서 교육을 바라보아야 한다는 것이며, 여성의 취업을 돕기 위한 유아교육으로 가서는 안 된다는 것이다. 아이들을 양육함에 있어 철저히 1차적 책임은 부모 그리고 사회라는 관점을 절대 놓치지 말아야 한다. 곽수현 씨는 어린 자녀들이 유치원에 들어가면 "소리를 지르지 마라", "내 물건이라도 남의 손에 있는 것은 빼앗지 마라", "담을 넘지 마라"를 가장 먼저 배운다고 한다. 또한 아이들이 두 살이 되면 옷 입는 것에서부터 밥 먹는 것까지 스스로 하는 법을 익히고, 놀이를 통해 사회성을 배우도록 한다고 한다.

어린아이들이 밖에서 놀 때 충분한 에너지를 발산하게 되면, 공부할 때 차분해지고 학습에 집중하게 되고, 밤에 잘 자기 때문이라고 한다. 스웨덴 프레네학교에 딸린 유치원에서도 거의 모든 시간을 바깥에서 놀고 잠자고, 미술과 음악과 같은 예술활동을 한다. 글자를 가르친다거나 학습지를 하는 일은 없다고 한다. 이러한 유아교육기관의 특징은 공부가 아닌 철저한 놀이에 기초한 유아기 학습을 강조한다고 볼 수 있다. 또한 아이들이 잘 놀 수 있

어린아이들과 함께 노래와 율동을 그룹별로 하며, 눈 속에서 아이들이 놀이를 하고 있는데, 놀다가 옷이 젖으면 발로 건조와 소독을 하도록 기계가 설치되어 있었다. 급식은 시간대별로 하게 되는데 아주 어린 영아들은 교실에서 선생님과 하고 나머지 아이들은 식당에서 식사를 하고 있었다.

도록 배려하고 있었다. 겨울에 아이들이 눈싸움과 썰매를 타고 나면 옷이 젖는데 학교에 옷을 말리는 건조실이 설치되어 있었으며 개인용 썰매와 겨울의 두꺼운 옷을 걸어두기에 편한 큼직한 옷장 등도 갖추고 있었다. 우리나라에서도 교육과정에 놀이를 중시하고 있지만, 현장은 그렇지 못하다. 당장 영어교육의 광풍으로 인해 제일 먼저 영어 유치원부터 시작해서 온갖 영어 프로그램이 어린이집, 유치원을 휩쓸고 있다. 이러한 폐해는 공립기관보다 사립기관으로 운영되어는 한국의 유아교육의 현실이다.

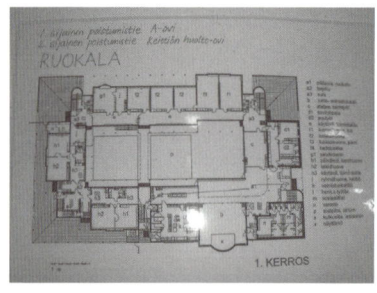
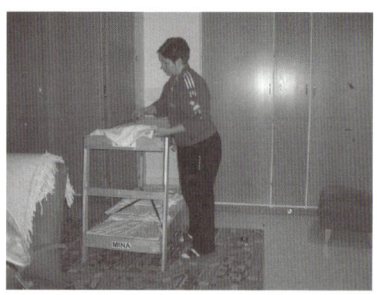

학교 도면 가운데 비어 있는 공간을 중심으로 해서 각각 교실과 다른 부속실들이 배치되어 있었다. 또한 영아반에는 영아용 침대가 옷장 속에 접혀 들어가게 되어 있다. 공간 활용 면에서 좋은 아이디어라는 생각이 든다. 아이들이 그룹 활동을 하는 장면인데 곳곳에 다양한 연령이 섞여서 활동을 하고 큰 반 형들은 어린 동생들을 챙겨주고 미숙한 부분들을 도와준다고 한다. 유아 시기부터 통합교육을 하고 있는데 특수학급에 있는 아이들이 유아와 통합을 하게 되면 어린 유아들을 돕는 것이 자연스러워지고 자존감을 높일 수 있는 계기가 마련된다고 한다. 통합교육을 중시하는 배경에는, 학생들이 공동체 안에서 느끼는 인격적 자존감과 학습을 위한 흥미와 동기, 앞서는 학생과 뒤처지는 학생 간의 인격적 상호작용이 학습의 효율성보다 더욱 중요하다는 확고한 교육적 철학이 돋보이는 점이다. 맨 마지막 사진은 아이들이 활동하는 목공실이다. 위험하지 않느냐고 묻자, 소그룹이 활동하며, 보조 교사들도 있고, 주의할 점에 대해 아이들이 잘 이해하고 있어서 큰 사고는 없다고 한다.

점심시간에 아이들에게 제공되는 음식에 대해서 잠시 원장에게 물어보는 중이었다. 옆에 있던 안애경 씨가 아이들이 먹는 음식에 어떻게 농약을 친 재료가 제공될 수 있냐며 여기서는 있을 수 없는 일이라고 말해서 무척이나 당황했다. 그렇다면 친환경 급식을 해달라고 아우성치는 우리나라의 현실은 무엇을 말해주고 있는가? 반문하지 않을 수 없었다.

또한 이 학교에서는 특수학급과 어린 유아들에 대해서는 교사들이 매일 매일 그들의 생활을 기록하고 있었다. 무엇을 하고 놀았는지 아픈 곳은 없었는지? 재미있는 일화는 어떤 것이 있었는지 등등을 늘 적는다고 한다. 사실 10권 정도 되는 아이들의 생활 기록을 매일 적는다는 것은 쉬운 일이 아니다. 하지만 교사와 학부모의 신뢰를 쌓는 길이기도 하며 교사들이 아이들의 생활에 대해 작은 변화라도 놓치지 않고 있다는 것은 칭찬할 만한 일이다.

아이들을 끝없이 배려하는 국가

1차적 책임은 부모, 그리고 2차적 책임은 사회구성원 모두가 지는 양육과 교육, 교육현장에서는 구성원 간의 끝없는 협력과 소통을 위해 대화를 시도하고 있다.

실천적 지식을 강조하고, 교육 자율성을 보장하며, 교육의 통합성으로 '모든 사람을 위한 교육'이 스웨덴과 핀란드 교육의 핵심이라는 것을 알게 되었다. 사회적 약자를 배려하고 가진 자들은 그 배려를 너무나 당연하게 여기게 만드는 국민성이 바로 교육의 힘이라는 생각이 들었다. 오직 아이의 올바른 성장과 충분한 학습이라는 목표를 위해 국가의 예산과 자원을 기꺼이 아이들을 위해, 그리고 뒤처지는 아이들을 위해 투자하는 것이었다.

특히 핀란드의 문화가 부러웠다. 정직성, 신뢰성, 채무에 대한 혐오, 겸손 등이 뿌리 깊게 박혀 있는 사람들, 이는 핀란드라는 국가에 대한 이미지이기도 하다는 생각을 한다. 여행 중에 누군가 "이 두 나라는 범생이 국가"라는 말을 했다. 하지만 고루하다거나 건조하다는 생각이 들기보다는 그들이 곳곳의 아트센터를 운영하며 예술교육을 하면서, 국민들의 심성을 아름답게 가꾸고 있구나 싶었다. 우리나라는 입시제도와 경쟁교육에 묶여 있는 학교정책으로 인해 예술교육이 사라진 지 오래다. 요람에서 무덤까지 국민 모두의 교육을 위해 소통하고 배려하는 두 국가의 여행은 오랫동안 기억될 것 같다. 다시 한 번 강조하자면 교육의 기초는 유아교육임을 탐방단 모두가 느낄 수 있는 여행이었다. 향후 국가정책에서도, 교육운동가들에게도 유아교육을 교육운동의 출발로 삼고 많은 관심과 배려를 기대해본다.

10. 학교 탐방 이야기를 마치며

참교육연구소와 교육개혁시민운동연대가 2008년 11월부터 조직했던 북유럽교육탐방단은 많은 분들의 호응을 받아 신청자가 쇄도했지만, 다 수용할 수 없어 본의 아니게 모두가 같이 갈 수 없는 어려움 속에서 39명이라는 대단위 탐방단을 꾸렸다. 드디어 탐방단 일행은 북유럽 교육현장을 향해 1월 17일 인천공항에서 KLM866 항공기 편에 '2009 교육 비전 찾기'의 꿈을 안고 출발했었다.

교육학자, 교사, 교육위원, 언론인, 시인, 시민단체 활동가 등 다양하면서도 각 부문에서 한국의 진보적이고 실천적인 교육운동과 새로운학교운동에 대단한 관심을 갖고 있는 분들이 중심으로 참여하였다. 전체 진행과 실무를 담당한 안승문 선생과 이용관 선생의 노력에 의해 시작된 탐방이었다.

이처럼 거대한 탐방단이 일정을 마치고 인천공항에 도착할 때까지 모든 분들이 소화하기에는 너무나 쉴 틈이 없이 **빡빡한** 일정으로 힘들었던 탐방이었다. 또한 다양한 요구를 반영하기는 한계가 있을 수밖에 없는 많은 인원과 구성원들의 면면 속에서도 협조적인 분위기에서 원만하게 진행되었으며, 아무런 사고 없이 무사하게 끝나게 되었음은 모두가 노력하고 협력한 결과였다.

스웨덴 교육 탐방을 마치고 실야라인Silja Line[14] 선상에서 선상 토론을 진행하면서 나왔던 핵심어는 "발트해의 흐름에 따르라!"였다. 그러나 우리의 탐방 일정은 발트해의 흐름을 따르기보다는 강행군의 일정이었다. 짧은 기간인 9박 10일 동안 두 나라에 걸쳐서 다섯 차례의 세미나를 열고 12개 학교와 기관을 방문한 것은 참으로 벅찬 일정이었다.

안난딸로의 마지막 밤의 향연에서 아름다운 북반구의 낭만을 멋있는 시로 그려주기를 기대했던 도종환 시인은 '만일 내가 다시 아이를 키우게 된다면'이라는 다이아나 루먼스의 시를 낭송하였다. 북반구의 교육천국 핀란드 교육에 대한 부러움과 우리 교육에 대한 성찰을 진솔하게 담아낸 시 낭송은 우리 탐방단을 하나로 만들어준 순간이었다.

낭만적인 발트해와 아름다운 눈과 산타 그리고 요정의 나라! 요람에서 무덤까지 완벽한 사회복지의 풍요로운 나라, 사회민주주의 교육이 완벽하게 실현된 교육복지와 통합교육의 나라!

우리 탐방단은 핀란드 교육을 보고 그저 찬사에만 젖은 것은 아니다. 기대에 부풀었던 스웨덴 교육과 현실을 현장에서 직접 보니 명암이 교차하는 혼란의 현장이라는 것도 실감할 수 있었다. 물론 아직도 스웨덴의 교육복지와 사회민주주의적 교육철학과 통합교육의 명성은 여전하지만 신자유주의

14_ 스웨덴 스톡홀름과 핀란드 헬싱키 구간을 운행하는 유람선.

의 광풍 앞에서 흔들리고 있는 스웨덴 우파 정권과 학부모들을 보면서 씁쓸한 기분 또한 지울 수 없었다.

한국의 많은 사람들이 스웨덴과 핀란드 교육을 탐방하고 갔다. 그러나 보수는 보수대로 진보는 진보대로 관찰한 사람마다 다 자기 관점에서 해석하고, 자기가 볼 수 있는 것만 보고, 자기 논리대로 해석하고 인용하고 있지 않았나 하는 생각도 든다. 또한 우리 탐방단도 각기 다른 분야에서 활동하고 전공과 영역도 다양하기 때문에 보는 관점과 해석 및 느낌도 각양각색일 것이라고 생각된다.

자신들이 본 것도 역시 시차적 관점視差的 觀點[15]을 억지로 차용해서 무리한 해석을 하려는 것일 수도 있을 것이다. 나름대로 전체 속에서 객관화해보려는 노력을 한다고 했지만 자기 눈에 보이는 것만 협소하게, 또는 부분을 보고 전체로 침소봉대하지 않았을까 하는 우려도 된다.

이와 같은 우려를 씻어내기 위해 우리는 다양한 분들이 집단으로 가서 보았기 때문에 다양한 보고회와 토론회를 통해 모으고, 이것을 책으로 묶어낸다. 한국에서 그동안 맹아적으로 싹트고 있는 새로운 교육에 시사점을 주고 대안을 찾기 위한 노력에 조금이라도 도움이 되기를 바라는 마음이다.

---

[15] 슬라예보 지젝(Slavoj Zizek)의 2006년 저작 '시차적 관점'에서 나오는 용어로서 지젝은 러시아 혁명이 실패했다는 것을 인정한 상태에서 그 근본적 이유를 따져보고 거기서부터 다시 새로운 길을 찾기 위해서 '시차적 관점'을 적용하였다. '시차(視差, parallax)'는 관찰자의 위치가 바뀜에 따라 별자리가 달라지는 것을 가리키는 천문학에서 빌려온 용어로 관찰자의 위치에 따라 같은 물체도 다르게 보일 수 있다는 개념이다. 이를 철학적으로 수용하면 개인, 민족, 성적·정치적 차이에 따라 해석을 달리할 수 있는, 즉 동일한 대상이라고 하더라도 주체가 어떤 관점에서 보느냐에 따라 그 대상에 대한 이해가 달라지는 것이 바로 시차이며, 이런 근본적인 차이를 낳는 관점이 '시차적 관점'이다.

3부

핀란드 교육 성공의 역사적 배경과 사회문화적 조건

530만의 인구
700년의 대외 항쟁
100년의 내부 정비
40년의 제도 정립
그리고 그 결실

핀란드 교육 성공의 역사
100년의 숨 고르기, 40년의 내공 쌓기

| 이윤미[1]

1. 핀란드 교육 - 40년간의 성공 드라마

핀란드 교육에 대한 관심이 어느 때보다 뜨겁다. 이는 우리나라뿐 아니라 전 세계적 현상이라 해도 과언이 아니다. 국제학업성취도 평가에서 나타나는 높은 성취 결과가 무엇보다 근본적 이유일 것이다. 그러나 그것만으로 우리가 핀란드에 관심을 갖는 것은 아니다. 숨 막히는 경쟁의 외길 터널을 암울하게 달리는 한국 교육에 핀란드의 성공은 기대고 싶은 한 줄기 빛처럼 인식되고 있다. 학생 개개인의 성장을 중시하고, 남을 이기는 경쟁보다는 함께 학습하는 법을 익히는 교육, 교사와 학교의 전문성과 자율성이 존중되는 교육, 모두가 높은 수준으로 제대로 된 기회를 누리는 교육, 우리에게 인식되고 있는 핀란드 교육의 모습이다.

핀란드는 국제학업성취도 평가인 PISA에서 2000년대 이후 최상위권의 성취를 보이는 국가다. 특기할 사항은 학교 간, 계층 간 편차가 매우 낮다는 점이다. '모두를 위한 교육'을 목표로 평등성을 실현하기 위해 노력해온 핀

1_ 필자는 홍익대 교육학과에서 교육학을 강의하고 있다.

란드 교육의 중요한 성과라고 하겠다. 소위 수월성과 평등성을 함께 실현하는 매우 모범적 사례이다. 그렇다면 핀란드 교육 성공에 비법이 있는가?

오늘날의 핀란드 교육은 분명한 기원과 역사를 가지고 있다. 마치 한 편의 '성공 드라마'와 같은 배역과 무대, 그리고 스토리가 있다. 이 드라마는 40년간 이어져왔다. 기초는 20세기 초부터 다져졌다고 볼 수 있지만, 본격적인 개혁이 추진된 것은 1960년대 말부터이다. 1960년대 이후 전개된 핀란드의 교육개혁은 낡은 시스템을 통째로 뒤바꾸는 일종의 '대변혁'이었다. 학제, 교육과정, 교사교육, 행정체제 등을 전면적으로 바꾸는 대개혁이었고, 그 결과는 성공적이었다. 갈등과 긴장이 없었던 것은 아니지만 심하지 않았고 훌륭한 공조체제가 형성되었다.

핀란드의 교육개혁은 의무교육 기간인 1학년에서 9학년까지의 종합학교뿐 아니라 후기중등, 고등교육, 유아교육 등을 전체적으로 망라하여 이해해야 한다. 그러나, 이 글에서는 그중 가장 힘든 개혁이었다고 할 수 있는 종합학교 개혁과정에 초점을 두어 핀란드 교육 성공의 역사를 조망해보고자 한다. 핀란드를 세계적으로 알려지게 한 2000년대 이후 PISA 시험을 본 학생들은 1990년대에 출생하였고 이들의 성취는 1960년대 이후 이루어진 종합학교 개혁의 직접적 성과로 인식되고 있다(Hautamäki et al., 2008: 28).

이 '감동의 드라마'를 과연 우리 무대에도 올릴 수 있을까. 그것은 이 글의 말미에서 따져보기로 하겠다.

2. 핀란드는 어떤 나라인가

핀란드는 530만 인구의 작은 나라이다. 12~19세기 초까지 스웨덴의 지배를 받았고, 1809년부터는 자치 지역으로 제정러시아의 영향을 받았다. 1890

년대 러시아의 대외확장 정책이 본격화함으로써 자치 지역인 핀란드에도 제국주의적 압박이 가해져 복잡한 현대사 속으로 들어가게 된다. 볼셰비키 혁명에 의한 제정러시아의 붕괴로 핀란드는 완전한 독립국이 되었지만 제1차, 제2차 세계대전을 겪으며 정치적·이념적 혼란을 겪게 된다. 특히 독일과 소련의 압박 속에서 대내외적 갈등이 심화되었고, 복잡한 전쟁의 무대가 되기도 했다. 제2차 세계대전 종결 후 핀란드는 소련 및 동구 공산권, 사민주의적 북구, 자본주의적 서구 국가들 사이에서 경계국가적 성격을 지니고 있었다. 특히 냉전체제하에서 소련과의 균형적 관계는 매우 중요한 의미를 지니고 있었다. 이로 인해 정치적 입장의 논란에도 불구하고 농민정당(1965년 이후 중도당 the Centre Party) 출신의 우르호 케코넨Urho Kekkonen 대통령이 1956~1981년까지 25년간 재임하였다(Kirby, 2006: 245-275 참조).

핀란드 정치체제는 의회를 기반으로 한 내각책임제로 대외 외교업무를 총괄하는 대통령과 내정을 담당하는 의회 혹은 정부로 나뉘어 운영되었기 때문에 실질적으로 내정의 최고 권한은 의회에 있다고 봐야 한다. 의회 구성은 비례대표제에 의해 이루어지는 합의제 민주주의를 기반으로 하며, 내각의 수반인 수상도 대통령 소속 정당과는 다른 당에서 나오는 경우가 많아 대통령중심제처럼 대통령이 지니는 국정 권한이 크지 않다. 핀란드의 역대 대통령의 재임 기간과 소속 정당에 대해 살펴보면 다음과 같다(Lavery, 2006: 93-94).

|표1| 핀란드 역대 대통령의 소속 및 재임 기간

대통령(생몰연도)	정당	재임기간
K. J. Ståhlberg(1865-1952)	진보당(Progressive)	1919-1925
L. Kristian(1883-1942)	농민연맹(Agrarian League)	1925-1931
R. P. Evind(1861-1944)	국민연합(National Coalition, 보수당)	1931-1937
S. K. Kallio(1873-1940)	농민연맹(Agrarian League)	1937-1940

대통령(생몰연도)	정당	재임기간
R. Ryti(1889-1956)	진보당(Progressive)	1940-1944
C. G. Emil, Mannerheim(1867-1951)	무소속	1944-1946
M. J. K. Paasikivi(1870-1956)	국민연합(National Coalition, 보수당)	1946-1956
U. Kekkonen(1900-1986)	농민연맹(Agrarian League)→중도당(Center)	1956-1981
M. Koivisto(1923-)	사회민주당(Social Democratic)	1982-1994
M. Ahtisaari(1937-)	사회민주당(Social Democratic)	1994-2000
T. Halonen(1943-)	사회민주당(Social Democratic)	2000-

25년간 대통령으로 재임한 케코넨Kekkonen의 경우 냉전 기간 동안 '핀란드화Finlandization'로 알려진 외교방식을 상징했다. 소련과의 관계에 능통한 대통령을 통하여 독립을 유지하고 내정의 이익을 확보하는 방식이었다. 이것은 서방세계에서는 '굴욕적 외교'로 보이기도 했지만 핀란드인들에게는 내정의 독자성을 확보하기 위한 하나의 방식으로 인식되었다(Lavery, 2006: 138-139). 냉전 시기 소련과의 인접성에도 불구하고 핀란드는 동구 사회주의가 아닌 북구 사회민주주의를 국가 정치이념으로 천명해왔고, 사회민주당, 중도당, 보수당 등이 다수당으로 연정을 주도해왔다.[2]

사회민주주의적 강령에 근거한 보편교육 이념은 20세기 초부터 등장하고 있다. 지금의 다수당인 사회민주당Social Democratic Party은 1899년 핀란드노동자당the Finnish Workers' Party으로 출발했다. 1903년에 승인된 정당강령에 의무교육안이 보편적 참정권, 무상의료, 8시간 노동 등과 함께 명시되어 있다(Lavery, 2006: 75). 1917년 핀란드 의회는 비사회주의 정당이 다수당이었음에도 불구하고 사회개혁의 필요에 동의하여 세계 최초로 8시간 노동을 입법화하였고, 지역선거에서 여성을 포함한 보편참정권을 인정하였다(Lavery, 2006: 84). 1920년대와 30년대 핀란드 경제는 유럽에서 최고인 연평균

2_ 1987년에는 사민당-보수당 연정, 1992년에는 보수당-중도당 연정, 1995년에는 사민당-보수당-좌파연합 연정 등 의회 선거에 의해 연립정부를 형성해왔다.

3.8퍼센트 성장률을 보였다. 경제력에서도 영국, 독일, 스웨덴에는 못 미쳤지만 오스트리아, 이탈리아, 체코슬로바키아처럼 규모가 크고 산업화된 국가들보다 높은 생활수준standards of living을 확보하게 되었다(Lavery, 2006: 104-105).

1921년에는 7~12세 아동에 대한 의무교육이 도입되었고, 1937년에는 세계 최초로 '모성보호 패키지maternity package'를 제도화하였다. 이 패키지는 모든 산모들에게 기저귀, 담요, 옷, 장난감 등 기본 사항을 담은 박스를 제공하는 것이었는데, 처음에는 임금수준에 따라 지급하다가 1941년에는 모든 산모에게 보편적으로 지급하였다(Lavery, 2006: 105). 1939년 제2차 세계대전 발발 전에 이미 기본 사회안전망을 갖추게 되었고, 제2차 세계대전 이후에는 소위 '요람에서 무덤으로cradle-to-grave'로 상징되는 스칸디나비아형 복지국가의 전형적 혜택들을 제도화하였다.

이러한 기초 위에서 1960년대 이후 핀란드의 교육개혁이 이루어졌다. 교육개혁 이전의 핀란드 교육은 유럽에서 전형적으로 나타나던 이원화된 교육체제로 이루어져 있었다. 즉 대학 진학을 위한 교육체제와 직업계열의 교육체제가 11세부터 조기 분화되어 있었다. 미국이나 스웨덴이 후기중등교육 과정까지 일반계와 직업계를 하나의 학교로 통합한 '단선제' 모델을 구축해 온 사례들이었다면, 대부분의 유럽 국가들은 오래도록 '복선제' 시스템을 유지해왔다. 이는 단지 중등교육 단계에서 일반계와 직업계가 구분된 것이 아니라 사회계층에 따라 교육과정이 초등과정부터 엄격하게 분리된 말 그대로의 이원화된 체제였다고 할 수 있다.

1972~1992년까지 핀란드 국가교육청장을 맡았던 사민당 소속의 에르키 아호Erkki Aho에 의하면 개혁 이전의 핀란드 교육은 11세에 대학진학 여부가 결정되는 전통적이고 보수적인 체제였고 수준별 교육이 이루어지고 있었다(이병문, 2008: 104 재인용). 학교만 분화되어 있는 것이 아니라 교사들도 분화

되어 있었고 교육과정 구성도 매우 달랐다. 이러한 체제를 하나의 체제로 단일화하는 개혁이 바로 1960년대에 이루어진 종합학교 개혁이었으며 이는 단순한 학제 변화가 아니라 교육 시스템 전체를 뒤흔드는 것이었기 때문에 매우 복잡한 개혁과정을 포괄하는 것이었다. 다음 절에서 이 개혁과정이 어떻게 이루어졌고, 무엇이 변했는지를 살펴보기로 한다.

3. 개혁의 내용과 전개과정

종합학교개혁과 학제개편

핀란드 사회에서 종합학교개혁comprehensive school reform은 중요한 의미를 지닌다. 핀란드에서는 그들의 교육 성공을 지난 40년간 이루어져온 종합학교개혁의 성공에서 찾는다(Hatutamäki et al., 2008: 28).

핀란드 종합학교는 핀란드어로 페루스 꼬울루peruskoulu라고 불리는데 페루스perus는 기초, 기본 등을 의미하며 꼬울루koulu는 기관이나 건물이라는 의미이다. 페루스 꼬울루의 첫 6년은 알아꼬울루alakoulu이며 후 3년은 울라꼬울루yläkoulu이다. 이는 각각 낮은 학교alakoulu, 높은 학교yläkoulu의 의미를 지닌다(Hatutamäki et al., 2008: 27).

종합학교개혁은 사회 변화에 맞게 낡은 시스템을 바꾸어내기 위한 것이었다. 농업국에서 산업화된 구조로 전환하면서 새로운 교육체제의 필요성이 대두되었으며, 과거의 불평등한 교육체제를 사회평등의 이념에 입각하여 근본적으로 개혁하고자 한 것이다. 개혁과정은 세 차례에 걸쳐 이루어진 학제 변화에 나타난다.[3] 이 학제 변화는 핀란드 경제 발전 과정을 반영한 것으로 평

3_ 학제 변화의 핵심은 일차적으로는 기존의 이원화한 체제를 전기중등까지 일원화하는 것이었으며, 후기중등과정에서 직업교육기관을 제도화하고 90년대 이후 직업계열에서

가된다. 첫째는 산업사회 단계, 둘째는 서비스 부문과 고도기술에 기반한 북구형 복지사회 단계, 셋째는 하이테크 국제화 단계이다(Aho et al., 2006: 29-30).

1960년대의 핀란드는 낡은 전통으로부터 벗어나 새로운 사회적 변혁이 요구되는 시기였다. 전후 베이비붐 세대를 흡수할 수 있는 새로운 산업에 대한 수요가 증가하고 이농현상이 빠르게 진행됨에 따라 사회경제구조가 크게 변화하게 되었다. 특히 인간에 대한 투자가 가장 중요한 투자라고 하는 인간자본론human capital에 관심을 가짐으로써 교육의 경제적 중요성을 인식하게 되었다. 또한 새로운 사회정책 입안에 있어 '합리적인 공동체적 계획'이 매우 중요하다는 생각이 영향을 주었다.[4]

이러한 변화는 1966년의 의회 선거 후 다수파 좌파 정당들에 의해 힘을 받았다. 최다 의석을 차지한 사회민주당이 공산당을 포함한 핀란드인민민주당 및 농민당과 연정을 함으로써 초등 및 전기중등 과정까지는 모든 학생에게 동일한 기초교육을 제공하는 것을 골자로 종합학교개혁을 착수하게 된 것이다. 좌파 정당들의 교육개혁은 사회평등을 강화하는 것뿐 아니라 이러한 교육 개선이 경제 발전에도 도움이 될 것이라는 신념하에 이루어졌다(Aho et al., 2006: 32).

이 개혁의 결과로 이전까지는 11세에 공민학교civic school와 문법학교grammar school로 분화되던 체제가 전기중등교육까지 통합된 모델로 바뀌었고, 의무교육 연한도 9년으로 늘어났다. 이 개혁의 직접적 모델은 스웨덴이었다. 스웨덴은 1950년대에 종합학교 중심의 중등교육개혁을 성공적으로 단행한 바 있다.

polytechnic 설치 등으로 직업계 고등교육 기회를 확대하는 것이다. 이 글에서는 후기중등 및 고등교육개혁에 대해서는 본격적으로 다루지 않는다. 학제 변화는 부록으로 제시한다(부록 자료의 출처는 Aho et al., 2006).

4_ Pekka Kuusi 교수의 Social policy of the 1960s가 이러한 변화에 중요한 이념적 권위를 부여한 것으로 평가된다(Aho et al., 2006: 31).

종합학교 개혁에는 여러 가지 사회 변화 요인들이 함께 작용했던 것으로 알려져 있다. 내부적으로는 농업사회적 가치들의 변화와 새로운 사회경제체제에 대한 기대가 작용했다. 노동운동의 고양으로 정치적 권리의식이 높아졌으며, 대외적으로는 소련과의 교역이 지배적인 가운데 유럽자유무역연합(EFTA) 가입으로 서구 시장에 대한 개방이 이루어졌다. 미국 반전평화운동 등의 영향으로 신세대들의 자기표현이나 성적 자유 등에 대한 관심이 높아진 점, 그리고 텔레비전 등 전자매체 발달로 국제 뉴스를 접하게 되었을 뿐 아니라 1960년대 중반 이후 방송을 통한 사회 비판을 허용한 점 등도 변화에 영향을 주었다. 그리고 인접국 스웨덴과의 인적 이동이 잦아지면서 스웨덴에 대한 관심이 높아진 점도 중요한 요인으로 지적된다. 특히 교육개혁은 스웨덴의 종합학교와 교수 내용 등으로부터 많은 영향을 받은 것으로 평가된다(Aho et al., 2006: 31-34).

종합학교개혁은 단기간 내에 기획되어 적용된 개혁이 아니다. 학제 개편은 수많은 요소들의 변화를 수반하는 것이기 때문이다. 교육 모델을 설정하고 타당성을 타진해야 할 뿐 아니라 현장 변화를 위해 교사집단을 준비하게 해야 한다. 그리고 교육과정과 교재들이 바뀌어야 한다. 이 과정에는 수많은 이해관계들이 작용하기 때문에 모두를 만족시키는 개혁을 하기는 무척 힘든 일이다. 한국에서 교육정책을 둘러싼 수많은 논란들을 떠올려볼 때 그 과정의 어려움은 짐작하고도 남음이 있다. 그렇다면 핀란드에서는 이 과정이 어떻게 이루어졌는가?

핀란드의 종합학교개혁은 1963년에 결정되었다. 입법가들과 교육자들은 수많은 회의, 실험, 예비적 프로그램 등을 통해 청사진을 잡았고 초등교원노조의 자문과 정치적 합의를 통해 개혁을 시작하였다. 1964년에는 교원들에 대한 기초교육 및 현직교육과 관련한 조치들이 의회에서 결정되었다. 1966년에는 종합학교개혁 원칙에 따라 후기중등교육 단계의 일반 교육 및 직업교육의 발전을 검토하는 위원회가 정부 차원에서 만들어졌고, 고등교육발전법안을 통해 국제적 경쟁력이 있는 대학교육 체제 구축을 위한 기반도 함께 이루어졌다.

종합학교개혁은 초등교육, 전기중등교육(문법학교 저학년), 교사교육체제의 3개 축을 중심으로 이루어졌다. 이 세 가지 중 가장 중시되었던 것은 교사들이 변화를 받아들이고 의지를 갖게 하는 것이었다. 또한 개혁은 가장 주변적이고 덜 산업화한 북부 핀란드에서 먼저 실시되어야 한다는 합의에 따라 이루어졌다. 1968년에 학교체제법안이 의회에서 통과되었지만, 여러 가지 도전들이 있었다.

당시 핀란드 개혁이 직면했던 도전들은 지금 우리 교육정책 논의에서도 여전히 중요한 문제들이었음을 알 수 있다. 어떻게 교사들이 개혁에 대한 의지를 갖게 할 것인가, 날로 강해지고 있는 이익집단들의 지지를 획득할 수 있는가, 수백 년간 지속되어온 이원적 교육체제와 전통을 통합하고 새로운 교육과정이 성공하게 할 수 있을 것인가, 개혁의 확실한 실행을 보장할 수 있는가 하는 점이 핵심적 우려 사항이었다(Aho et al. 2006: 36).

교사를 개혁의 주체로

핀란드 교육개혁 과정에서 인상적인 것은 교사들을 개혁의 주도세력으로 만들었다는 점이다. 당시 교사들은 자신들의 고용 안정성이나 교수 자율성이 침해받을 것이라는 우려와 개혁의 방향에 대한 의구심 등으로 상당한 불안감을 가지고 있었다. 학교 유형이나 형태가 달랐던 만큼 교사들의 고용형태나 고용조건이 모두 다른 상황에서 개혁을 받아들이는 것이 쉽지 않았다. 교원노조도 이원화된 학교체제에 따라 분화되어 있는 상황이었다. 더욱이 문법학교 교사들의 경우 모든 학생이 동일한 교육과정을 따라올 것이라고 믿지 않았다. 그러나 새로운 교육 내용을 구성하고 학교체제를 재구축하는 과정에서 교사들의 전문성을 존중하고 그에 기반하여 변화를 이끌어 냄으로써 이러한 문제들이 해소되었다. 정부관료들과 교사들의 협력에 기초한 위원회 활동을 통해 교사들은 계획과 실행의 단계에서 깊숙이 개입하였다. 1966년부터 1970년까지 진행된 종합학교교육과정위원회의 활동이 대표적인 사례이다. 이 위원회의 활동은 국가교육과정의 기초로 채택되었다.

교원노조의 역할 또한 두드러졌다. 교원노조들은 새로운 고용관계에서 교사들이 경력과 임금의 손해를 보지 않고 개혁으로 인한 새로운 전문적 업무들에 따른 보상을 충분히 받기 위해 교원 임금체계를 법정기준이 아닌 노사협약 대상으로 전환하였다. 교원노조는 이러한 목표들을 개혁 착수 전부터 이미 확정하였고, 첫 단체교섭은 1971년부터 이루어졌다. 교원노조의 활동은 1960년대 말부터 강화된 노동조직운동과 긴밀하게 연계되어 있었다. 교육개혁 과정에서도 중앙차원의 기업조직과 노동조합의 지원이 컸고, 이러한 조직들이 지역단위 교섭에 개입하여 영향을 주었다. 종합학교개혁과 함께 교원노조가 한 개 단체로 통합되면서 정부의 교육부처, 재정부처와 각 지역단위의 조직 간에 단체협약이 이루어지게 되었다. 교육부Ministry of Education와 연계된 국가교육심의회The National School Council는 상설 교섭기구로서 기능하게 되었다(Aho et al., 2006: 38-39).

한편, 핀란드에서는 교원의 질을 높이기 위해 1970년대 중반 이후 교원교육을 대학에서 실시하고, 교원들에게 석사학위를 요구하는 강도 높은 변화를 시도했다. 교원교육 및 교원자격 강화와 관련한 개혁은 쉽지 않은 과제로 타국의 사례에 비추어볼 때 상당한 반발을 일으킬 수 있는 것임에도 불구하고 핀란드에서는 이 개혁이 안정적으로 자리를 잡았다. 오늘날 교사들의 높은 학력과 전문성은 핀란드 교육의 가장 큰 자랑거리의 하나가 되고 있다(Hatutamäki et al., 2008: 32).

교사들이 전문가로서 개혁의 과정에 참여했을 뿐 아니라 고용관계에 있어서도 안정성을 확고하게 보장받는 시스템이 확립된 것은 매우 중요한 시사점이라 할 수 있다.

교육과정 개편

종합학교개혁 과정에서 주목할 수 있는 또 다른 중요한 변화는 교육과정 개편이다. 기존의 이원적 체제에서는 학생이 지닌 능력을 사회계층을 반영하는 두 개의 서로 다른 능력으로 구분하였다면 이제는 모든 학생에게 동일한 교육을 받게 하는 것이 중요해졌다. 특히 중등교육 단계에서 기존 공민학교의 실제적 교육과정과 문법학교의 학문적 교육과정을 어떻게 통합할 것인가가 중요한 문제거리였다. 문제는 무슨 교과를 얼마나 가르칠 것인가에 합의하는 것이었다. 이는 각종 교사 조직과 이익집단의 로비 대상이었다. 이 과정은 5년(1965~1970)에 걸쳐 매우 신중하게 처리되었다. 학습자의 심리적·신체적 발달이 가장 중요하게 고려되었고 교육 내용에서 문화적 기초와 사회적 요구를 반영하기 위한 노력이 이루어졌다. 1970년에 일반적 원칙(총론)과 교수요목이 정해졌고, 이는 교사들에 의해 지지되었다. 기존의 초등교사들과 공민학교 교사들이 6년간의 기초과정을 가르치고, 기존의 문법학교 교사들이 상위과정(7~9학년)을 가르치게 되었다. 두 학교체제를 통합하면서 교육과정 내용 및 수준은 기존 문법학교의 지식 중심 교육과정을 기초하는 방향으로 정해졌다. 그 이유는 지식과 기술의 질을 떨어뜨릴 것이라는 우려를 고려한 것이었다. 준비 단계에서 교과와 관련한 각종 이견을 해결하기 위해 정부와 개혁실무위원회 간의 역할분담이 이루어졌다. 교과목편제 등을 포함한 교육체제의 기본 내용은 의회가 정하고 국가일반교육위원회가 교육과정을 구성하는 의사결정 절차가 확립되었다.

이를 통해 1972년에 새로운 국가교육과정이 모든 학교에서 시행되도록 강제될 수 있었다.[5] 교육과정의 중앙집권적 적용은 지역단위에서 마찰을 일으키기도 했는데, 중앙정부는 이를 두 가지 차원에서 설득했다. 하나는 지역단위에서 교육과정을 개발하려면 전체 개혁 일정이 지연될 수 있다는 것이었으며 다른 하나는 다양한 교과와 특수 이익집단들 사이에서 이견을 조정하고 합의를 도출하는 일이 매우 어렵다는 점이었다(Aho et al., 2006: 46).

오늘날의 핀란드 교육에서 주목되는 것 중 하나는 의무교육 단계에서 학생들에 대한 수준별 분류가 이루어지지 않는다는 것이다. 종합학교개혁 후 처음 만들어졌던 1972년 국가교육과정에는 과목에 따라 3단계 수준별 학습이 들어 있었으나 이는 1980년대 중반(1985~1986) 교육과정 개정부터 없어졌다(Hatutamäki et al., 2008: 28-29). 흥미로운 것은 이 과정이 정치적으로 내려진 결정이라는 점이다. 1977년에 정부는 종합학교가 학생들을 능력별로 분류하지 않아야 하며 교육과정을 유연화하고 선택교과를 늘리는 방식으로 문제를 해결해야 한다고 권고했다. 종합학교의 통합과정과 능력집단 폐지는 내각의 정치적 결정에 의해 추진되었다. 이는 11개의 실험학교에 대한 연구 결과를 토대로 이루어진 결정이었다. 아호Aho 등에 의하면, 이는 모든 학생이 양질의 기초교육을 받을 권리를 동등하게 누려야 한다는 철학에 의해 추진된 것이기도 하다(Aho et al., 2006: 64-66).

행정 권한의 지속성과 자율성

개혁을 관장하는 행정조직의 역할도 매우 중요했다. 특히 개혁 주무가 20년간 일관성 있게 유지되었던 점은 특기할 만하다. 1972~1992년까지 핀란드 국가교육청의 사무총장은 에르키 아호Erkki Aho가 맡았다. 그는 사민당 소속이었지만, 연립정부의 성격이 여러 번 바뀌는 과정에서도 교체되지 않고

---

[5] 교과서 또한 교육과정 변화에 맞추어 사용될 수 있도록 1년간 시험 적용하게 함으로써 교과서 제작회사들이 서로 경쟁적으로 새로운 교육과정을 준비할 수 있도록 했다.

개혁을 주관하였다. 핀란드 교육제도가 자랑하는 중요한 특성의 하나가 바로 이러한 '지속성 있는 리더십'이다. 이는 합의제 민주주의라는 정치적 기초와 교육개혁에 대한 사회적 인식과 의지 없이는 기대하기 어려운 현상일 것이다.

행정개혁의 방향은 지방 및 학교 자치를 점진적으로 강화하는 방식으로 이루어졌다. 중앙정부의 권한 위임과정을 살펴보면 표 2와 같다(Aho et al., 2006: 42). 개혁 추진과정에서 점진적으로 지자체와 학교 단위로 권한을 위임해왔음을 알 수 있다.

개혁 초기의 경우, 당시 이원적 교육체제에 따라 분화되었던 업무가 중앙의 교육부를 강화하는 방식으로 나타났다. 교육부 안에는 종합학교개혁을 관장하는 일반교육위원회(NBGE)와 후기중등직업교육개혁을 담당할 직업교육위원회(NBVE)를 설치하였다. 일반교육위원회 안에는 학교담당과The School Department와 교육담당과The Education Department를 두어 학교체제 및 조직 관련 업무와 교육과정, 교수학습, 연구, 특수교육 관련 업무를 나누어 종합학교 운영을 용이하게 했다.

1980년대를 거쳐 2000년대까지 지방자치를 강화하는 방향으로 변화해왔다. 개혁은 점차 지역단위 자율성을 강화하는 방향으로 운영되어왔는데 이는 초기부터 지역단위로 현실에 맞게 새로운 체제에 적응할 수 있게 유도하는 방식으로 이루어졌다. 지역간, 중앙-지역 간 협조가 긴밀하게 이루어졌고 이는 종합학교개혁에 이어 이루어진 후기중등교육개혁 과정에서도 유용하게 적용되었다.

|표 2| 중앙정부의 교육 행정 권한 위임과정

	1972	1980	2005
교육과정 시수 배정	일반교육위원회	내각	내각
교육과정	일반교육위원회	일반교육위원회	국가교육청/학교위원회
학급규모	내각	내각	지자체
학교설립: 초등학교 전기중등 후기중등 직업학교	일반교육위원회 일반교육위원회 일반교육위원회 교육부	지역 교육부 교육부 교육부	지자체 지자체 지자체 교육부
교사임용	지자체/일반교육위원회	지자체/일반교육위원회/직업교육위원회/교육부	지자체
교사자격	내각	내각	내각
교과서	일반교육위원회	일반교육위원회/직업교육위원회	학교위원회
국가재정 지원	일반교육위원회	일반교육위원회/직업교육위원회	교육부
학교예산 배정	일반교육위원회	일반교육위원회/직업교육위원회	지자체

현재 핀란드의 교육체제는 지역 및 학교단위 자율성을 강화하는 방향으로 나아가고 있다. 1990년대 중반 이후 국가교육청은 교과별로 매우 포괄적인 목표와 내용을 제시할 뿐 지역과 학교가 국가공통교육과정에 근거해서 지역사회와 학교의 특수성을 고려한 교육과정을 구성하도록 하고 있다(Hatutamäki et al., 2006: 30). 1990년대에는 학교현장에 대한 관료주의적 장학감사제도도 폐지되었다. 법률로 정한 목표 확인을 위한 교육 평가는 국가, 지방, 학교수준에서 이루어지고 있지만, 전수조사식 표준화 시험이나 평가 결과에 따른 차등적 지원·서열화는 이루어지지 않는다. 평가 결과는 공개되지만 개별 학교의 정보는 해당 학교에만 보고되며 다른 기관이 개별 학교 평가의 결과에 접근할 수 없다. 학교와 평가자 간의 신뢰를 중시하고 있으며, 교원노조에서도 이러한 원칙을 자연스러운 것으로 수용하고 있다(Välijärvi,

황연수 역, 2009: 52-55). 2004년 개정된 교육과정에서 이전에 비해 국가수준의 교육목표가 세부적으로 규정된 반면 지역 및 학교의 자율권이 강화됨에 따라 평가의 중요성이 높아지고 있는 추세이다. 그러나 이것이 단위학교나 개별 교사의 수업 내용 및 교수방법의 자율권을 제한하지 않으며, 기존에 유지되던 평가 시스템에 영향을 주고 있지는 않다(Välijärvi, 황연수 역, 2009: 51-52).

핀란드 교육체제가 보여주고 있는 이러한 특징들은 90년대 이후 대부분의 나라들이 취해온 신자유주의 교육정책 모델과 유사해 보이면서도 상당히 다르다. 단위학교 자율성을 부여하는 대신 국가교육과정 목표를 상세화하고 교육 평가를 강화하지만, 전수조사식 표준화 시험, 평가 결과에 대한 정보 공시, 학교선택제 등을 연결하여 학교의 책무성을 강화하려는 '결과 통제 방식output control'을 사용하지 않고 있다.

핀란드에서도 구미 국가들이 취한 신자유주의적 개혁과 유사한 변화들이 전혀 나타나지 않는 것은 아니다. 다만 매우 신중하게 접근되고 있고 사회적 형평성이라는 기본원칙이 충실하게 지켜지고 있음은 인상적이다. 1999년 이후 핀란드에서도 학교선택권이 도입되어 학부모들은 원하는 학교를 선택할 수 있게 되었다. 이것은 몇 가지 전제조건 위에서 가능하다. 그 조건이란 근거리 배정이 원칙이기 때문에 멀리 있는 학교를 선택하게 될 경우 교통비는 자비로 지불해야 한다는 것이고, 학교들이 입학시험을 보거나 학생선발권을 가질 수 없다는 것이다. 이러한 학교선택제가 평등원칙을 저해할 수 있기 때문에 의회에서는 이에 대해 매우 신중하게 접근해왔다. 헬싱키의 경우 초등과정 학생의 14퍼센트, 전기중등과정 학생의 40퍼센트가 집에서 가장 가까운 학교가 아닌 곳에 다니고 있다. 경직된 학군제에 대해서는 찬성하지 않는 경향이 있지만 핀란드의 정치가들이나 행정가들은 자유선택이 학교 간 차이를 확대함으로써 좋은 학교와 나쁜 학교라는 구분을 만들어 내서는 안 된다는 생각을 공유하고 있다(Aho et al., 2006: 93-94).

4. 핀란드 성공의 교훈

흔히 실패와 성공의 원인을 따질 때 빠지게 되는 오류의 하나는 결과론적으로 해석을 하는 것이다. 성공한 사례의 특징이 모두 성공 요인이 되어버리는 것이다. 이제까지 핀란드의 성공 요인에 대해서는 많은 분석들이 이루어져왔다.

파시 살베리Pasi Sahlberg는 핀란드 교육에 대한 네 가지 신화가 있다고 지적한 바 있다(Aho et al., 2006: 125 재인용.). 그것은 국가 규모가 작다는 점, 문화적 동질성이 강하다는 점, PISA 시험이 핀란드인과 맞다는 점, 그리고 춥고 놀 곳이 없어 학생들이 공부하기에 적합하다는 점 등이 그것이다. 그는 이러한 요인들은 매우 피상적이라고 본다. 규모가 작다고 해서 모두 핀란드처럼 성취를 한 것은 아니고, 핀란드에도 공용어가 두 개일 정도(스웨덴어, 핀란드어)로 역사적으로 형성된 문화적 이질성이 있다. 교육과정이 PISA 시험에 부합하는 것은 핀란드만이 아니라 일반적 경향이고, 핀란드의 자연환경과 유사해도 성취 수준이 다른 나라들은 많다. 특히 핀란드 학생들이 방과 후 과제 풀이 등으로 투여하는 시간이 많지 않다는 점을 볼 때 자연환경의 영향을 거론하는 것은 부적합하다는 논리 등을 내세워 그 신화들을 반박한다.

단순비교가 낳은 오류와 억측을 반박하고 있는 것이라 하겠다. 단순비교를 통해 피상적 특징을 찾아내기보다는 보다 근본적 원인을 찾아봐야 할 것이다. 객관적 요인뿐 아니라 우리에게 귀감이 될 요인은 무엇인지 살펴볼 필요가 있다. 핀란드를 제대로 알자는 것도 중요하지만, 우리의 관심은 '교훈'에 있기 때문이다.

아호Aho 등은 핀란드 교육 성공의 근본적인 제도 요인을 6가지로 요약한다. 모든 사람에게 동일한 기초교육 제공, 우수한 교사와 교사교육, 지속성 있는 리더십, 교육혁신을 가치롭게 여기는 사회적 인식, 유연한 책무성(시험이 아니라 깊이 있는 학습을 강조), 신뢰의 문화(투명성 높은 거버넌스) 등이 그것이다. 특히 지속성 있는 리더십은 교육 혁신과정을 이끌고 유지해온 근원적 요인이라고 본다(Aho et al., 2006: 126-133).

개혁을 주도한 내부자들의 자기평가를 제대로 이해하고 받아들이는 것도 필요하지만 우리의 관점에서는 더 궁금한 것이 있다. 이 모든 게 어떻게 가능했으며 우리에게도 가능한가 하는 점일 것이다. 핀란드 교육 성공의 역사적 과정에서 관찰되는 요인들은 적어도 우리와는 꽤 다르다는 인상을 준다.

우선, 오래된 사회민주주의적 제도들이 주목된다. 이 제도들은 19세기 말 노동자, 농민에 기반한 정당들의 강령과 그 강령들의 실현과정에서 현실화되었다. 제도의 역사만 해도 100년이다. 또한, 전체 국민의 복지를 위해서는 당리당략을 넘어서는, '합의의 정치'가 발전해온 점도 주목된다. 국민을 중심에 둔 정치를 해온 것이다. 이 밖에 보다 근원적으로는 종교적 기반인 루터파의 영향도 언급될 필요가 있을 것이다. 루터파 국가들에서 국가에 의한 보편적 공교육이 발달해왔기 때문에 그 문화적 전통이 심층에서 작용해왔으리라고 추정해볼 수 있다. 한편, 약소국으로서 국가보위를 위해 화합해온 민족주의적 요소도 간과할 수 없다. 이러한 이념적 요인들은 보편적 공생 혹은 평등을 존중하며 더불어 살기라는 사회적 철학을 형성하는 데 기여했다고 보인다. 그러나 이러한 요소들이 자연스럽게 교육적 이론과 실천에 그대로 반영되는 것이라고 기대해서는 곤란할 것이다. 우리가 주목해야 할 것은 그들의 '전략'이라고 할 수 있을 것이다. 보편적 복지와 사회평등을 기본 이념으로 하여 신뢰로운 사회를 만들고 자존감을 높여온 사회 발전 전략을 주목할 필요가 있을 것이다. 그들의 전략 속에는 당리당략에 의해 이기고 지는 제로섬 게임보다는 적극적인 사회통합 전략이 눈에 띈다. 사회통합적 전략에 기반하여 정당 간, 정당과 정부, 정부-기업-노조 간의 노사정 협의체제가 구축되어온 점은 교육을 포함한 핀란드 사회 발전의 핵심적 동력으로 보인다. 40년에 걸쳐 진행해온 개혁이 일관성 있게 유지될 수 있었던 것은 이념, 제도, 전략이 상호보완적으로 작동했기 때문이다.

사회 발전이라는 국가적 목표 실현을 위해 '모두가 함께 성장'하는 미래형 체제를 구축해온 과정이 핀란드가 자랑스러워하는 종합학교개혁의 핵심이라고 본다. 60년대 말부터 구축된 새로운 교육체제에 기반하여 2000년대의 핀란드는 전 세계적으로 가장 안정적이고 높은 성취를 보이는 교육 강국이 될 수 있었다. 또한 이를 기초로 국가경쟁력 1위의 국가로 발돋움할 수 있었던 것이다.

핀란드 교육개혁의 성공은 '신뢰'에 있다고 할 수 있을 것이다. 사회민주주의 국가들은 높은 세금에 기반해서 제도 운용을 하기 때문에 우리의 실정과 맞지 않고 성장의 동력이 약해질 수 있다고 흔히들 말한다. 그러나 주목해야 할 것은 세금 징수율이라기보다 세금의 혜택이 개인의 복지로 돌아온다는 강한 확신을 갖게끔 하는 사회적 분위기일 것이다. 보편적 공생에 대한 확신, 평등의 가치를 존중하고 합의하고자 하는 정치문화 속에서 형성된 신뢰가 그것이다.

|표3| **핀란드 교육 성공의 이념, 제도, 전략적 기반**

	이념	제도	전략
요소	사회민주주의 민족주의 루터파(종교)	연립정치 노사정 협의 보편적 복지 낮은 실업률, 높은 고등교육 효율성	사회통합 장기적·안정적 개혁 (지속적 리더십)
가치	보편적 공생, 사회적 평등	합의 민주주의	신뢰
교육	모든 학생에게 동일한 기초교육	교육과 사회 발전의 조응, 무상교육, 공공성, 교육개혁의 주체로서의 교사	자율적 책무성

핀란드의 사회운용체제와 교육개혁의 과정이 유난히 돋보이는 것은 한국의 현실 때문일 것이다. 한국은 핀란드와 정치제도적 경험도 매우 다르고 교육체제를 운용해온 방식도 다르다. 식민지 지배와 군사독재하에서 절차적 민주주의가 억압되어왔다. 산업화 이후 취학률은 급속히 높아졌지만 교육적 질 관리 시스템은 매우 미비하였다. 고도압축 성장의 영향으로 과정보다는 결과만을 중시하는 문화가 팽배해 있으며, 중등 완전취학 단계에 들어섰음에도 불구하고 대중교육체제에 대한 이해부족으로 '하향평준화 논란'이 끊이지 않는다. 모두가 함께 성장하는 것보다는 경쟁과 선발, 서열화에 익숙해 있다. 또한 개인 발전과 사회 발전이 통합적으로 인식되지 않아 개인도 사회도 교육의 사적 비용에 대해 대단히 관대하다. 교육받은 결과를 개인의 소유물로 인식하기 때문에 개인들에게 사회에 대한 기여와 윤리의식을 기대하는 것은 근본적으로 매우 어렵다.

그러다 보니 공교육의 역사를 거꾸로 돌리고 있는 일도 비일비재하다. 자율형사립고, 특목고 등의 확대가 사회 전체의 교육 형평성 관리에 어떤 영향을 줄 것인지에 대한 진지한 검토 없이 계급사회와 교육을 조응시키고 있다. 일제고사, 정보 공시, 학교선택제 등으로 이어지는 교육시장화가 교육의 질을 높인다고 맹목적으로 믿는 사회문화가 어렵지 않게 형성되어 있다. 개혁의 추진 방식이나 정책 타당성 검증과정의 부실은 두말할 것도 없다. 조령모개, 조삼모사 등은 한국 교육정책을 특징짓는 표어였다고 해도 과언이 아니다. '지속성 있는 리더십'이란 한국에 없었다.

이 모든 차이에도 불구하고 '안심'할 수 있는 것이 있다면 우리의 국제학업성취도도 상당히 높다는 것이다. 우리의 교육에 대해 누구도 만족하지 않고 누구도 크게 자랑스러워하지 않지만 '결과'는 실망스럽지 않은 것이다. 따라서 큰 이변이 없는 한 이 결과만능주의적 교육관은 '한국형 모델'로 고착화할 가능성이 높다. 이 교육관 역시 우리 사회에서 한 세기가량의 숨 고르기가 있었고 해방 후 60년간의 실천과정이 있었기 때문이다. 하루아침에 이루어지지 않았고 뜯어고치기에도 너무 오래 유지해온 관행이다. '질보다는 양, 과정보다는 결과, 내실보다는 서열'—이것이 한국 교육의 자화상이다.

우리가 이것을 원하는 것일까. 문제는 어느 누구도 그렇게 생각하지 않는다는 데에 있다. 왜 우리는 근대교육 100년 경험에도 불구하고 여전히 '모델'을 찾고 있는 것일까. 핀란드 교육 성공의 교훈은 그들의 성취 결과에 있는 것이 아니다. 그 교육을 이끌어낸 '과정' 그리고 '목표'와 '철학'이 무엇이었는가에서 찾아야 할 것이다. 참된 교육의 의미는 과정에 있는 것이기 때문이다. '지속성 있는 리더십'을 갖기 위해서는 행정적 안정성뿐 아니라 전체 시스템에 대한 안목이 요구된다. 성장과 형평성 간의 관계를 제로섬zero sum으로 놓지 않으려는 진정성 있는 긴장감이 필요하며 이것은 모든 개인의 기본 교육권을 철저하게 존중하는 기초 위에서 가능하다. '신뢰'를 얻는 교육 리더십이야말로 핀란드 교육 성공 드라마의 대주제이자 감동의 근원이다.

참고 문헌

이병문(2008), 『핀란드 들여다보기』, 서울: 매일경제신문사.
장수명(2009), 「교육개혁의 핀란드 모형: 교육개혁의 정치경제」, 전병유(편), 『미래 한국 경제사회정책 패러다임 연구(II)』, 서울: 한국노동연구원.
Hatutamäki, Jarko et al. (2008). PISA 06 Finland: analyses, reflections and explanations. Centre for educational assessment. Helsinki: (Finland) Ministry of education.
Jakku-Sihvonen, Ritva&Niemi, Hannele (eds.) (2007). Education as a societal contributor. Frankfurt am Main: Peter Lang.
Kirby, David(2006). A concise history of Finland(Cambridge concise history series). Cambridge: University of Cambridge.
Lavery, Jason(2006). The history of Finland. London: Greenwood Press.
Aho, E. et al. (2006). Policy development and reform principles of basic and secondary education in Finland since 1968. Working paper series: Education 2. Washington, DC: World Bank.
Välijärvi, Jouni(2009). Evaluation in the compulsory basic education in Finland. 황연수 역, 「핀란드 의무기초교육에 있어서의 평가」, 『교육희망찾기 스웨덴 핀란드 교육현장 탐방 및 세미나 자료집』(2009. 1).

| 부록 | **1970년대 이전과 1980년대 학제**

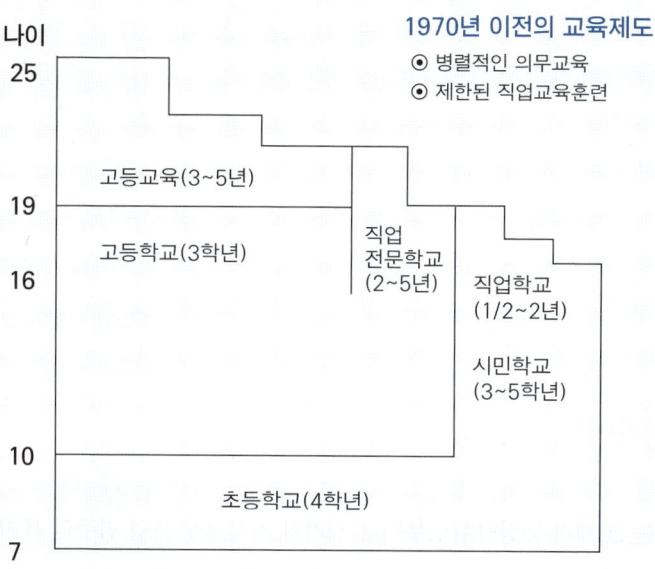

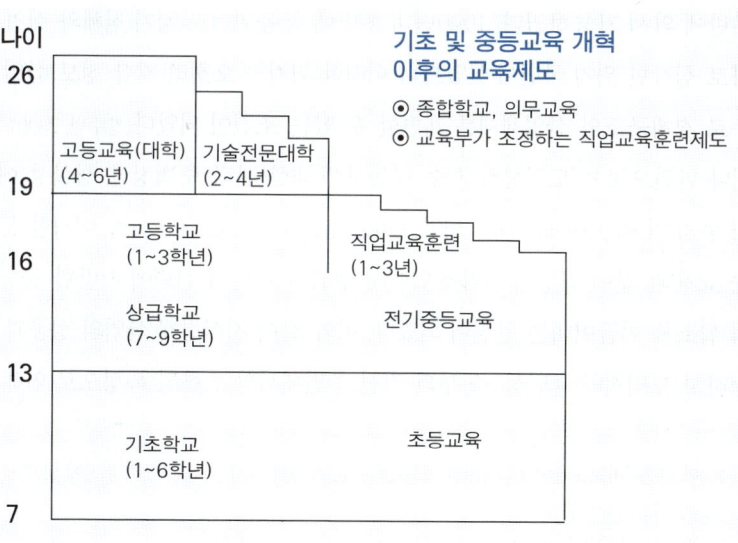

핀란드 교육 성공, 그 사회적 조건[1]

| 성열관[2]

I. 들어가며

핀란드는 20세기 농경사회로부터 21세기의 지식경제 산업 위주의 복지국가로 변모하였다(Sahlberg, 2007). 급속한 산업화와 경제 성장도 실은 20세기 후반에 와서 가능하였다. 1990년대 초반에 금융위기로 경기 침체와 실업 증가로 심각한 위기 국면이 있었으나 이러한 위기는 오히려 지식·정보 산업 위주로 경제구조와 산업체제를 개편할 수 있는 조건이 되었다(장수명, 2009). 그러나 한편으로는 도덕성의 존중, 공동체에 대한 신뢰, 준법정신, 성실성, 애국심 등의 가치는 대체로 유지되었으며(Simola, 2005; Sahlberg, 2007), 이러한 문화는 교육과 같이 규범적 영역에 있어서 행위 주체들의 신뢰에 기반한 공동체적 협조를 이끌어내는 원천이 되었다. 이와 같이 지식경제 산업의 성공과 성실하고 도덕적인 국민성, 즉 부와 정신 측면에서의 조화된 특성으로 인해 세

1_ 이 글은 『비교교육연구』 제19권 제3호에 실린 필자의 글과 제목을 책의 취지에 맞게 수정·보완한 것임을 밝힙니다.
2_ 필자는 경희대학교에서 교육학(교육과정)을 가르치고 있다.

계에서 가장 경쟁력 있는 국가에 선정(2002년 세계경제포럼)되는 동시에 가장 청렴도지수가 높은 국가로 선정(2003년 국제투명성기구)되는 등 각광을 받는 국가로 성장하였다.

PISA와 같은 국제학업성취도 평가에서도 핀란드가 연속해서 제일의 순위를 나타내자 세계 각국으로부터 핀란드 교육에 대한 관심과 연구가 진행되어왔다. PISA 2006에서는 PISA의 주요 평가과목인 과학에서 1위를 하여, 과학 기술 분야에서도 최상위 국가라는 평가를 받게 되었다(강영혜, 2007). PISA 2003에서도 핀란드는 문제 해결력 3위, 읽기 1위, 수학적 소양 2위, 과학적 소양에서 1위를 함으로써 대체로 가장 높은 성취도를 증명한 적이 있다. 종합순위를 발표하고 있는 것은 아니지만 1위에서 4위까지 전체 영역에서 고르게 높은 성적을 보여주는 국가가 하나 더 있는데 그것은 한국이다. 세이지(2008)도 "PISA 결과 가장 두드러지게 우수한 국가는 단 두 국가뿐인데 그것은 한국과 핀란드이다"라고 지적한 바 있다.

그런데 한국과 핀란드는 서로 다른 방식의 교육 양태를 보이면서도 서로 비슷한 정도로 우수한 학업성취도를 과시하고 있는 국가라는 점이 흥미롭다. 인구가 적을수록 교육의 질 관리가 용이하다는 점을 고려할 때, 한국의 인구가 핀란드의 약 10배 정도 되므로 한국의 학업성취도가 핀란드의 그것보다 낮다고 보기 어렵다. 오히려 수치상의 성과로 보면 한국이 대단히 하기 어려운 과제를 성취한 것으로도 볼 수 있다. 그러나 한국 학생들은 기본적으로 정규 수업시간 이후에도 학원과 과외 등에 의한 공부시간이 매우 길다는 점에서 PISA에서의 성적조차 그리 영예로운 것으로 받아들이기에 곤란한 상황에 처해 있다. 이에 대해 세이지(2008)는 한국에서는 장시간 응용문제를 반복 연습하기 때문에 PISA에서 강할 수밖에 없다고 분석한 바 있다. 한국 학생들의 정규 학습 이외의 과외 공부시간은 핀란드의 3배이며 OECD 평균에 비추어보아도 예외적으로 높다(OECD, 2005).

이에 핀란드 교육의 성공이 가능했던 사회적 조건에 대해 살펴보고, 효율적이면서 동시에 도덕성과 예술성을 강조하면서도 성취도 역시 높은 체제로부터 차용해서 적용할 수 있는 것이 무엇인지 논의해볼 필요가 있다. 그러나 외국의 교육 모델에 대한 연구가 특정 국가의 것을 전범으로 두고 우리나라에 일방적으로 적용하자고 주장하는 식이 되어서는 안 될 것이다. 또한 외국 모델의 일방적 적용은 그것이 한국의 토양에 착근되지 않아 부작용이 발생하는 등 불필요한 비용이 지불될 우려가 있다. 이에 필자는 외국의 모범이 그 나라(핀란드)에서는 어떤 역사적 연원에서 배태되었으며 어떠한 사회적 조건에서 이행될 수 있었으며, 어떤 문화적 맥락에 놓여 있는 것인지에 대한 분석을 중심으로 논의하고자 한다. 한편 핀란드의 모델에서 교훈 삼을 수 있는 시사점이 도출된다 하더라도, 이것들이 우리나라에 적용되기 위해서는 기존의 제도적 경로가 수정되어야 하는 문제가 발생한다. 일반적으로 외국에서 새로운 정책이 도입되어도 자국에서의 기존 관행에 의존하는 경향이 강하기 때문에 신경로의 형성 및 창출은 항상 용이한 일은 아니다. 그러므로 핀란드 교육의 성공이 우리 사회에 의미하는 바는 무엇이고 그 의미를 어떻게 인식해야 하는가에 대한 논의도 추가하고자 한다.

II. 성공 요인과 그 사회적 조건

1. 성공 요인의 중층구조

그동안 핀란드 교육이 세계적으로 매우 우수하다고 입증받은 성공의 요인에 대해서 다양한 가설이 있어왔다. 아호(Aho et al., 2006)는 이러한 가설—반례를 포함하여—에 대해 정리한 바 있는데, 그중 하나는 국가의 규모가 작아 질 관리가 쉽다는 논리이다. 그러나 노르웨이, 덴마크 등 규모가 비슷하게 작은 국가들이 모두 성취가 높은 것은 아니다. 핀란드의 인구구성이 동질적이기 때문이라는 의견도 있으나 유사하게 동질적인 국가인 노르웨이, 덴마크, 폴란드의 교육성취도는 핀란드와 상당한 격차가 있다. PISA 시험이 핀란드의 국가교육과정과 더 부합할지 모른다는 가설도 있을 수 있으나 PISA 시험은 특정 국가의 교육과정에 친화적이지 않은 생애 능력 측정 중심의 문항으로 구성되어 있다. 핀란드가 겨울이 길고 추운 국가이기 때문이라는 가설도 있으나 캐나다나 미국 북부지역에서도 유사한 추위와 자연환경이 발견되지만 성취도에서는 큰 차이가 난다는 것이 아호(Aho et al., 2006)가 제시한 반례이다. 이는 유사한 환경의 타국과 차별적인 핀란드 특유의 성공 요인이 존재함을 시사한다고 볼 수 있다.

핀란드 교육의 성공 요인에 대한 다양한 설명이 개진되어왔고 그것으로부터 무엇을 배울 것인가에 대한 논의와 탐색은 세계적인 현상이 되었다(세이지, 2008; OECD, 2004). 한편 한 국가의 교육 성공 요인에 대한 분석은 그것으로부터의 교훈을 도출하고 해당 정책을 차용하거나 변용하는 과정을 거치는 것이 보통이다. 그러나 그 근저에 놓인 제도적·문화적 요인에 대한 이해가 불분명한 상태에서는 그 차용의 성공을 보장하지 못한다. 일례로 필립스Phillips&옥스Ochs(2003)는 영국이 독일의 직업교육정책을 모방해왔으나 독일의 기술자 존중의 문화는 들여오지 못했기 때문에 정책 차용이 성공하지 못했다고 설명한 바 있다. 그러므로 일국의 정책 이면에 자리 잡은 역사적 근저 요인으로서 특정 정책의 성공을 가능하게 한 사회적 조건을 살펴보는 것은 중요한 과제이다.

이에 본장에서는 핀란드 교육정책이 성공리에 정착하게 된 사회적 조건을 역사적·문화적·정치적 근저 요인에서부터 알아보고자 한다. 특정 교육정책의 성안과 실시를 가능하게 했던 사회적 조건에 대한 이해가 있어야만 보다 엄밀한 분석이 가능할 것이기 때문이다. 또한 핀란드 교육 성공의 지표로 이용되고 있는 PISA 평가 결과에서 나타난 다양한 지수가 의미하는 바를 살펴보고자 한다. 이러한 지수는 원천적으로는 근저 요인의 결과이고 이차적으로는 정책 요인의 결과로 해석될 수 있을 것이다.

본 장에서 일국의 교육 성공 요인을 중층적으로 구분하여 분석하고자 하는 이유는 첫째, 그렇게 해야 전체적인 성공 요인의 구조를 유기적으로 파악할 수 있을 것으로 보았기 때문이다. 둘째, 핀란드 교육의 성공 요인으로부터 한국적 시사점을 파악하고자 할 때 표면적인 성공 요인이나 정책을 도입하려는 유혹 대신에 어떠한 제도적 근저 요인에 천착해야 하는지를 정확히 논의할 필요가 있기 때문이다. 이상에서 언급한 성공 요인 중층구조의 분석 층위와 대상은 다음 표에 정리되어 있으며, 각각의 요인에 대한 논의는 다음 절에서 다루고자 한다.

|표1| **핀란드 교육 성공 요인의 중층적 구조**

요인	분석 층위	가능한 분석 대상
지수 요인	지수, 지표	국제성취도검사 성적, 학교 간 변량, 개인 간 변량, 중도탈락률, 저성취 학생 비율, 교사의 학위 취득 비율, 이민학생 비율 등
정책 요인	주요 교육개혁과 정책	종합학교개혁, 취학 전 의무무상교육, 후기중등교육 정책, 직업교육 정책, 능력별 반편성 금지, 학생평가 정책 등
근저 요인	역사, 정치구조, 의회제도, 경제구조, 국민성	의회주의, 조세주의, 권위주의, 집단주의, 공동체주의, 사회민주주의, 보편적 복지국가, 합의제 민주주의, 교직순숭 분화 등

2. 제도·문화적 조건

핀란드 교육정책을 가능하게 한 사회적 조건을 보다 온전히 이해하기 위해서는 근저 요인에 천착할 필요가 있다. 시몰라(Simola, 2005:457)는 핀란드 교육의 성과와 그 기저에 놓인 원인을 파악하기 위해서는 수업방식이나 교과에 대한 특성을 파악하는 것만으로는 불가능하다고 본다. 이보다 더 중요한 것은 사회적 요인에 있다고 쓰고 있다. 핀란드 교육의 이러한 제도적·문화적 측면에 대한 분석을 통해서만이 그 성과에 기여한 요인들을 찾아낼 수 있다고 보는 것이다. 이는 일국의 기풍과 심성 또는 사고방식에 대한 이해의 기초 위에서 다양한 사회 현상에 대해 통찰이 가능하다는 설명으로 이해된다.

발리예르비(Välijärvi et al., 2003)에 따르면, 핀란드 학생들의 높은 성취는 네 가지 정도의 요인들이 서로 중첩적으로 작용하기 때문으로 이해될 수 있다. 첫째, 학생들의 교육 흥미도와 여가활동 기회가 높다는 점, 질 높은 학교 교육의 기회가 향유된다는 점, 학부모의 지원과 관여가 충분하다는 점, 교육 시스템을 중시여기는 사회적·문화적 분위기가 조성되어 있다는 점이 이에 해당한다. 이러한 요인들은 우선적으로 핀란드의 고유한 문화적 맥락에 내재된 것으로 볼 수 있다. 이에 시몰라(Simola, 2005), 아호(Aho et al., 2006), 발리예르비(Välijärvi, 2005) 등은 각자의 관심에 터해 핀란드 교육정책이 가능하게 된 사회적 조건에 대해 논의한 바 있다. 이들의 논의를 종합하여 정리하면 다음과 같다.

첫째, 국가주도의 권위주의 문화이다. 시몰라(Simola, 2005)에 따르면 핀란드가 국가로서 태생한 것은 19세기 러시아 제국의 영향하에서였다는 역사적 사실을 인식하는 것이 중요하다. 이는 핀란드 사회민주당Finnish Social Democracy이 여타 북구의 국가에 비해서 러시아의 권위주의와 전체주의 성향을 유지해왔다는 사실에 기인한다. 역사적으로 배태된 이러한 국가 문화로 인해 시몰라(Simola, 2005:457)는 핀란드가 여러 국제비교 연구에서 한국, 일본과 같은 국가와 비슷한 군으로 묶이는 경향이 있다고 보기도 한다.

둘째, 경계국가로서의 공동운명체 문화이다. 지정학적으로 핀란드는 스웨덴과 러시아 사이에 위치한다. 두 강대국의 경계에 놓인 국가로서, 역사적으로는 양국으로부터 수백 년 동안의 지배와 전쟁을 겪었다. 이러한 역사는 핀란드 국민들이 집단적 심성을 갖게 되는 원인이 되었다. 양국으로부터 위협에 놓인 국가의 국민으로서 항시 결전 태세를 지닐 수밖에 없는 사회 분위기 속에서 공동운명의 집단 심성이 유지되어온 것이다(Simola, 2005).

셋째, 급속한 산업화와 이에 의해 조성된 사회 분위기이다. 농업사회에서 산업사회로의 급속한 변화는 새로운 제도가 정착할 수 있는 사회적 기반이 되었다. 급속한 산업화라는 말은, 제2차 세계대전까지는 농업국가였음을 의미한다. 유럽 본토는 물론 스웨덴, 노르웨이와 같은 북구 국가와 비교할 때 농업 중심의 사회를 유지해왔다는 것은 오히려 1970년대 이후 교육 시스템을 개혁 의도대로 구안하기에 용이한 환경을 제공한 결과를 낳았던 것이다. 즉 기성의 유럽 국가들은 이미 형성된 사회제도를 획기적으로 변화시키는 데 한계를 지닐 수밖에 없었지만 핀란드의 경우 다소 예외적으로 1970년대에 종합학교 시스템을 매우 체계적으로 정착시킬 수 있었다(Simola, 2005: 458). 급속한 사업화는 인구 이동을 초래하였는데 그 결과 농민 인구는 감소하고 도시 인구는 증가하게 되었다. 산업화에 따른 도농 간 격차 문제가 일어나자 농민당은 지역 발전을 위한 교육의 보편성과 균형 발전을 주장하여 자신들이 대표해야 하는 비도시 인구를 대변하고자 하였다. 이로써 농민당은 사회민주당의 교육정책과 친화성을 가지게 되었다. 또한 산업화에 따라 교육받은 인구가 급속하게 요구되었는데 이는 교육의 보편화를 가속화시키는 계기가 되었다.

넷째, 평등주의 문화이다. 평등주의는 핀란드의 지정학적 생존 문제에 대처해온 운명공동체 문화와 함께 성장한 것이므로 그 연원의 기점을 명확히 할 수는 없을 것이다. 단, 최근의 역사와 관련해서는 1960년대 사회운동의 성장을 주목할 수 있다. 1970년대 이후 다양한 사민주의 교육정책이 실제로 실시되었다면 1960년대는 근저 요인에 해당하는 주요 역사적 배경을 제공하였다. 핀란드 교육이 오늘날의 기틀을 유지하게 된 것은 1960년대의 사회적·정치적·경제적 요인이 중요하게 작용했다는 것이다(Aho et al. 2006). 1960년대는 전 세계적으로 반전운동과 민권운동이 고양되던 시기였으며, 핀란드 역시 그 역사적 궤도 위에 있었다. 베트남 반전운동에 대한 시위는 물론 농경사회로부터 중시되어오던 사회적 규범에 대한 저항이 일어났으며 이러한 문화는 청년계층에게 급속히 확대되었다. 당시의 청년계층이 오늘날 사회적 지도급 세대를 거쳐 왔다는 것을 고려할 때 이 반전평화운동 세대는 1960년대 이후 핀란드 사회에서 중요한 역할을 담당해왔다. 또한 당시부터 급속히 팽창(1960년 약 10만 대였던 TV가 1970년에 약 100만 대로 증가)한 핀란드 미디어가 1960년대부터 사회 비판에 허용적인 문화를 지니고 있었다는 것도 평등교육에 대한 사회적 통합을 촉진시켜왔다(Aho et al., 2006).

3. 사회적 조건의 시대별 특성

가. 1960년대

1960년대 핀란드의 교육개혁에서 가장 중요한 정책 중 하나는 종합학교개혁이다. 이 개혁은 '1963년 종합학교에 대한 의회 결정(일명, Parliamentary Decision 1963)'에 의해 정책을 수립하여 실행하도록 정치적 조치가 내려졌다. 이를 실행하기 위해 1968년 마련된 '기본교육개혁법안(Act on Basic Education Reform 1968)'에 따라 최근 핀란드 교육체제의 기틀이 마련된다.

이러한 정책적 결정은 1960년대 이후 급속한 산업화와 경제성장에 기인하는 것이다. 핀란드에서 산업사회로의 급속한 변화는 적어도 두 가지 의미를 지니고 있는 것으로 보인다. 하나는 산업사회로의 진입에 따라 교육제도가 고급 지식 노동자의 생산과 충원의 필요성에 부합해야 했던 사회적 조건이 되었다는 것이고(장수명, 2009) 또 하나는 산업사회로의 변화가 '급속하게' 농업사회로부터 단절됨으로써 제도적 시스템을 의도대로 정착시키는 데 용이한 조건이 되었다는 점이다. 더욱이 특이한 것은 핀란드의 산업화는 노동자들을 지지층으로 확보하고 있는 사회민주당의 지도력하에서 진행됨으로써 경제와 복지가 동시에 성장하는 양태를 취하고 있었다. 그 예로 1960년대 산업화의 진전에 따라 노동자들의 권익을 대변하는 노동조합 가입률(1970년에 43퍼센트까지 증가)이 현저히 증가하였다(Aho et al., 2006). 노동조합은 임금협상과 노동조건의 개선을 위한 노력 이외에도 노르딕(Nordic, 북부유럽) 복지국가 체제를 선호하여, 교육 분야의 사회 서비스 확충을 정치권에 요구해왔다.

핀란드 교육 성공 요인의 핵심 정책으로 보고 있는 종합학교개혁이 가능하게 된 사회적 조건은 산업화와 경제 성장 이외에 정치적 환경에도 기인한다.

첫째, 좌파 연합의 다수당 정치가 주요 요인이다. 정치적으로는 1966년 의회 선거에서 좌파 연합이 다수당이 된 것은 현재 종합학교 시스템을 도입(일명, 종합학교개혁)하게 된 계기가 되었다. 이 정치 연합은 가장 많은 의석을 차지한 사회민주당Social Democrats과 핀란드 민중 민주주의당Finnish People's Democratic Party, 공산당Communist Party, 농민당Agrarian Party이었다. 이러한 연합정치 세력은 교육개혁에서 기존의 초등과 전기중등 단계를 통합하여 모든 학생을 대상으로 공통교육을 제공하는 종합학교제체로 전환하였다. 이 당시만 해도 학생들은 11세 또는 12세에 공민학교civic school와 문법학교 grammar school로 이원화된 학제의 적용을 받고 있었다.

둘째, 스웨덴의 영향이다. 스웨덴이 핀란드에게 영향을 준 방식은 첫째, 핀란드가 후발 산업화되면서 그 생활수준의 기대치가 최소한 스웨덴 정도는 되기를 원하는 사회적 분위기가 있었는데 그 기준을 제공했다는 것이다. 이 과정에서 스웨덴인들의 생활수준을 유지해주고 있었던 복지 서비스 정책을 도입하고자 하였다. 둘째, 스웨덴은 노르웨이, 덴마크, 핀란드 등 노르딕 유럽의 복지국가 모델을 구축하는 과정에서 전범을 제공하는 역할을 했다. 특히 핀란드의 종합학교 학제의 기본 모형은 스웨덴으로부터 들여온 것이다. 뿐만 아니라 가르치는 내용, 즉 교육과정에 있어서도 영향을 받았다(Aho et al., 2006). 핀란드 국민들이 스웨덴식 개혁을 선호함에 따라 마찬가지로 스웨덴식 종합학교개혁도 그 일부분으로 사회적 지지를 받게 되었다.

나. 1970년대

1970년대는 '1968년 교육개혁안'을 실현하는 데 있어서 중요한 시기로서 종합학교(1~9학년) 개혁과 더불어 후기중등(10~12학년) 교육에 대한 주요 정책이 이 시기에 결정되었다. 1968년 성안된 교육개혁안이 1970년대에 이행되는 데 있어서 사회적 이견과 갈등이 없었던 것은 아니나 사회적 합의에 이르기까지에는 당시의 정치적·경제적 배경이 있었다.

첫째, 정치적 배경으로 1972년 선거에서 사회민주주의당과 중도당(Centre Party, 이전의 농민당)이 다수당을 차지함에 따라 이들이 주도한 1968년 교육개혁안이 지속 가능하게 추진될 수 있는 여건을 마련하였다. 둘째, 정당과 행정부의 제도적 관계가 또 하나의 요인이다. 아호(Aho et al., 2006)에 따르면 이는 '정치화된 계획 시스템politicized planning system'으로 명명될 수 있는 것으로서 행정부의 주요 인적 구성(일례로 내각)이 각 정당들의 지지도를 대표하도록 하는 핀란드 정치 시스템의 특징에 기인한다. 즉, 행정부가 다수 정당의 교육정책을 반영하기에 용이한 정치 시스템이 교육개혁의 지속성을 유지시켜왔다는 것이다. 셋째, 정부와 노동자 조직과의 파트너십을 안정화시킨 요인이 있다. 1970년대 들어 노동조합 가입률은 계속 증가하였고 이들은 동시에 유권자로 정당 정치에 영향을 주었다. 특히 파트너십을 안정화시키게 된 계기는 이들을 정부의 각종 주요 의사결정 과정에 적극 참여시키는 정책에 의해서였다. 일례로 핀란드 총노동조합The Confederation of Finnish Trade Unions은 1976년 교육개혁 위원회의 의사결정 과정에 참여한 것을 들 수 있다.

1970년대는 특히 후기중등학교에 대한 개혁이 주를 이루고 있다. 후기중등교육은 6세에서 시작된 11년간의 의무교육 이후 17세가 된 학생들을 두 가지 트랙으로 진학시키는 체제를 취하게 된다. 하나는 인문학이나 과학과 같은 분야에서 고등교육을 받을 수 있는 일반계 교육을 말하고 다른 하나는 직업이나 전문 분야에서 일할 수 있는 자격증을 획득하여 노동시장에 진입하거나 아니면 직업 또는 전문 분야에서의 고등교육을 받을 수 있는 계열이다. 이와 관련하여 전통적 일반계 학교인 문법학교가 사라지게 된다는 것과 노동시장에 투입되는 연령이 늦어진다는 우려와 사회적 저항이 있었으나 교육과정에서 여전히 우수한 교육 내용을 유지한다는 계획과 핀란드의 산업발전은 숙련된 기술자를 더 요구하는 상황에 의해 설득이 되었다.

직업교육에 있어서는 이 분야의 최고 의사결정 기관으로서 관련 제도를 총괄하게 되는 국가직업교육위원회National Board of Vocational Education의 역할이 중요하다. 이 위원회는 1968년 설립된 지 5년 후인 1973년 직업교육 분야에서의 개혁안을 승인하는데 이를 '1973 직업교육개혁Vocational Education Reform 1973'이라고 부른다. 정부는 이때 직업계 교육을 받는다는 것이 일반계 교육을 포기한 대가를 크게 치르지 않도록, 즉 직업계 교육을 받는 것이 그 선호도에 있어 뒤지게 하지 않겠다는 정책 의지를 발표함으로써 대중적 지지를 획득하고자 하였다. 핀란드에서 직업 계열의 교육을 선택하는 것은 사회적 대우나 임금 면에서 격차가 적고, 있다 해도 광범위한 복지 서비스에 의해 생활수준이 현저히 떨어지지 않기 때문에 성공할 수 있었다고 생각된다. 장수명(2009)에 따르면, 1974년 5월 핀란드 내각은 종합학교체제와 일치하도록 하는 대학교육까지의 개혁을 단행하는 조치를 승인하는데 이 개혁의 목적은 후기중등 실업교육을 인문계 고등학교 교육에 대한 경쟁적 대안이 될 수 있도록 고등교육과 연계시키는 것이었다. 한편 직업계 고등학교 졸업생도 대학입학 자격을 획득할 수 있도록 하였으나, 직업계 교육은 우선적으로 노동시장의 수요를 만족시키는 것을 원칙으로 세우게 된다.

다. 1980년대 이후

1970년대까지가 핀란드 교육정책의 기틀이 마련된 시기라면 1980년대부터는 그것이 안착되기 시작한다. 그러므로 1980년대에는 이미 60년대의 종합학교와 70년대의 중등후기교육을 제도화하는 사회적 조건보다 제도화된 경로를 유지하는 지속 가능한 리더십이 더 중요하다고 볼 수 있다(Aho et al., 2006).

살베리(2007)는 핀란드의 경우 다른 OECD 국가가 1980년대 이후 현재까지 취한 교육개혁 방법과는 다르게 교육에서 '다양성, 신뢰, 존중'의 문화를 신장하는 경로를 취해왔다고 주장하였다. 미국, 영국과 같은 영어권 국가들에서 주로 교육과정을 표준화하고 표준화 시험을 강화하는 책무성 체제를 구축해온 것과 다르게 핀란드는 거의 정반대의 교육개혁 원리를 일관성 있게 유지해왔다. 이 때문에 핀란드 교육에 대한 비교교육 연구자들은 경쟁하지 않아도 잘할 수 있다거나(세이지, 2008) 또는 오히려 협력하기 때문에 가장 잘할 수 있었다(Välijärvi, 2005)는 연구 결과를 도출하기도 하였다. 외발적 동기에 의한 경쟁 교육보다는 내발적인 협력 교육이 가능한 것은 평등, 분배, 정의와 같은 사회적 가치는 물론 가정에서 충분한 지원이 이루어지지 않는 학생들을 사회와 학교가 철저히 조기 개입을 하고 있는 데에서 공동체의 신뢰가 형성되고 있기 때문이다.

"핀란드 교육의 성공은 특정 교육개혁 수단의 결과가 아니다(Sahlberg, 2007:158)"라는 주장은 타당한 것으로 생각된다. 그 성공은 오히려 핀란드의 역사적·문화적 경로에 의존하는 것으로 보인다. 핀란드에도 역시 교육과 같은 공공 분야에 시장 원리 도입의 필요성 등에 대한 담론이 있는 것은 사실이나, 핀란드의 국민 정서에 착근하고 있지 못한 편이다. 오히려 교육의 공적

이념에 대한 기본 가치는 1968년 이후 변화하지 않은 채 남아 있다(Aho et al., 2006). 이러한 지속 가능한 교육개혁은 구체적으로 교사양성, 평가, 수업방법 등에 있어서 타 국가와 비교되는 핀란드 특유의 교육정책으로 구축되었다.

첫째, 우수한 교사의 양성과 제공이다. 핀란드에서 교직 희망자는 평균 10:1 정도의 경쟁을 거쳐서 교사양성 과정에 선발되는데, 대입자격시험 성적, 고교 내신, 교직 적성 테스트 등이 선발과정에서 활용된다(강영혜, 2007). 특히 초등과 중등 모두 정규 교사가 되기 위해서는 석사학위과정을 이수해야 할 정도로 교사의 질을 관리하고 있다. 교사교육의 질적 변화를 가져온 것은 1978년도 제정된 교사훈련에 대한 법령에 의해서이다. 이에 따라 종합학교와 후기중등학교 교사의 담임 및 교과 교사 양성 프로그램이 성안된다. 교사교육은 석사학위의 취득까지 교육학과 교과교육 이론과 실제에 대해서 배우도록 구성되어 있으며 최소 5년간 160학점을 이수하도록 되어 있다.

둘째, 석차 산출 없는 평가이다. 핀란드 학생들은 성취 기준에 도달하였는가 정도에 대한 여부만 파악되고 있으며 학교에서는 학습 부진아를 파악하여 조력하기 위한 평가가 중요하게 인식되고 있다. 그리고 어느 학년에서든지 학기 말에 또는 그 중간에 국가수준 학업성취도 평가를 치르지 않는다. 대신 국가교육청National Board of Education에서 각 필수 교과에 대해서는 국가 수준의 단일 평가기준을 개발하여 학교에서 자체적으로 활용하도록 제공하는 것으로 대체한다. 이는 각 국가의 성취기준과 유사한 것인데 매 학년도 말에 성취해야 할 지식, 능력, 태도를 제시하고 이에 따라 등급화된 점수를 산정하게 한다. 단 1998년 기본교육법Basic Education Act에 따라 국가 수준에서 의도된 교육정책의 실현 정도를 점검하고 그 효과성을 검토하기 위해 표집 조사를 하고 있다.

셋째, 수업방법에 있어서는 계열화나 능력별 집단화를 지양하고 이질집단 편성heterogeneous grouping을 원칙으로 하고 있다. 또한 동시에 개별 학생의 요구와 흥미에 기반한 교수법을 채택하고 있다. 이러한 정책은 정치적 좌우파에 관계없이 교육을 만인평등을 위한 공공 서비스 분야로 인식하고 믿는 사회적 합의 정도가 매우 높기 때문에 가능한 것으로 보인다. 이러한 사회적 합의는 핀란드 복지국가가 성립될 수 있었던 역사적·사회적·제도적 조건이 되는 것이다. 이러한 핀란드 교육의 평등주의 리더십은 바로 복지국가의 공공 서비스를 지탱하기 위한 높은 조세부담률에 대한 국민들의 동의에서 나오는 바와 같이 국민적 합의 위에서 발휘가 가능하게 되었다.

이러한 교육정책 기조는 보편적 복지국가체제를 구축해온 핀란드 특유의 사회적 조건에 의해 가능한 것으로 보인다. 교육분야에서의 감세주의자들은 필요한 아동에게만 조건적으로 복지가 수혜되어야 효율적이라고 본다. 세금의 낭비적 사용을 방지하고 그 사용의 효율성을 높이기 위해서는 '보편적 취학 전 학교universal pre-school'가 불필요하다고 보는 경향이 있다. 이러한 정책에 찬성하지 않는 논리에 따르면 보편적 취학 전 교육은 재정 적자의 확대를 초래한다는 점, 보조금이 필요없는 가정에도 세금이 쓰인다는 점, 공적 지원이 가장 절실한 학생들에게 집중 지원하는 것이 더 효과적이라는 점에서 바람직하지 않게 인식되고 있다(Finn, 2009). 한편 빈곤 가정의 아이들은 집중 지원 대상 집단의 형식으로 따로 모아놓았을 때보다 다양한 계층의 아이들과 이질 집단에서 배울 때 보다 자아효능감이 높아진다는 연구 결과가 있다(Boger, 1967; Slavin, 1990). 부유한 계층의 아동들도 유아기에서부터 다양성에 대한 인식과 배려 능력이 신장될 수도 있다. 또한 핀란드의 취학 전 교육의 특징은 다른 OECD 국가들과 차별성이 있는데, 타국에 비해 그 질이 높으면서도 조기교육과 같은 프로그램을 거의 운영하지 않는다는 것이다. 대신 보다 강조점을 두고 있다면 그것은 독립심과 사회적 배려 행동이다. 이러한 것은 유독 핀란드에서 두드러지게 관찰되는 것으로서 정규 학교를 준비하는 과업은 공부에 대한 준비도를 높여주는 것보다는 유아기에서부터 사회적 책임감을 신장시키는 것을 목표로 하고 있다(Simola, 2005).

4. 지표로 본 핀란드 모델의 성공

핀란드 교육의 성공은 그동안 수차례 있었던 다양한 국제성취도 검사에서 일관되게 최상위국에 위치하게 된 객관적 지표에 의해서 보다 그 인식이 강화되었다. 핀란드 교육의 성공 요인에 대한 다수의 연구가 이에 대한 통계분석을 주로 하고 있기 때문에 본 연구에서는 이 중에서 핵심적인 지수 요인을 추출하여 해석해보았다. 핀란드 교육 성공 요인에 대해 설명하고 있는 많은 국내외 학자들(강영혜, 2007; 장수명, 2009; Schleicher, 2003; Aho et al., 2006, Välijärvi, 2005)은 공통적으로 학교 간 변량이 최저인 것으로 보아 교육평등성이 높다는 점, 성적이 낮은 등급 학생 비율이 최저인 것으로 보아 학습부진 학생이 적다는 점, 학습을 중시하는 태도와 흥미도가 비교적 높다는 점, 학생들의 책임감과 성실성이 비교적 높다는 점을 중요하게 지적하고 있다.

발리예르비(2005)에 따르면 읽기 소양에 대한 국제성취도 검사(PISA 2003)에서 핀란드의 성적이 최상위인 것에는 다른 요인보다 읽기 활동에 대한 노출과 흥미 정도가 높기 때문으로 보고 있다. 연구 결과, 성취도 변량을 가장 많이 설명하는 변수가 읽기 활동에의 참여(28퍼센트)와 흥미(22퍼센트)인 것으로 나타난 것이다. 대부분의 OECD 국가에서 부모의 사회·경제적 배경이 읽기 점수에 미치는 영향이 가장 크게 나타나는 것이 보통인 반면 핀란드에서는 참여와 흥미가 가장 높게 나타났다는 것은 특이할 만한 사실이다. 이는 읽기 교육을 강조하는 핀란드의 유아교육정책은 물론 공공도서관의 활성화와 같은 문화적 배경에 기인한다고 해석된다. PISA 2003 결과에 따르면 핀란드 학생들의 44퍼센트가 공공도서관이나 학교도서관에서 적어도 한달에 1회 이상 책을 빌리는 것으로 조사되었는데, 이는 OECD 평균 26퍼센트에 비해 현저히 높은 수치이다(Välijärvi, 2005). 이 역시 핀란드의 공공 서비스

분야의 발전과 공고한 복지 수준을 반영하는 것으로 볼 수 있다.

한편 노르딕 국가들로 비교 대상을 좁히게 되면 핀란드 학생들의 참여 정도는 상대적으로 약한 것으로 파악되기도 한다. 린나퀼라Linnakylä&말린Malin(2008)은 핀란드 학생들의 인지적 학업성취 능력은 높지만, 비슷한 환경의 북유럽 국가들에 비해 학교생활에 있어서의 '참여' 또는 '관여engagement' 정도는 반드시 그렇지 않다고 보고하였다. 아래의 도표에서 보듯이 핀란드 학생들이 학교에 대한 태도—학교가 나에게 도움이 된다고 느끼는 정도로 측정된—는 높지만 교사·학생 간의 관계나 학교 공동체에 대한 소속감은 낮은 것으로 나타났다.

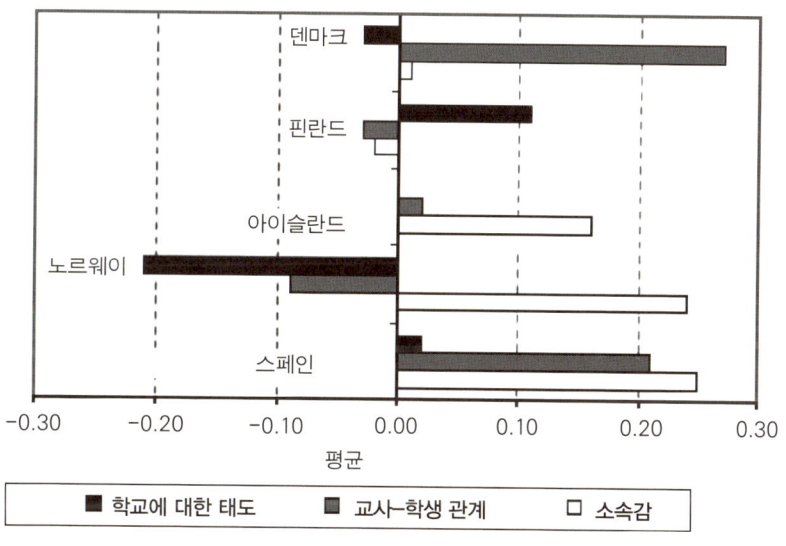

| 그림 1 | 북구 유럽 국가 학생들의 관여 정도 비교

출처: Linnakylä, P.&Malin, A. (2003). Finnish students' school engagement profiles in the light of pisa 2003. Scandinavian Journal of Educational Research, 52(6).

'참여' 또는 '관여'는 연구자에 따라 다양하게, 조작적으로 정의될 수 있으나, 보통 공부가 즐거운 정도, 학교 공동체에 대한 소속감과 친밀감, 학교가 표방하는 가치나 문화에의 동의 정도, 학교에 대한 만족감, 친구들과 교사로부터 인정받고 있다는 느낌 등의 구인으로 측정된다(Linnakylä&Malin, 2008). 이 연구는 이 중에서 또래 친구들과 교사에게 인정받고 있다는 느낌과 소속감, 교사와 학생 사이의 상호작용 관계, 학교가 도움이 된다고 느끼는 정도를 통해 이 구인을 파악하였다. 그 결과 27퍼센트 학생들은 학교가 그렇게 만족스러운 것은 아니고, 동료 학생으로부터 인정받는 것도 아니며, 교사로부터 관심과 지원을 충분히 받는 것도 아니라고 느끼는 유형으로 구분되었다(Linnakylä&Malin, 2008:590).

이러한 연구결과로 핀란드가 다소 권위주의적 교사와 학교 문화를 유지해왔다는 것을 유추할 수 있다. 이 맥락에서의 '권위주의'는 억압적 형식을 띠지 않더라도 학교는 학생들에게 상당한 정도로 '부담스런' 책임을 부과해온 곳으로 인식하도록 해왔다고 해석된다. 이는 시몰라(Simola, 2005)가 '교육적 권위주의'로 지칭한 개념과 유사한 것으로 보인다. OECD의 PISA(2006) 결과 발표 이후 핀란드 자체적으로 분석한 자료에 따르면 이 나라 학생들의 높은 학업성취와 매우 상관이 높은 변수는 문항에 대한 학생들의 무응답이 적다는 사실이다(Finland Ministry of Education, 2008). 이는 핀란드 학생들의 성실성과 관련이 깊은데, 이 역시 핀란드의 '교육적 권위주의' 문화하에서 훈련된 결과로 해석할 수 있는 여지가 있다.

PISA 국제성취도 비교연구는 그 실효성 논쟁에도 불구하고 일관되고 의미 있는 결과를 도출하기도 하였는데, 그중 하나가 학업성취와 교육의 형평성과의 관계이다. 핀란드는 어느 국가보다도 교육의 형평성 정도와 학업성취가 높은 국가이다. 다음 그래프는 학교의 사회경제적 배경에 따른 학업성취도를 보여준다. 핀란드의 경우는 대체로 모든 학교들의 사회경제적 지위가 다른 국가에 비해 평균 이상이었으며 동시에 1사분면에 모든 사례(학교들)가 위치되었다. 슐라이허(Schleicher, 2008)는 이러한 특징을 아래와 같이 미국과 비교하여 설명한 바 있다.

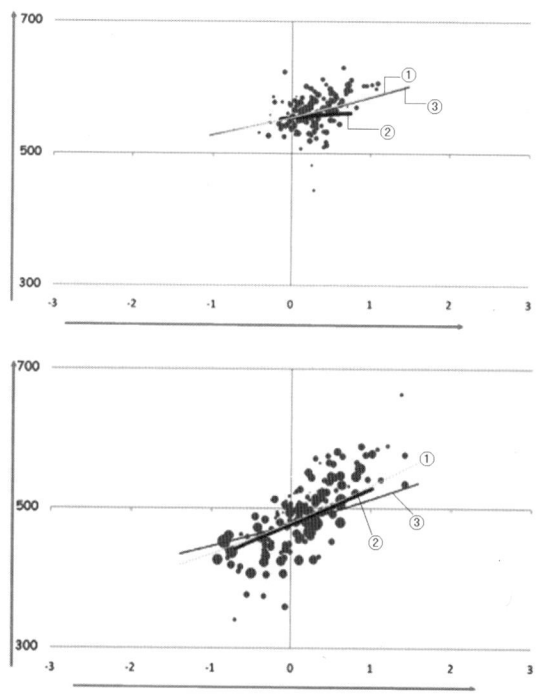

①: 학생의 사회경제적 배경과 학생성취 (단위: 과학 점수)

②: 학교의 사회경제적 배경과 학교성취

③: 학생(학교 내에서)의 사회경제적 배경과 학생성취

* 일러두기: 그래프상의 점은 학교를 나타내며, 점의 크기는 해당 학교들의 비율
출처: Schleicher, A. (2008). Seeing US schools through the prism of international benchmarks. Paper presented at the PEN Annual Conference, San Francisco. p.41-42.

| 그림 2 | **성적(과학)과 사회경제적 배경의 관련성(미국과 핀란드의 비교)**

앞의 그림에서 미국의 경우는 학업성취가 학생들의 사회경제적 지위에 따라 매우 광범위하게 분포하고 있으며 그 상관의 정도는 대체로 가파른 기울기를 보여주고 있으며 강도 역시 높은 편으로 볼 수 있다. 핀란드의 경우 상관의 기울기가 낮고 또 그 강도도 낮은 양태를 보여주고 있다는 점에서 두 국가의 상황이 판이하게 다르다는 것을 알 수 있다. 지면의 제한으로 각국의 사례를 보여주는 그래프를 모두 제시할 수 없으나 노르웨이와 같이 부유하면서도 부의 사회적 격차가 적은 복지국가의 경우 사회경제적 지위는 모두 평균 이상에 분포하였으나 성적은 핀란드보다 낮았다. 반면 멕시코와 같이 빈곤 인구가 많으며 동시에 빈부격차가 심한 국가는 대체로 3사분면에서 1사분면에 광범위하게 걸치는 모습을 보여준다.

이상에서도 보았듯이 PISA 2006 결과에 따르면 학교 간 변량은 핀란드가 가장 낮았다. OECD 국가들의 읽기 부문 성취도 평균점수의 36퍼센트가 학교 간 변량에 의해 설명되는 반면, 핀란드는 단 5퍼센트 정도만이 학교 간 변량만이 성취 점수에 영향을 준 것으로 나타났다(Välijärvi, 2005). 학교 간 변량이 크지 않은 것은 북구 유럽, 노르딕 국가들의 공통된 특징이다. 이 국가들이 선별적인 교육 시스템을 취하지 않고 모든 학생들에게 같은 종류의 종합학교 교육을 제공하기 때문인 것으로 보인다. 학교 간 변량이 큰 국가들의 학업성취가 대체로 낮은 것은 이 변인이 국가 간 성취도에 있어서 매우 일관성 있는 예측치를 제공하고 있다는 것을 시사한다(Schleicher, 2003, 2008; Välijärvi, 2005).

III. 핀란드 모델의 의의와 적용 가능성

1. 핀란드 모델의 의의

핀란드의 교육이 한국에서 크게 관심을 불러일으킨 것은 PISA와 같은 국제성취도 검사에서 계속해서 거의 1위를 해오고 있다는 것이다. 최근 종합 순위를 내고 있지는 않으나 이 나라는 모든 소양 분야에서 최상위 그룹에 속해 있다. 그러나 최근 핀란드 교육에 대한 한국사회의 관심 역시 결국 1등주의의 한계에서 벗어나지 못하고 있는 것은 아닌지 자성해볼 필요가 있다. 핀란드 교육이 세계적으로 그 우수성을 인정받은 계기는 국제성취도 검사에서 객관적으로 입증받은 순위이다. 그러나 지나치게 순위에 집착하는 것은 좋은 태도로 보이지 않는다. 한국도 핀란드만큼 높은 순위를 차지하고 있으며 한국의 인구 규모를 고려한다면 대단한 성과가 아닐 수 없다. 단 어떤 식의 교육으로 높은 순위를 차지했느냐가 더 중요한 논의의 지점이라 볼 수 있다.

핀란드 교육의 성공에 대한 여러 국가들의 관심이 반드시 각 나라의 교육 주체들로 하여금 '핀란드식' 교육으로 방향을 선회하게 이끄는 것은 아니다. PISA 테스트는 학업성취도 검사만 하는 것이 아니라 교육적으로 의미 있는 많은 지표를 생산한다. 그런데 이 시험 결과가 발표되면 각국은 국제 경쟁의 일 지표로서 시험 결과만을 해석하는 경향이 있는데, 특히 자신들의 순위에 대해 '자책'하고 교사들에게 그 책임을 묻는 현상이 발생하는 경우가 많다(Stack, 2006; Takayama, 2007). 즉 시험 점수를 국제순위의 지표로 받아들이는 시민들이 늘어나면서 순위가 높은 국가들의 교육제도를 선망하는 경우가 생기는 것이다.

이 과정에서 흥미로운 사실은 북유럽 국가들과 한국을 포함한 동아시아 국가들은 모두 학업성취가 가장 높은 대열에 합류했지만 매우 상이한 교육체제를 가지고 있다는 것이다. 일부 국가에서는 동아시아를 모방하여 교육과정 운영의 획일성을 띤 사례를 모범으로 삼아 교육개혁을 진행시키기도 한다(Bennett, 1994). 영어권 국가들에서 교육과정을 표준화하고 일제식 시험을 확대해온 현상이 이의 대표적인 사례이다(Apple, 2001). PISA 결과는 OECD 국가의 소양별 성적표로 인식되는 것이다. 때로는 국가 간 경쟁의식을 강화하여 '더 많은 시험, 더 많은 일제식 수업'을 강조하는 부작용도 각국에서 발생하고 있다(Stack, 2006). 예를 들어, 일본에서 '여유 교육' 정책의 후퇴(Takayama, 2007), 미국에서의 NCLB법No Child Left Behind, 영국에서의 리그 테이블league table 등을 들 수 있다.

이에 핀란드 교육 성공의 의미는 단지 서열 '1위의 교육'이라기보다는 학생들의 비교적 높은 흥미도를 유지하면서 협력과 평등의 교육으로도 세계적으로 우수성을 인정받았다는 것이 중요하다고 본다. 그런 측면에서 본다면 핀란드는 그 자체가 세계 교육에 하나의 모델을 제공했다는 것 자체의 의미가 있다. 이는 한 국가의 제도 형성이나 발전 전략 채택에 있어서 '검증된 경로'를 제시해줄 수 있다는 것에서 의미가 있다는 것이다. 이러한 의미는 일국의 제도 변화에서 핀란드 자체가 세계 여러 국가들에게 혁신 아이디어의 자원이 되고 있음을 되새길 필요가 있다.

2. 적용 가능성

이상에서 필자는 핀란드 교육 성공의 의미는 그 자체가 혁신 아이디어를 제공할 수 있는 모델로서 존재하는 데 있다고 주장하였다. 핀란드 모델은 영어권 국가들의 교육개혁 모델과 상이이하기 때문에 그동안 영어권 국가들의 교육정책을 도입해온 한국적 상황에서 대안적 담론을 형성해줄 수 있다. 한편 한국은 핀란드와는 상이한 제도적 경로를 취해왔기 때문에 정책의 차용이 용이한 것만은 아니다. 이에 이 문제와 관련하여 다음과 같은 논의가 보다 더 축적되어야 할 것으로 본다.

첫째, 영미권 신자유주의 교육개혁보다는 북유럽 모델이 보다 유사성이 있고 우수성도 있다는 것에 대한 담론 및 관련 자료 생산이 보다 활성화되어야 한다. 우리가 반드시 어떤 모델을 설정하고 그것을 모방하는 방식으로 교육개혁을 진행시켜야 하는 것은 아니다. 그러나 교육개혁이 어떤 경로를 취할 것인가에 있어 학부모와 일반 대중을 설득하는 방법으로 특정 모델의 채택과 벤치마킹은 효율적인 의사소통 방법이다. 이와 관련하여 그동안 우리나라가 많이 참조하였던 영미권 교육정책은 물론 핀란드 교육이 우리나라의 대안적 모델이 될 수 있는가에 대한 충분한 논의가 필요하다. 교육학이 아닌 일반 정책학이나 행정학 분야에서도 1990년대 들어 인식론적·방법론적 변화가 있어왔다. 김선혁(2004:260)에 따르면, 과거 권위주의 시대에서는 미국 사례를 전범으로 하는 정책들이 비판적 성찰에 의해 걸러지지 않고 기계적으로 도입되었으며, 그 결과로 인해 한국적 토양에 적합하지 않은 경우에도 대미 편향성과 의존성을 보여왔다. 이는 교육학에서도 그리 예외가 아니라고 볼 수 있다(성열관, 2004).

한국은 핀란드와 사회체제에 있어 근본적 차이가 있는 동시에 유사성도 있다. 교사의 지적·사회적 지위가 비교적 높다는 점, 중도탈락률이 낮다는 점, 학생들이 비교적 순응적이라는 점, 학교 간 변량이 미국이나 영국보다는 낮다는 점, 공동체주의와 평등주의 문화가 비교적 강하다는 점, 국제학업성취도 결과 순위가 높다는 점 등에서 그렇다. 영미권 국가들은 이에 비해 교사의 지적·사회적 지위가 낮고, 중도탈락률이 높고, 학생들이 학습을 중시하는 태도가 비교적 낮고, 학교 간·개인 간 변량이 크고, 거주지 분화 현상이 높고, 교육불평등 정도가 높고, 국제성취도 검사 결과 순위가 매우 낮다는 점에서 한국과 차이가 있다. 이러한 문제를 해결하고자 영미권 국가들은 자국의 실정에 터한 특정 교육정책들을 개발한 것인데, 우리나라에서는 주로 영미권 국가들의 교육정책을 차용해서 실시하는 과정에서 갈등과 부작용이 적지 않았다. 이에 핀란드 모형을 무조건적으로 추종하는 것도 경계해야겠지만 과연 영미권 교육개혁이 우리나라의 모델로서 충분한 것인가에 대한 자성과 재검토가 필요하다.

둘째, 이상과 같은 대안 담론에 대한 논의는 한국사회가 핀란드 교육 모형을 소화할 수 있는 체제와 역동성을 갖추었는지에 대한 검토를 또한 요구한다. 그동안 영미권 국가들의 정책 차용에 있어서는 상명하복식 행정의 집행이 전제되어 있었다. 이러한 전제하에서는 정책 논리가 얼마나 합리적으로 보이는가가 중요한 평가 준거가 될 수 있다. 그러나 각 의사결정의 주체들(일례로 학부모나 교사)이 과연 차용된 정책을 어떻게 소화하여 행위의 패턴을 실제로 변화시킬 수 있는가를 점검해야 할 것이다(Phillips, 2005). 즉 한국사회의 문화와 의식에 있어서 핀란드 교육 모델을 받아들일 수 있는 수준과 역동성이 있는지가 엄밀히 분석될 필요가 있다.

이와 관련하여 외국 교육개혁 또는 정책의 성과를 전범으로 하여 그것을 찬양하고 독자들을 계몽하는 정책 담론은 기본적으로 취약한 것으로 봐야 할 것이다. 또한 그 모델이 진일보된 것이라 하더라도 자국의 맥락에서 성공한 외국의 교육정책을 한국에 무리하게 적용하려는 것 또한 주의해야 할 것이다. 정책 차용 국가에서의 행위 주체들의 역동성을 충분히 고려하지 않는다면 핀란드 교육의 교훈과 그 가치가 충분히 발휘되지 않을 것이기 때문이다. 그러므로 어떤 정책이 도입되거나 어떤 교육개혁 이념이 채택되었을 때 이를 수용하거나 거부하는 시민들의 의식 수준, 이데올로기, 이해관계, 개별 행위자, 이익집단 등 다양한 단위와 주체들의 행동양식에 대한 예측과 분석이 있어야 할 것이다. 이에 교육정책 비교연구에 있어서는 경로의존성에 대한 고려와 동시에 새로운 경로를 창출하기 위한 전략적 사고가 필요하다고 볼 수 있다.

Ⅳ. 나가며

경제 발전과 사회복지의 증진이라는 양대 목표를 성공적으로 추진해온 핀란드는 교육 분야에 있어서 지식기반 사회의 특징이 잘 드러나고 있는 국가이다(Sahlberg, 2007). 이러한 특징은 그동안의 국제성취도 조사에서 공인받은 교육에서의 성공과 밀접한 관련성이 있다. 특히 OECD(2004)는 학생들이 성취해야 할 핵심 역량을 '도구를 상호 소통적으로 사용하는 능력', '이질적인 집단 속에서의 상호 교류 능력', '자율적으로 행동하는 능력'이라는 세 개의 범주로 설정한 바 있다. OECD가 DeSeCo 프로젝트를 통해 조사한 결과 국가별로 가장 많은 빈도수로 중요하다고 응답한 핵심 역량은 사회적 역량과 협동, 응용적 지식 습득, 평생 학습 능력, 의사소통 능력이었다. 이는 PISA가 평가하고자 하는 학력의 본질에 해당하는 것으로 이러한 역량은 지식기반 사회에서 보다 요구되는 측면이 많다. 이에 핀란드의 지식경제 부문의 성장과 복지 민주주의의 실현은 PISA 결과에서 보여준 세계 제일의 성취도와 무관해 보이지 않는다.

이에 본 장은 핀란드 교육 성공의 요인을 구조적으로 분석하고, 그 제도적 원인을 살펴본 후, 핀란드 사례가 한국 교육에 의미하는 바에 대해 논의하고자 한 것이다. 핀란드와 한국 교육의 공통점에도 불구하고 사회체제에는 상당한 차이점이 존재한다. 본론에서 밝혔듯이 핀란드 교육의 성공에서 지수 요인과 정책 요인은 제도와 문화라는 기저 요인에 기인한다. 그런 의미에서 핀란드 교육정책을 그 자체로 도입하는 것으로 '핀란드 효과'를 기대하긴 곤란하다. 그 이유는 한국 교육의 제도화 경로가 핀란드의 그것과 판이하게 다르기 때문이다.

한국은 국제성취도 검사에서 계속 최상위 그룹에 들어 있으면서도—약간씩의 변동은 있으나—고질적인 교육 문제를 여전히 해소하지 못하는 상황에 처해 있다. 이에 성취도도 높으면서 교육의 모범을 제시하고 있는 핀란드 교육을 어떻게 대할 것인가에 대해서 본론에서 논의해보았다. 필자는 핀란드 교육의 성공 요인을 중층적으로 분석하면서 무엇보다도 이 나라의 교육제도를 내재시킨 포괄적 복지국가 모델에 대해 관심을 가져야 한다고 본다. 우리는 핀란드식 교육체제의 외양보다는 그것이 가능하게 된 사회의 기본 구조에 대한 관심과 함께, 이와 동시에 교육을 보아야 할 것이기 때문이다. 핀란드는 전 단계에 걸친 무상 평등교육의 시스템하에 있기 때문에 혁신적 교육정책이 성공리에 정착할 수 있는 계기가 되었다는 것을 유념할 필요가 있다. 이에 우리나라의 조세부담률(24퍼센트)이 핀란드(44퍼센트), 스웨덴(51퍼센트)에 비해 현저하게 낮으며 OECD 국가들 평균(36퍼센트)에 비해서도 그렇다는 사실을 외면하고 핀란드 교육정책을 모방하는 것은 효과를 보기에 용이하지 않을 것으로 예측된다.

    개인의 불확실한 미래에 대해 거의 개인이 책임져야 하는 사회에서는 당연히 치열한 학력 경쟁을 벌일 수밖에 없다. 고3에서 대학에 진학할 때 매우 많은 인생의 가능성과 한계가 결정되기 때문이다. 그러므로 우리는 한국 교육의 난맥상을 해결하기 위해 교육정책을 디자인하는 데 골몰하는 것으로는 해결할 수 있는 문제가 거의 없다는 사실이 환기될 필요가 있다. 향후 한국의 교육 문제는 복지국가를 향한 근본적인 변화를 모색하는 과정에서 동시에 논의될 필요가 있는 것이다. 그래서 국가경쟁력 강화수단으로서 교육을 보는 것도 중요하겠지만 자아 및 권리 실현으로서의 교육제도가 절실한 상황이다. 또 그래야만 역동적 복지국가의 발전도 가능하다고 본다. 국가의 공동체는 이를 구성하는 개별 인자들의 안정적인 성장을 통해서 발전하는 것이기 때문이다. 이에 핀란드의 경험에서처럼 학교는 성적만 올려주는 곳이 아니라 급식, 영양 관리, 복지, 진로 지도, 행복 증진 등의 분야가 총동원된 공간으로 재개념화될 필요가 있다. 또한 학교에서 가장 배려가 필요한 학생에게 더 많은 자원과 관심이 지원되는 것도 단순히 잘 디자인된 교육정책에 의해 가능한 것이 아닐 것으로 본다.

핀란드에서는 교육제도가 전체 복지 시스템에 내재되어 있기 때문에 그 공유된 전제와 사회적 합의에 의해 당초 교육개혁 아이디어의 성공적 안착이 가능했던 것으로 판단된다. 그러므로 우리가 이를 적용하고자 한다면, 인간의 존엄성에 대한 인식이 높고, 타인의 처지에 대한 관심이 높고, 이웃과 동료에 대한 대우가 평등한 사회를 지향하는 사상운동이 수반되어야 할 것이다. 또한 이러한 사회를 건설하기 위한 실질적 필요로서 조세부담의 형평성이 높고, 의사소통의 민주화 정도가 높으며, 모든 시민이 예외 없이 포함된 보편적 복지정책을 확대하는 사회운동이 동시에 발전해야만 핀란드 교육 모델도 한국적 적합성에 맞도록 적용할 수 있는 조건이 될 것으로 생각된다.

참고문헌

강영혜(2007), 『핀란드의 공교육개혁과 종합학교 운영실제』, 서울: 한국 교육개발원.
김선혁(2004), 「비교정책학의 현재와 미래」, 『한국정책학회보』 13(3): 259-278.
성열관(2004), 『호모 에코노미쿠스 시대의 교육』, 서울: 문음사.
안승문(2008), 「북지국가 핀란드의 교육은 어떻게 성공할 수 있었나」, 『초등 우리교육』 제224호, 66-75.
장수명(2009), 「교육개혁의 핀란드 모형: 교육개혁의 정치경제」, 전병유 (편), 『미래 한국 경제사회정책 패러다임 연구(II)』, 서울: 한국노동연구원.
세이지, 후쿠다(2006), 나성은·공영태 역, 『핀란드 교육의 성공』, 서울: 북스힐.
Aho, E. et al. (2006). Policy Development and Reform Principles of Basic and Secondary Education in Finland since 1968. Working Paper Series: Education 2. Washington, DC.: World Bank.
Borger, R. (1967). Heterogeneous vs. Homogeneous Social Class Grouping of Preschool Children in Head Start Classrooms. Washington, DC.: Office of Economic Opportunity.
Finn, C. (2009). Reroute the Preschool Juggernaut. Hoover Institution Press.
Linnakylä, P.&Malin, A. (2003). Finnish students' school engagement profiles in

the light of Pisa 2003. Scandinavian Journal of Educational Research, 52(6).
OECD(2004). Learning for Tomorrow's World- First results from PISA 2003, OECD: Paris.
OECD(2005). PISA 2003 Technical report, OECD: Paris
Phillips, D.&K. Ochs(2003). Processes of policy borrowing in education: some explanatory and analytical devices. Comparative education, 39(4), 451-461.
Phillips, D. (2005). Policy Borrowing in Education: Frameworks for Analysis. J. Zajda (ed.), International Handbook on Globalisation, Education and Policy Research(pp. 23-34). Netherlands: Springer.
Sahlberg, P. (2007). Education policies for raising student learning: The Finnish approach. Journal of Education Policy, 22(2). 147-172.
Schleicher, A. (2003). Across-national perspective on some characteristics shared by the best performing countries in PISA. Paper presented at the conference on "What Do PISA Results Tell Us About the Educational Quality and Equality in Pacific Rim?", The Chinese University of Shatin, Hong Kong.
Schleicher, A. (2008). Seeing US schools through the prism of international benchmarks. Paper presented at the PEN Annual Conference, San Francisco.
Simola, H. (2005). The Finnish miracle of PISA: historical and sociological remarks on teaching and teacher education. Comparative Education, 41, 455-470.
Slavin, R. E. (1990). Ability grouping and students achievement in secondary schools: A best-evidence synthesis. Review of Educational Research, 60: 471-499.
Välijärvi, J. (2005). The System and How Does It Work — Some Curricular and Pedagogical Characteristics of the Finnish Comprehensive School. Education Journal. 31(2).
Välijärvi, J. et al. (2003). The Finnish success in PISA- and some reasons behind it: PISA 2000. Jyväskylä: Institute for Educational Research.

4부

핀란드 교육, 어떻게 성공할 수 있었나

– 신뢰, 돌봄, 통합, 자율

신뢰와 전문성을 갖춘 교사
모두를 돌보는 교육제도
그리고 통합교육과 학교의 자율

이론과 실천이 결합된 교사교육

| 심성보[1]

I. 피사의 기적은 어떻게 일어났는가?

　핀란드 국민들은 시장지향적 학교교육 및 경쟁과 타고난 재능보다는 평등과 공평의 이념을 강하게 옹호하고 있다. 시장과 경쟁 이데올로기에 경도되는 세계화 현상과 달리 핀란드는 안정적인 교육평등화 정책을 구사하면서 교육 기회의 불평등을 공교육을 통해 해소하고자 한다. 공교육에 대한 신뢰가 무너지면서 형제국과 다름없는 스웨덴 국가에서조차 신자유주의 교육정책을 보여주고 있음에도 불구하고, 핀란드는 그런 영향으로부터 큰 흔들림의 조짐을 보이지 않는다. 이러한 사회적 상황과 분위기 속에서 오늘날과 같은 핀란드의 교육적 영광을 달성한 것이다.
　피사에서 높은 학업성취 능력을 보여주는 핀란드의 교육적 영광은 의무교육 단계에 있는 종합학교의 교육적 성취의 결과물이라고 할 수 있다. 이런 교육적 성취는 탁월한 교사와 질 높은 교사교육에 의해 달성된 것이다. 이

1_ 필자는 부산교육대학교에 교육학을 강의하고 있다.

일을 위해 교사들은 위로는 국가로부터, 아래로는 국민들로부터 신뢰를 동시에 얻고자 하는 악전고투의 두 역할을 수행해야 했다.

이러한 일을 위해 핀란드가 구체적으로 세계의 선진국가와 다른 교육개혁을 보여주는 흐름 속에서 핀란드는 탁월한 교사를 어떻게 양성하면서 새로운 교육을 준비하고 있는지를 살펴볼 필요가 있다.

II. 핀란드의 독특한 교육개혁

핀란드의 교육개혁은 지속 가능한 리더십에 기반을 두어야 하고, 경쟁보다는 자원의 평등화와 공평한 분배와 예방을 위한 치밀한 조기 개입에 기반을 두고 있다. 그리고 교육실천자, 특히 교사들 간의 점진적인 신뢰 구축 속에서 이루어지고 있다. 게다가 핀란드는 주요한 정책결정이 사회의 핵심적 역할을 하는 모든 사람에 동의되는 '합의사회'를 특징으로 하고 있다(Aho et al, 2006; Routti&Yla-Anttila, 2006). 여기에서 교육정책의 협상 상대자로서 교원노조는 교육 영역에 있어 신자유주의 개혁정책의 채택에 끈질기게 저항을 해왔다는 점도 유념할 필요가 있다(Sahlberg, 2007: 153).[2]

교육이란 장기적 사업이기에 급격한 변화를 달성하고자 하지 않는다. 정치권력의 잦은 교체에도 불구하고 교육의 기초를 마련한 에르키 아호Erkki Aho가 1972년에서 1991까지 교육장관을 장기간 재임한 숨은 비책을 눈여겨볼 필요가 있다.[3] 그는 교육개혁을 위한 교원양성 과정에 있어 유연하고

2_ 지난 겨울(2009. 1. 17~1. 25) 필자가 핀란드 교원노조 사무실을 방문했을 때 우리를 안내한 방의 서가 위에 놓인 동상이 누구냐고 물었을 때 유명한 교육사상가가 누구라고 대답할 줄 알았는데 대답은 의외로 전현직 대통령이라는 말을 듣고 매우 놀랐다. 정부와 교원노조가 매우 대화적 관계에 있음을 짐작케 한다.

3_ 아호 장관은 교육이 지향할 가치와 철학과 원칙에 대한 일관된 입장과 비전을 견지하면서

느린 방법을 채택하였다. 전통교육과 진보교육을 갈등 없이 병립시키고자 하였다(Webb&Vullimy, 1999: 250). 이러한 전략 구사에는 정치권의 합의를 필요로 하는 세심한 배려를 해야 했다.

또 한편 1990년대 신자유주의적 정책이 교육정책의 새로운 담론으로 영향을 강력하게 미쳤음에도 불구하고 지배적인 시장 중심적 교육개혁을 느리게 수행하였다. 아래 표에서 보듯 학생들의 학업성취를 향상시키기 위한 교육정책의 주요한 원리와 그와 관련된 전략은 세계적 교육개혁의 동향과는 전혀 다른 모습을 보여주고 있다(Sahlberg, 2007: 152).

세계적 교육개혁의 흐름	핀란드 교육개혁의 흐름
표준화 학교·교사·학생의 수행 결과를 향상시키기 위해 고도의 명료한 기준을 중앙집권적으로 설정	융통성과 유연한 기준 기존의 양호한 실천활동을 유지하는 동시에 학교단위에 기초한 교육과정 개발, 학습목표의 설정, 정보와 지원을 통한 네트워킹에 있어서의 혁신
읽기와 계산 능력 강조 교육개혁의 주요 목표를 읽기, 쓰기, 셈하기와 자연과학에서의 기본적 지식과 능력의 향상에 둠	창의력과 조화된 다면적 학습 인성, 도덕성, 창의력, 지식과 기술 등 모든 측면의 개인 성장에 동등한 가치를 부여하는 심층적이고 다양한 폭넓은 학습과 교수활동에 초점
결과적 책무성 학교 수행과 학생의 성취 수준을 높이는 것을 승진, 장학, 궁극적으로 제재(학교와 교사에 대한 보상과 처벌)에 연계, 책무성 달성 여부는 특히 표준화 시험을 통해서 측정	신뢰에 기초한 전문성과 조화되는 지성적 책무성 지성적 책무성 채택, 학생의 성장 여부와 정보를 판단하는 데 있어 학생에게 최선인 것이 무엇인가에 대한 교사와 교장의 전문적 판단을 중시하는 교육체제, 그 안에서 점진적으로 신뢰의 문화를 형성

오늘날 핀란드의 교육정책의 중요한 흐름은 지난 40년 동안 핀란드 사회 내에서 보여준 다양성, 신뢰, 모범, 존경의 문화를 창조해왔던 시스템적이고 가장 의도적인 개발의 결실에 의해 나타난 것이다. 핀란드의 교육개혁에서 보여주는 가르침과 배움의 전형적인 특징은 기존의 교수법 원리를 소중

종합학교제도 도입, 교육과정과 고등학교 개혁, 교사교육의 개혁을 성공적으로 달성하였다.

히 여기면서 교사와 학생들에게 새로운 생각과 방법을 갖도록 하는 것이고, 혁신을 혁신적 방법으로 학습하도록 하고, 학교에서 창조성을 함양하도록 하는 데 있다. 이것은 새로운 교수법을 도입하면서도 전통적 수업과 학교조직을 공존시키고 있음을 말해준다.

III. 핀란드 사회에서 교사는 어떤 존재인가?

1) 국민으로부터 신뢰받는 교사집단이 되려는 성실한 교사

핀란드의 교사들은 사회계층으로는 상층에 속하고 그들의 정치적 의견은 관료적이고 보수적이다. 이러한 위치에 있는 핀란드 교사들은 중산층 부모들로 하여금 자녀들을 학교에 보내주도록 설득하였다. 동시에 그들을 돌볼 학부모들의 신뢰를 획득하기 위해 의무교육의 유용성과 생산성을 확립하기 위해 '중간계층'을 설득하는 노력을 기울였다. 핀란드 교사들은 국민을 설득하는 전선에서 고군분투하였다.

핀란드의 교사들은 다른 선진국가의 교사보다 높은 사회적 지위를 갖고 있다. 그럼에도 기이한 것은 핀란드 국민들은 지위의 높고 낮음에 관계없이 모두가 '가르치는 일'을 소중하게 여기고 있으며 그 일에 대한 존중을 표시하고 있다는 점이다. 종합학교에 다니는 자녀를 둔 학부모들은 아주 만족스런 대답을 하고 있다. 1995년에 조사한 한 연구에 의하면(Simola, 2005: 458 재인용), 학부모들은 수업(86퍼센트), 협력(74퍼센트), 평가(71퍼센트) 등에서 모두 우수한 평가를 내리고 있다. 그리고 평등성의 지표에서는 60퍼센트 이상이 긍정적으로 반응하고 있으며, 가장 부정적으로 의견을 보인 개별 지도의 지표에서도 불만족(28퍼센트)보다 만족(48퍼센트)의 의견이 더 높게 나타나고 있다.

학교교육에 대한 국민들의 좋은 이미지는 학생들 사이에 교직이 인기 있는 직업군으로 분류되어 선호되고 있다. 전통적으로 인기가 있었던 의사, 변호사, 심리학자. 엔지니어, 언론인보다 교직 선호도가 더 높게 나타나고 있다. 핀란드는 유럽 국가처럼 수학이나 자연과학의 교사 진출이 높지 않은 경향과는 달리 높은 지망률을 보여주고 있다. 대학 입학에 있어서도 다른 학과보다도 교직으로의 진출을 위한 학과 선택이 높은 비율을 차지한다. 고등학교 졸업생의 26퍼센트가 바람직한 직업으로서 교직을 희망하고 있는 것으로 나타나고 있다(Westbury et al. 2005). 실제적으로 교육계 대학교에 입학할 수 있는 것은 대학 응시자 약 5,000명 중 상위 점수군들에 속하는 10퍼센트에 불과하다. 교사가 되는 길은 그야말로 좁은 문이다. 그 때문에 핀란드에서는 다른 직종과 비교하더라도 능력이 뛰어나고 의욕이 앞선 교사를 확보할 수 있다. 이렇게 교직을 매력적인 직업으로 여기는 것은 상위의 전문직으로 평가되고 있고 직업적 독립성을 누리고 있기 때문이다.

2) 전문적 자율성을 행사하는 교사

핀란드 교사들은 국가교육과정의 틀 안에서 규정의 영향은 최소한에 그치게 하고 있으며, 현장교사들의 전문적 자율성을 최대한 보장하고 있다(Linnakylä: 39). 한마디로 교사들을 교육전문가로 대우하고 있는 것이다. 국가적 단위의 시험은 없으며 모두 교사 스스로 교육적 판단을 가지고 학습하며 그것의 성취에 대한 자율적 평가를 하고 있다. 오늘날 핀란드의 교사는 다른 전문직과 쌍벽을 이루고 있다. 핀란드 교사들은 자신의 교실과 학교에서 문제를 진단하고, 증거에 기반하여 종종 문제의 대안적 해결을 모색하고, 수행된 절차의 효과를 평가하고 분석한다. 학부모들은 교사를 자신의 자녀를 최상으로 위하는 것이 무엇인지에 정통한 '전문인'으로 믿고 있다.

3) 교직을 만족스런 직업으로 생각하는 교사

핀란드 교사들은 자신의 직업에 대해 매우 만족해하며 헌신적인 교육태도를 보인다. 핀란드 교사에 대한 국민들의 신뢰 또한 대단히 높다. 그렇다고 교사들의 스트레스가 전혀 없는 것은 아니다. 더욱 다루기 힘든 학생들, 교사의 늘어나는 스트레스, 증대된 노동강도 등에서 많은 핀란드 교사들은 어려움을 표시한다. 1990년대의 교육개혁에 대해 교사들의 상대적인 만족감과 증대된 스트레스가 공존하다는 것을 보여준다(Simola, 2005: 464). 그리하여 1990년대 초에는 교사직무에 대한 모든 전통적 통제를 과감하게 청산했다. 학교 장학, 세밀한 국가교육 과정, 공식적 수업자료, 가르칠 교과에 기반한 주간시간표, 시간마다 가르친 것을 기록으로 남겨야 하는 교사의 학급일지 등 모든 전통적 통제 기제는 없어졌다. 종합학교에서 전국적으로 치러진 표준 테스트도 없어졌다.

IV. 핀란드의 질 높은 교사교육의 비결

국민에게 신뢰받는 교사집단이 된 것은 탁월한 교사를 양성하는 질높은 교사교육 때문이라고 할 수 있다. 질 높은 교사교육을 하는 데는 정책당국자와 교사집단의 동반자로서의 협상 결과도 한몫을 하고 있다. 근본적으로 핀란드가 사회적으로 신뢰받는 교사를 양성하는 주요한 비결을 살펴보자.

1) 지속 가능한 리더십

개혁의 물결을 감당해야 하는 교육체제에 있어 외부에서 기획된 변화가 수행되고 강요되었다. 그러나 그것의 결과는 학교를 발전시키기보다는 좌절로 귀결되었고, 변화의 거부로 나타났다. 그래서 지속 가능한 정치적·교육적 리더십에 있어 가장 중요한 요소를 핀란드 학교와 교사의 교수-학습 발달에 두고 있다. 새로운 교육개혁을 반복적으로 수행하는 재정적 자원과 시간을 할당하기보다는 자신의 개별적 요구와 관련된 교육학적 지식과 기술을 개발하는 데 필요한 전문적 자유를 핀란드 교사에게 부여하였다. 1970년대의 종합적 학교개혁이 시동되면서 중앙집중적 현직교육이 사라진 이후에는 전문성 발달을 위한 프로그램이 학교와 개인의 진정한 요구와 기대를 충족시키는 것으로 이동되었다.

핀란드는 농경사회에서 산업사회로, 그리고 나아가 탈산업사회로 발전되어갔다. 핀란드는 역사적으로 농경사회와 부합된 집단주의와 산업사회와 부합된 개별주의가 조화되어 발전되었다. 핀란드의 교육은 집단주의와 개별주의가 결합되어 이루어졌다. 전통적인 집단주의를 밀어낸 것이 아니라 새로운 교수법으로 등장한 구성주의 교수법과 잘 부합하며 발전되었다. 찬성과 반대의 논란이 심한 권위적이고, 순종적이고, 집단적인 정신구조의 의미 있는 요소들을 새로운 사회에 잘 통합시켰다. 이것은 집단주의의 부정적 트라우마를 잘 극복해나가면서 사회적 합의를 이루어갔다는 것을 말해준다.[4] 그람시가 말하듯 진보의 싹을 보수의 텃밭에서 자라게 한 것이다.

전통적인 훈육과 질서를 요구하는 교실현장에 개별화된 자주적 학생 중심의 수업 모델을 도입하는 것은 쉬운 일이 아니다(Simola, 2005: 462-463). 개별수업(eget arbete= individual work)의 모델은 10여 년 이상의 긴 싸움 속에서 달성된 것이며 단순히 교육학적 원리를 따른다고 이루어지는 것이 아니다. 20여 년이 넘는 긴 과정의 노력 끝에 교실현장에서 구현되었고, 그 구현은 교

---

[4] 핀란드는 러시아의 혁명과 제1차 세계대전을 겪으면서 러시아로부터의 독립을 선언하였다(1917년). 이후 극심한 좌우의 싸움(시민전쟁)이 벌어져 300만의 인구 중 4만이 사망하였다. 이후 20여 년이 지난 1939~40년 터진 겨울전쟁에서는 러시아의 속박에서 벗어나기 위한 독립운동에서 공동의 전선을 형성하여 화해를 이루었고, 오늘날의 사회민주주의 국가를 구축하였다.

사 자신에게 내면화되어 개발되고 난 뒤의 일이었다.

핀란드 교육의 성공은 단순히 주요한 국가 교육개혁의 결과에 있는 것이 아니다. 그보다는 핀란드가 교육 발전을 이룬 데는 학교교육을 개인과 사회에 계속적으로 적응시킨 것에 있다. 공공 영역의 새로운 경영이 핀란드의 교육적 담론에 혁명적 변화를 가져왔지만, 이러한 새로운 담론과 실천이 다른 사회의 영역처럼 쉽게 교육에 근간을 둔 것은 아니다. 결과적으로 공공사업으로서 교육의 주요한 비전은 1968년 이래 변화되지 않고 그대로였다. 정치적 좌파와 우파의 정부는 교육을 모든 시민을 위한 공공사업의 핵심으로 소중하게 생각하였고, 고도로 폭넓은 교육받은 국민만이 세계시장에서 성공할 것이라는 그들의 신념을 유지하였다. 전통적인 가르침의 원리가 필요한 경우 그 원리를 쉽게 포기하지 않았다. 행동주의적 가르침이 필요한 경우 너무 쉽게 개별화 방식으로 처리를 하지 않는다는 것을 말해준다. 양자의 극단적 사태가 발생한 경우에는 모순이 발생하지만 조화를 모색하고자 하였다.

전망	1973(전통적 수업)	1995(개별화된 수업)
조직	전체 학급 앞에서 교사를 둘러싸고 조직된 수업	교사들은 짧게 소개하고 학생들은 개별적으로 또는 집단으로 활동한다.
상호작용	교사는 말하거나 묻는다- 학생은 대답한다-교사는 평가한다.	걸으면서 학생들에게 도움을 주는 것과 결합된 교사의 짧은 수업 학생과 학생과의 긴밀한 상호작용

핀란드 교사들은 북구의 다른 나라와 달리 학생들과 그들의 가족에게 색다른 태도를 취했다. 많은 북구의 교사들이 학생들과의 친밀하고, 개별적인 신뢰관계를 요구하였으나, 핀란드 교사들은 학생들에게 성인 모델과 교실에서의 질서와 안전을 지키는 수호자 역할을 요구하였다. 일부 경험 있는 핀란드 교사는 친밀성을 고무하기보다는 학생과 그들의 가족문제로부터 어느 정도의 '전문적 거리professional distance'를 유지

하는 것이 중요하다고 보았다(Simola, 2005: 463). 이것은 최근 관심을 끌고 있는 '돌봄caring'의 학습 분위기와는 다소 대조를 보인다. 엄격한 훈육이나 권위 행사를 다소 줄이면서 상호존중과 배려하는 교육을 지향하는 절묘한 구성을 도모하였다. 핀란드 교사는 '신권위주의 교육'나 '교육적 보수주의'를 실천하고 있다. 단순히 정교화된 지식을 전달하는 데 머물지 않고 교사 스스로를 촉진자, 튜터, 멘토의 위상으로 자리매김을 하였다.

2) 교사의 전문성 존중과 성찰적 교사교육

핀란드 교사들은 지난 20년간 교직의 전문직화를 통해 교육의 질을 높이고자 하였다.[5] 교사 직무의 탈전문화나 기술화를 '재전문화' 하고자 하였다(Webb, 2004: 85-87). 중등교사와 같이 전 과목을 가르치는 초등교사들도 대학 수준의 문법학교와 같은 수준에 올리기 위해 교원단체는 적극적 노력을 기울였다. 1979년에는 초등교사들도 학부과정을 마감하고 모두 석사과정을 마쳐야 했다. 이렇게 함으로써 교사양성에 있어 교육학부의 역할은 높아졌고 학문교과로서 교육학은 급속도로 늘어났다. 그렇게 하여 교사와 사회를 위한 긍정적 역할에 기여함으로써 교사양성에 대한 국민적 신뢰를 얻었다.[6]

핀란드의 교사교육 프로그램은 깊이와 범위에 있어 두드러진 특성을 보이고 있다. 교사교육 프로그램에 있어 이론과 실제의 균형은 젊은 교사들에게 효과적인 교수-학습법뿐 아니라 다양한 교수방법을 숙달하는 데 도움

---

[5] 핀란드의 초등교사는 담임교사로서 7학년~12학년에 이르는 6년을 가르치고, 중등교사는 교과교사로서 12학년~15학년(4년간)에서 자기 전공과목을 가르친다. 양쪽 모두 대학에서 5년 동안 재학하면서 석사 학위를 취득해야 교사가 될 수 있다.

[6] 교육학부를 졸업하였다고 반드시 교사의 길로 가는 것은 아니고, 공공기관이나 일반회사에 취업하기도 한다.

을 준다. 1990년대 중반의 교육과정 개혁은 고도의 전문적 능력을 가진 교사들이 국가적으로나 국제적으로 자신의 학교에서 잘 동기화되고 있고, 학교의 발전과정에 참여하기가 손쉽게 될 것임을 보여준다. 그들 또한 자신의 개인적·전문적 지식과 기술을 발전시키는 데 있어 매우 진지한 활동을 하게 될 것이다.

핀란드 교사들은 전문적 개발을 위한 현직교육기관의 의식 있는 '비판적 소비자'이다. 가르치는 교원의 전문적 수준은 지난 20년간에 걸쳐 증대된 것처럼 교사의 전문성 개발의 질적 수준을 달성하였다. 대부분의 강제적인 전통적 현직교육은 사라지고, 그 대신에 학교나 지역자치체 중심의 장기적 프로그램과 전문성을 개발하는 기회를 마련하였다. 교사의 교육학적 전문성 향상은 의무에 의해서라기보다는 자신의 '권리'로 받아들였다(Sahlberg, 2007: 155). 이렇게 교사의 학습조건과 형태의 큰 변화는 종종 교실의 학습이 학생을 위해 배치된 방식을 반영하고 있음을 보여준다. 학교에서 수행되는 전문성 강화 프로그램에 대해 교사 스스로 자신의 가르치는 일에 책임이 있고, 또한 문제를 다른 데로 넘기기보다 대부분 그것을 스스로 해결하는 방식으로 받아들였다.

핀란드 교사들은 1990년대의 교육개혁에 대해서도 매우 만족해하는 모습을 보이고 있다. 교육개혁에 대해 교사들의 저항은 크지 않다. 이는 교사직을 도중에 그만두어버리는 경우가 많기 때문도 아니고, 교장이 말하는 것이라면 무엇이나 잘 따르기 때문도 아니다. 교육개혁의 과정에서 교사는 적극적으로 참여하고 있으며, 교장은 교사의 의견을 잘 듣고 적극 수렴해가는 사회라는 것을 의미한다(세이지, 나성은 외 역, 2008: 146). 핀란드 교사들은 학교 중심의 정책결정, 교사들과 다른 전문가와의 협력, 학생들의 개별 욕구와 관심 강조 등 교육개혁의 진보로 가는 길을 향해 전진하였다.

그리고 핀란드 교사들은 구성주의적 학습[7]을 매우 중시하고 있다(Simola, 2005: 463-467). 특히 비고츠키가 강조하는 '사회적 구성주의'는 러시아 학자 비코스키가 강조한 것으로 구성의 주체로서 스스로의 개념을 창조하는 학습자인 학생은 모두 던져진 삶의 한가운데에서 학습자 스스로 자신의 지식을 구성해가도록 한다는 것이다. 타인의 힘에 의해 타율적으로 구성하는 것(지시, 전달, 훈육)도, 스스로 마음대로 구성하는 것(자율성, 급진적 구성주의)도 아닌, 학생과 교사의 상호작용을 통해 이루어지는 적극적 학습방식이다(심성보, 2008). 구성주의 교사교육에서 교육실습생은 현재 당면한 실제상황의 문제를 반성하는 과정에서 스스로의 지식을 만들어나간다. 이 과정은 다시 학습의 필요성을 학생 스스로 느끼도록 만들어줄 수 있다(Korthagen, F.A. 조덕주 외 역. 2007). 이런 상호작용적 진보주의적 교육방법은 전통적 교수방법과 결합하기가 용이하게 하였다. 이렇게 하여 현장의 학교 중심 교육과정을 개발하여 더욱 적극적 학습법을 개발하였다. 적극적인 학습법인 구성주의적 학습은 직접적 경험, 탐구와 문제 해결, 협동적 소집단 활동과 학생의 학습 점유 등을 의미한다. 협동적 활동은 공동체적 사고, 지도력, 협력적 기술, 변화에 직면하게 함 등을 포함한다. 이것은 교사교육을 하는 데도 그대로 적용되었다(Webb, 2004: 93-96).

핀란드 교원양성 과정은 이론과 실천을 동시에 강조한다. 대학의 교사양

7_ 사회구성주의 학습법의 중심을 이루고 있는 '최근접 발달 영역'은 어른의 지도와 도움 아래서 문제 해결이 가능한 수준과 자주적 활동을 통해 문제 해결이 가능한 수준 사이의 '간격'이 바로 발달의 최근접 영역이다. 발달의 간격(차이)이라고 할 수 있는 이 영역이란 학습자가 혼자서 대응할 수 있는 수준과 타인이 개입해서 해결 가능한 수준과의 차이라고 할 수 있다. 그러기에 이 차이를 파악하여 타인이 개입하는 방법 여하에 따라 어느 한 시점에서 일거에 발전할 수 있게 된다. 이 시기와 차이를 개개인에게 맞추어 적절하게 파악하고 적절한 가능성을 시사하면서 발달을 지원하는 일이야말로 교사의 전문성이 요구된다. 발달의 방향은 한 가지로 정해져 있지 않다. 발달의 계통에 있어 교사의 예측만이 정석이 아니라, 어른들의 사고를 뛰어넘어 학습이 확장되어가는 것이다. 교사가 '지원자'라는 학습이론도 여기에서 출발한다.

성 교육에서는 이론과 실천의 양 측면에서 모두 실력이 강조된다. 교직에 들어선 후에도 스스로 연구하고 계속적으로 새로운 교육사상이나 교육방법을 탐구해나갈 수 있도록 능력을 키우는 것이 중시된다. 교육현장에 나가서도 사회상황의 변화에 대처해나갈 수 있도록 끊임없이 배우며 익히는 교사를 양성하는 것이다. 교육현장을 중시하면서도 학문의 지도를 받아야 하고, 동시에 학문을 중시하면서도 항상 교실현장과의 접목을 시도함으로써 이분법적 극단을 취하지 않는다.

대학의 교수와 초·중등 교사는 항상 협력적 관계를 맺고 있으며, 교육실습생 동료 간의 협동적 활동을 매우 중시하고 있다(Talvitie, 2000: 82-86). 특히 인터뷰, 집단적 토론, 성찰, 과학적 사고 등에 중점을 두고 교원양성을 하고자 하였다(Westbury et al, 2005: 479-482, Valli&Jonson, 2007: 501-502). 이 일을 하는 데 경륜을 가진 경험 있는 교사들이 슈퍼바이저나 튜터 역할을 한다. 이러한 전통은 중세의 기독교적 소명(봉사적 사명)과 현대의 전문주의가 결합한 것이다(Jauhiainen, 1998: 270). 교육 실천은 실제적이고 이론적이어야 하며, 지식 또한 이론적일 뿐만 아니라 실제적이어야 하고(Kosunen&Mikkola, 2002: 145), 이에 따라 교육 실습은 교육 이론과 교육 실천의 상호작용을 끊임없이 요구한다.

핀란드의 교사교육은 특히 성찰적 사고와 행동, 한마디로 '성찰'을 매우 중시한다. 성찰은 학습의 핵심적인 역량으로서 자신의 사고와 행동을 음미한다는 의미를 갖고 있다. 성찰은 "사고에 대해서 사고한다"는 '메타인지' 기능의 활동이며, 창조 능력이나 비판적 자세를 취하는 것을 의미한다(세이지, 2008: 229). 성찰이란 스스로가 자신을 객체로 보는 사고과정의 주체가 되는 것, 결국 자신의 사고나 행동을 높은 곳에서 바라보고 생각하는 또 한 사람의 자기 자신이 있다는 것이다. 그 덕분에 자신의 행동이나 사고를 계획할 수 있으며 사회적인 맥락 안에서 의의를 찾고 평가하고 조정하며, 더 나아가 실행하거나 변경을 할 수 있다. 또 이 평가나 조정 기능이 있기 때문에 충실감이나 만족감을 맛볼 수 있고 책임을 느낄 수 있다.

성찰 능력의 힘은 '사회성'을 키우는 원동력이다(세이지, 2008: 229-230). 개개인이 자신의 사상이나 감정, 사회관계를 원만히 하면서 그동안 쌓은 경험을 보다 일반화해나갈 것인지와 관련이 있다. 맥락을 통한 성찰을 통해 형성되는 협동은 사물과의 접촉, 사람과의 접촉 속에서 생겨난다. 가르친다는 것은 다른 사람과 함께하고 그들과 관계를 이루는 방법, 즉 '관계'이며, 단순히 전달하는 일련의 기술을 숙달하였다는 것이 아니다(Korthagen, 조덕주 외 역. 2007: 437). 이는 개개인이 사회적 압력으로부터 탈피하여 다른 전망을 가질 수 있게 하며, 독립된 판단으로 자신의 행동에 책임을 질 수 있게 한다.

또 성찰은 '차이나 대립을 다루는 능력'이라고 할 수 있다(세이지, 2008: 230). 반드시 한 가지 해답을 구하거나 양자택일적인 해결에 매달리는 것이 아니라, 오히려 대립적이고 모순된 목표를 또 하나의 현실적 측면으로 파악하여 통합하는 것, 예를 들면 자율과 단결, 다양성과 일반성, 혁신과 계속성 사이의 긴장을 조절하는 것이 대립하고 있는 것처럼 보이지만, 표면상으로만 그렇게 보이고 있다고 파악하면서 복수의 입장이나 견해 사이에 있는 다면적인 관계를 배려하여 보다 종합적인 방법으로 생각하고 행동하도록 한다. 바꿔 말하면 개인 한 사람 한 사람이 성찰하여 생각하고 행동한다는 것은 핵심 역량 구조의 중심을 이룬다. 성찰이란 공식이나 방법을 직면하는 상황에 대해서 그 형태 그대로 적용하는 능력뿐만 아니라, 변화시키거나 경험을 통해 배우거나 비판적인 전망을 가지고 사고하고 행동하려는 능력도 포함한다.

피사에서 높은 학업성취를 보이는 것도 이런 학생들의 성찰 능력을 가능하게 하는 성찰적 교사교육의 힘에 있다고 해도 과언이 아니다. 성찰적 교사교육은 사실적이고 자문적 담론, 그리고 정당화 담론과 비판적 담론에 기반하여 기술적 작문과 반성 과정을 거쳐 대화적 반성과 비판적 반성으로 유도한다(Korthagen, 조덕주 외 역. 2007: 115-116).

3) 지성적 책무성을 가진 전문성

학교와 교사가 자신의 수행력에 대한 계산된 책임을 지는 것이 학업성취의 핵심이라고 보는 세계 교육개혁의 책무성 운동에 대해 핀란드 교사들은 호의적이지 않다. 핀란드 교사들은 학업성취의 평가를 전통적으로 교사와 학교의 책임으로 생각해왔다. 유일하게 표준화된 시험은 대학에 입학하기 위해 고등학교 말에 치르는 대학입학 시험뿐이다. 최종 시험에 앞서 승부를 거는 어떤 외부의 시험도 교실에서는 주어지지 않는다. 탈중앙적 교육 경영과 증대된 학교 자율성의 결과로 인해 교육당국과 정치지도자들은 교육정책의 수행을 가능하게 하는 자신의 결정에 스스로 책임을 지도록 하고 있다. 이것은 학교가 학습 결과에 더 많은 책임을 지도록 하고, 교육제도의 운영에 있어 교육당국이 기대된 결과를 가능한 내도록 학교에게 책임을 스스로 부여하는 상호적이고 '지성적 책무성intelligent accountability'의 실천을 창조하고자 하는 데 있다(Salberg, 2007: 155).

핀란드 교육 맥락에서의 지성적 책무성은 그것을 구현하는 과정에서 교사, 학생, 학교지도자와 교육당국 간의 신뢰를 보존하고 증진하며, 그 과정에서 강한 전문적 책임과 주도성을 발휘한다는 것을 포함하고 있다. 이것이 가르침의 능동적 영향을 미치게 하고, 그렇게 하여 학생의 학습에도 효과를 발휘하도록 한다. 모든 학습의 학생평가는 표준화된 외부의 테스트가 아니라 교사가 만든 테스트에 기반하고 있다. 학생들을 서로 비교하고 등급을 매기는 어떤 시험도 치르지 않는다. 등급은 법으로 금지되어 있다. 서술적으로 기록하는 평가와 피드백만이 존재한다. 교사가 만든 교실의 테스트가 학습 기회의 제공을 위해 학습한 것을 평가하기 위해 정기적으로 이루어진다.

특히 초등학교는 스스로 알고 행동하도록 하며 본성적 호기심을 존속하도록 하기 위해 학습을 어느 정도 유예시키는 '시험에서 자유로운 구역'으로 남겨두고 있다. 또한 교육과정의 계획에서 교사들은 학생들에게 진정한 자유를 경험하도록 한다. 해마다 치르는 테스트나 시험은 없다. 1990년대에 증대된 교사와 학교의 자율성은 학교가 자신들의 최적의 자원에 따라 가르침을 정비하도록 할 뿐 아니라, 국가교육과정의 틀 내에서 학교마다 수업시간을 달리 배정하도록 하는 상황으로 이끈다. 이러한 조치는 아주 엄격하고 테스트가 심한 교육체제 속에서는 가능하지도 않다.

핀란드 교육은 학생들이 '테스트'를 위해 준비하는 것이 아니라 '학습'을 위한 수업에 초점이 맞추어져 있어 실패의 두려움을 갖지 않고 다양한 가르침의 방법을 사용하는 데 두고 있다. 교육의 새로운 혁신방법이 학생의 학습을 증진하는 데 적절하다면 그것을 손쉽게 받아들인다. 핀란드 학생들은 다른 나라보다 불안과 스트레스가 덜하다고 보고되고 있다(OECD, 2004). 일본이나 프랑스 학생들이 수학시간에 52퍼센트와 53퍼센트의 높은 불안을 느끼는 데 비해 핀란드 학생은 7퍼센트에 지나지 않다고 보고하고 있다(Pisa, 2003).

핀란드 교육에서 이루어지고 있는 읽기, 셈하기 그리고 과학의 소양은 단순히 학교교육과정의 숙달 차원에 머무는 것이 아니라, 성인 생활에 필요한 중요한 지식과 기술 차원에서 전달되고 있다. 그것은 가르침의 행위에 대한 교사의 계속적인 성찰을 요청하는 것이고 학생과 학부모와의 민주적 협력, 즉 '3자대화'로 나타난다.

4) 신뢰문화의 구축

핀란드 교육의 거대한 변화는 학부모, 학생 그리고 교육당국이 교사와 학교를 진정으로 신뢰하였기에 가능한 일이었다(Sahlberg, 2007: 156-157). 신뢰의 형성은 다른 나라와 달리 핀란드의 교육체제를 추동하는 데 있어 가장 의미 있는 역할을 하고 있다.

1970년대 대개혁이 소개되고 1985년에 전국적으로 실행되기 이전까지는 핀란드의 교육체제는 중앙집중적이었다. 그전까지는 중앙기관에 의해 엄격하게 통제되었고, 교사의 매일의 일과를 규제하는 규칙과 법령의 조밀한 망이 존재하였다. 학교와 교사에 대한 신뢰가 점차 이동하게 된 것은 교육개혁의 의제가 소개되고 교육체제 속에서 완전하게 수행되어 자리 잡게 된 1980년대에 시작되었다. 그리고 1990년대 초에 이르러 신뢰에 기반한 학교 문화의 시대가 공식적으로 출현하였다.

'신뢰문화'란 교장과 학부모 그리고 그들의 지역사회와 함께 교사가 아동과 청소년을 위한 교육에 가장 좋은 방법을 안다는 것을 단순히 교육당국과 정치지도자가 믿는다는 것을 의미하는 것이 아니다. 왜냐하면 핀란드가 관료적 중앙통제에서 탈중앙화된 신뢰의 문화로 이동한 것은 1990년대 심각한 경제적 위기와 공적 예산삭감 속에서도 발생한 일이기 때문이다(Aho et al, 2006). 국민들을 위해 가장 최상의 결정을 내리는 지역적 지혜는 지출을 축소하고 새로운 예산배정을 위해 기존의 조치를 재조정해야 하는 더욱 어려운 이슈에 직면할 때 더 잘 작동되었다.

신뢰의 문화는 학교의 원활한 운영구조와 함께 부패를 제로로 돌리는 환경 속에서 번창할 수 있고, 또한 강력하게 실행될 수 있을 것이다. 공적 제도는 대체로 높은 공적 신뢰와 관심을 향유할 것이다. 그러므로 학교와 교사를 신뢰한다는 것은 대체로 잘 기능하는 시민사회와 조화된 자연스런 결과로 보인다. 말하자면 푸트남이 강조하는 신뢰의 사회적 자본이 시민사회에 잘 가동되고 있음을 보여주고 있다(Putnam, 정성현 역. 2009). 정직과 신뢰는 종종 핀란드 사회의 가장 기본적 가치와 원칙 사이에서 보인다(Lewis, 2005).

교사와 교장을 학교 발전에 참여시킴으로써 1990년대의 핀란드 교육 부문에 크게 긍정적 영향을 미쳤다. 학교와 지역사회로 하여금 시스템은 교육과정과 학교교육의 전면적 배치에 관한 결정이 이루어지는 장소라고 믿게 한다는 점을 교사들은 자각하게 되었다. 높은 전문적·도덕적 자격을 갖춘 교사들은 대체로 이러한 새로운 책임을 환영하였다. 또한 학교는 신뢰의 문화 속에서 변화를 지도하는 데 있어 그들의 새로운 역할을 신속하게 옹립하였다. 핀란드의 학교 발전은 이런 새로운 신뢰의 결과로서 출현한 것일 뿐 아니라, 이전보다 더욱 다양해졌다. 적어도 이론상으로 각 학교는 비전과 사명 그리고 이행방법과 스케줄을 가지고 자신의 변화 전략을 구상할 수 있었다. 신뢰는 본보기, 공감, 배려, 이해심, 휴머니티, 공동체, 다름과 다문화주의(Linnakylä: 40; Valli&Jonson, 498)로부터 나온다.

V. 결론

핀란드의 교육적 성취를 이룩한 사회적·역사적 배경에는 훈육과 가르침에 대한 권위주의 문화와 진보주의 문화가 적절히 결합한 리더십이 자리하고 있다. 게다가 교사가 가르치는 일을 소중히 여기는 국민들의 사회적 신뢰를 획득한 것도 또 하나의 원인이 되었을 것이다. 더욱 근원적으로는 교사 자신의 교직에 대한 만족과 교육에 대한 헌신에 크게 힘을 입었을 것이다. 우리나라도 1995년 이후 열린 교육이 도입되면서 기존의 전통적 교육 모두를 부정하거나 이후 열린 교육의 과도화로 인한 문제가 발생하자 기초기본 교육으로 회귀하는 극단적 양극화 현상을 보면, 핀란드가 진보주의 교육을 도입하면서도 전통적 집단주의를 포기하지 않는 적절한 배합을 이루는 지속 가능한 리더십에서 우리 사회는 배울 점이 많다.

핀란드의 성찰적 교사교육은 이론 중심의 교사교육에 대한 심대한 반성에서 나온 대안으로 세계적 관심을 끌고 있다. 기존의 방식처럼 이론적 지식의 학습 위주가 아닌 실천적 활동과 탐구 중심의 성찰적 예비교사 교육은 핀란드 교육을 세계적 수준으로 높여놓았다. 1990년대 이후 전 세계 교사교육의 방향은 이론과 실천의 괴리를 극복하기 위해 '실천적 지혜'[8]의 습득을 위한 탐구 중심의 성찰적 교사교육을 지향하고 있다(Korthagen, 조덕주 외역, 2007). 교육하는 것, 가르치는 일은 이론적 행위가 아니라 실천적 행위로서, 이론적 지식의 이해와 그 적용에 의해서보다는, 현실 속에서 체험과 그 반성을 통해서 얻은 지혜의 활용을 통해서 더욱 올바로 실행될 수 있을 것이다. 이것은 기존의 기능주의적 교사훈련 모형과 같이 '물개처럼 훈련시키는 것(만들어놓은 절차만을 그대로 따르게 하는 방식)'을 넘어서고자 하는 데 있다. 그렇다고 교사의 전문성을 지나치게 신뢰하여 마음대로 교육을 하도록 방임하는 낭만주의 모형같이 '교사를 혼자 두는 것(원하는 대로 하도록 그냥 내버려두는 방식)' 또한 위험하다. 전통적 교사교육은 가르치는 것에 관한 지식은 학생, 즉 교육실습을 나간 학생이 만드는 교과가 아니라, 이미 만들어진 교과에 바탕한 행동주의 모형이라고 할 수 있다. 그렇다고 니힐이 주장하듯 무한자유를 허용하는 섬머힐적 교사교육은 사회적 구성주의자인 비고츠키가 보기에는 개입과 지도가 없는 자유의 남용이라고 할 수 있다. 그래서 양 극단에서 중용을 취하는 것은 핀란드 교사교육의 신권위주의와 교육적 보수주의 전략과 절묘하게 결합한 것이라고 할 수 있다.

나아가 우리가 핀란드의 교사교육에서 배울 내용은 지식, 기술, 가치, 창조성과 인간상호관계 등 총체적 인성의 개발에 목표를 두는 교사교육의 '깊이'의 전략, 일시적인 단기적 정책이 아니라 장기간의 비전과 전략에 바탕한

---

[8] 실천적 지혜는 아리스토텔레스의 철학적 개념에서 빌려온 것으로 성찰과 탐구 중심의 교사교육 프로그램을 구성하고, 실제로 실천해보며 그를 바탕으로 경험적 연구를 통한 검증까지 이루어내는 것이다.

'길이'의 전략, 교육적 지도력을 중앙에서 지역으로 분산시키는 '넓이'의 분권화 전략을 구사하고 있다는 점이다. 우리의 교원 양성과 교육이 정권의 교체에 의해 조변석개하는 현실에 비추어보면 타산지석이 아닐 수 없다.

* 참고문헌

심성보(2008), 「공동구성주의 도덕교육과 훈육방식」, 『도덕교육의 새로운 지평』, 서울:서현사.
세이지, 후쿠다, 나성은 외 역(2008), 『핀란드 교육의 성공』, 서울: 북스힐.
Aho, E. et al. 2006. Policy development and reform principles of basic and secondary education in Finland since 1968. Washington, DC, World Bank.
Atjonen, P. 1993. 'The role of teacher training schools in the basic education of Finnish teacher'. European Education. Vol.25(1).
Jauhiainen, A. 1998. Status and prestige through faith in education: the successful struggle of Finnish primary school teachers for universal university training. Journal of Education for Teaching. Vol.24(3).
Korthagen, F.A. 조덕주 외 역(2007), 『반성적 교사교육: 실제와 이론』, 서울: 학지사.
Kosunen, T.&Mikkola, A. 2002. Building a science of teacher: how objectives and reality meet in finnish teacher education. European Journal of Teacher Education. Vol. 25(2), 135-150.
Lewis, R. 2005. Finland, cultural lone wolf. Yormouth, International Press.
Linnakylä, P. 'Finnish education – reaching high quality and promoting equity'. Education Review. Vol.17(2).
Routti J.&Yla-Anttila, P.2006. Finland as a knowledge economy: elements of success and lessons learned. Washington, DC, World Bank.
Putnam, R. 정성현 역(2009), 『나홀로 볼링』, 서울: 페이퍼로드.
Sahlberg, P. 2007. Education policies for raising student learning: the Finnish approach. Journal of Education policy. 22(2), 147-171.
Simola, H. 2005. The Finnish miracle of Pisa: historical and sociological remarks on teaching and teacher education. Comparative Education, 41(4), 455-470.
Talvitie, U. 2000. Student teachers' views about theirs relationships with university supervisors, cooperating teachers and peer student teachers. Scandinavian Journal of Educational Research, 44(1), 475-485.
Tirri, K.&Puolimatka, T. 2000. Teacher authority in schools: a case study from Finland. Journal of Education for Teaching. 26(2), 157-165.

Valijarvi, Jouni(2009), 「핀란드 교육시스템은 무엇이며, 그 시스템은 어떻게 작동되는가?: 핀란드 종학학교의 교육과정 및 교수방법의 특징을 중심으로」, 『2009. 1. 17-1. 25 스웨덴-핀란드 교육현장 탐방 및 세미나 자료집』.

----(2009), 「핀란드 의무기초교육에서 있어서의 평가」, 『2009. 1. 17-1. 25 스웨덴-핀란드 교육현장 탐방 및 세미나 자료집』.

Valli. R&Jonson, P. 2007. Entrance examination as gatekeepers. Scandinavian Journal of Educational Research, 51(5), 93-510.

Webb, R et al. 2004. A comparative analysis of primary teacher professionalism in England and Finland. Comparative Education, 40( ), 183-107.

Webb, R.&Vullimy, G. 1999. Changing times, changing demands: a comparative analysis of classroom practice in primary schools in England and Finland. Research Papers in Education. 14(3), 229-255.

Westbury, I. et al, 2005. Teacher education for research-based practice in expanded roles: Finland's experience. Scandinavian Journal of Educational Research, 49(5), 475-485.

핀란드 교육과 우리 교육
독일 교사들과의 대화를 통해서 보기

| 송순재[1]

1. 스웨덴에서 핀란드로, 핀란드에서 독일로

몇 년 전 새로운 호기심이 생겨 덴마크와 러시아의 학교들을 둘러보고 무척 색다른 감흥에 빠져든 적이 있다. 덴마크의 코펜하겐과 오덴서에서는 근대기 자유교육과 시민대학의 요람지를 일견할 수 있었는가 하면, 러시아에서는 톨스토이가 농민들의 아이들을 위해 세운 모스크바 근교의 야스나야 팔랴나Jasnaja Poljana의 자유학교를 비롯하여 상트페테르부르크와 바슈코르토스탄 공화국의 수도 우파에서 '아름다움'을 모토로 학교를 개혁하고 있던 선생님들을 만날 수 있었다. 그 사이 이 관심사는 북유럽 교육 전반에 대한 문제의식으로 자라났으며 그러던 터에 마침 스웨덴 웁살라 대학에서 객원 연구원으로 2년 정도 머물며 스웨덴과 핀란드의 학교들을 연구하던 안승문 선생님이 '새로운 학교'에 대한 구상과 전망 속에서 꾸린 '스웨덴·교육기행팀'에 합류하였다. 2009년 1월 17일부터 일주일간 이어진 여정에서 우리들은 빡빡한 일정을 보내며 이곳저곳 참신한 북유럽의 학교들을 찾아보았다.

---

[1] 필자는 감리교신학대학교에서 교육철학을 강의하고 있다.

깊은 인상을 주기에 충분했던 이 일련의 방문 일정 마지막 단계에서 우리들의 시선은 '피사(PISA)'에서 최상의 성적을 올리며 유럽은 물론 전 세계적으로 유명하게 된 '핀란드 교육'에 모아졌다. 핀란드 교육의 그러한 면모는 이미 국내에서도 차츰 반향을 불러일으키고 있던 터였다. 무엇 때문이었을까? 요는 이 나라의 학업성취도가 우리나라처럼 막무가내로 몰아붙인 결과와는 판이하게, 매우 합리적이며 인간적인 면모를 갖춘 참신한 학교제도와 사회의 작품이라는 시각 때문이었을 것이다.

나는 이 의미 깊은 여정을 마치고 귀향하는 우리의 교육기행팀과 함께할 수는 없었다. 오랫동안 가보지 못했던 독일의 상황이 궁금하여 미리 짜놓은 일정대로 북해 연안의 유서 깊은 도시 키일로 건너가야 했기 때문이다. 키일로부터 시작해서 중부와 남부로 이어지는 긴 여정의 중간 기착지들인 카셀과 하노버, 그리고 종착지인 남부 대학 도시 튀빙엔에서 옛 친구들이나 새로운 사람들을 만나는 기쁨은 특별했다. 그런 만남들 속에서 우리는 틈틈이 많은 이야기들을 나누었지만 그중에서도 피사와 핀란드 교육은 늘 탁상에 오르는 대화의 주제였다. (독일 교육과 비교해서) 어떤 이들은 핀란드 교육을 높이 평가하는가 하면, 어떤 이들은 문화적 조건을 고려해서 좀 더 냉정하게 비교하려 했고, 어떤 이들은 나름대로 이유를 가지고 좀 부정적으로 보기도 했다. 또 피사라는 척도를 가지고 각 나라의 교육의 질에 대해 왈가왈부하는 것은 부적절하다는 의견도 있었다. 교육은 피사가 지시하는 범위를 훨씬 넘어서는 것이라는 생각 때문이었다.

이 주제에 대해 독일에서 저명한 교육학자인 라인하르트 칼Reinhard Kahl은 핀란드의 이곳저곳을 방문하여 얻은 소감을 바탕으로 『디 차이트Die Zeit』지에 "만일 학교가 배운다면……"이라는 제하의 글(2004. 12. 09)을 기고했다. 그는 글의 들머리를 핀란드 교육에 대한 독일인들의 매우 호감 어린 견해를 소개하는 것으로부터 시작하고 있다. 이를테면 국제피사연구가인 안드레아스 슐라이허Andreas Schleicher는 헬싱키에 자기 아이를 보내고 싶어 하는가 하면, 여러 유수한 정치인들도 핀란드 교육에서 독일 교육을 위한 어떤 긍정적 모형(만)을 찾고자 한다는 것이다. 그의 기사는 핀란드 교육에 대한 독일 교육자들의 유력한 시각들 중 하나를 잘 대변해주는 것이어서 좀 자세히 살펴보고 싶다 (www.zeit.de/text/2004/51/C-pisa-Finnland - 2009/07/26). 각 항목에서 설명이 필요할 경우 문장이 끝나는 부분에 필자의 주를 달았다.

2. 핀란드 교육에 대한 라인하르트 칼의 시각

라인하르트 칼이 핀란드의 교사나 교장, 학부모와의 대화를 통해 짚어낸 몇 가지 점을 열거하면 다음과 같다.

　* 핀란드의 수도 헬싱키 교외의 반타Vantaa에서 방문한 한 학교Puistolan Perskoulu에서 얻은 첫 인상. 학교 건물—최근에 새로 지었는데 멋지고 이상적인 건축물로 보인다. "보통 핀란드 학교들이 이렇지요." 그곳에서 일하는 한 교사Eija Reinkainen의 말이다. 핀란드에서 학교 건축 문제는 매우 중요하다. 공간은 천장의 등으로 멋지게 구획되어 있었고, 도서관에는 화초가 자라고, 컴퓨터 실험실과 식당이 갖추어져 있었다. 그곳에서는 최고의 건축가들이 학교를 짓는다고 한다. "독일에서는 안 그런가요?" 그 교사가 이렇게 물었다.

　* 아이들은 대부분 취학 전 '예비학교pre-school'에 다닌다.[2]

2_ 핀란드에서는 학교 다닐 준비를 시키기 위한 목적에서 이런 제도를 설치·운영하고 있다.

* 핀란드에서 아이들은 1학년 처음 학교에 입학할 때부터 9학년이 될 때까지 모두 같은 학교에 다닌답니다. 요컨대 '종합학교'로 일종의 '공동체 학교'인 셈이지요.[3]

* 독일 교사들에게 놀라운 장면 하나가 눈에 들어온다. 이곳에서 교사와 학생들은 긴장을 풀고 격의 없이 서로 친근하게 지낸다는 점이다. 사제지간의 정이나 관계가 좋다. 학생들은 교사를 존경하고 교사는 학생들을 사랑한다. 양자 사이에는 인격적 관계가 생생하다고 한다. "어쩌면 그럴 수 있지요?"[4]

* 핀란드에는 '작은 학급'과 '큰 학급'이라는 구조가 운영된다. 작은 학급에서는 학습장애를 겪는 학생들이 돌봄을 받는다. 이를테면 4명 정도의 아이들이 있을 뿐이다. 더욱이 이 학급에는 교사가 또 한 명 배치된다. 그런 문제가 없는 아이들은 보통 큰 학급에 배치된다. 다른 데서는 이 큰 학급을 '정상학급'이라고 부를지 모르겠으나 여기서는 그런 표현은 피한다고 한다. 학생들이 어느 학교에 배정될지는 입학할 때 받는 진단평가에서 결정한다. 작은 학급은 학습장애아들을 개별적으로 돌보기 위한 구조다. 예컨대 한 '예비학교'에서 두 여자아이들이 눈에 띄었다. 심리교사는 공부하는 데 지장이 있을 것이라는 판정을 내렸다. 더욱이 한 아이는 발을 절었다. 교사는 이 아이가 월요일 첫 시간 작은 학급에 가서 일기장을 읽게 했는데 그 후에는 일반

---

[3] 독일의 경우 종합학교인 경우를 제외하면 4학년을 마치고 실업계와 직업계 학교 그리고 김나지움이라는 3지(三枝) 구조로 된 학업경로로 각기 갈라진다. 핀란드도 예전에 그랬지만 교육개혁 이후 종합학교 체제로 바뀌었다.

[4] 이런 식의 모습은 서유럽 학교들에서는 잘 찾아보기 어렵다. 그와 흡사한 사례가 있다면 러시아이다. 러시아에서는 오늘날에도 보통 사제지간의 관계가 끈끈하다. 학생들은 교사가 들어오면 자리에서 일어나며 학교에서 교사에게 존경심을 표한다(혹시 핀란드가 오랫동안 러시아의 영향권하에 있었기 때문일까?).

학급에서 가장 잘 읽는 아이가 되었다고 한다. "현재로서는 형편이 어렵지만 장차 연극배우가 되었으면 좋겠어요." 교사가 기뻐하며 말했다.

* 장애 학생들은 보통 비장애 학생들과 통합된 구조 안에서 다니도록 되어 있다. 모든 학교에는 특수교사가 배치되어 있음은 물론, 사회복지교사, 심리지도교사, 간호사도 배치되어 있다. 간호사는 치료뿐 아니라 사랑의 돌봄을 제공한다. 이에 비해 독일에서는 특수학교가 전체 학교 중 5퍼센트에 달할 정도로 많지 않은가? 칼의 물음이다.

* 학생들이 혹시 문제를 일으키면 담임교사가 참여하는 형태의 '주간회의'에서 다루도록 한다. 회의에서는 문제를 일으킨 당사자에게 책임을 추궁하는 형태로서가 아니라 그 '해결책'을 위해 머리를 맞댄다.

* 헬싱키에는 44명의 학교 심리지도교사와 47명의 사회복지교사가 있는데, 이에 비해 독일의 경우 이와 비슷한 크기의 도시인 베를린의 티어가르텐 지역에는 단지 3명의 심리지도교사가 있을 뿐이다.

* 정규 수업이 끝나면 개인이나 그룹별로 보충수업을 받는데 그 수는 전체 학생의 4분의 1가량 된다. 이 보충수업구조는 예전에는 학생들에게 좀 부정적 느낌을 주었지만 지금은 애호를 받는다고 한다. 학습장애가 심한 학생들에 대해서는 개인별로 보조 교사가 배치된다.[5]

5_ 독일에서 이와 흡사한 것은 사립학교와 종합학교다. 이들 학교에서는 학생들을 10학년까지 함께 한 울타리에 묶어 운영하되 예외적인 경우에만 1학년을 반복하도록 하고 있고, 학습장애가 있을 경우 별도의 도움을 제공한다. 학급규모도 평균보다 작다. 한편 미국에서는 학업이 부진할 경우 여름계절학교에서 보충하고 시험을 보아 진급할 수 있다. 이럴 경우 휴식과 학교 스트레스로부터 해방되는 방학은 없어지는 셈이다 (Andreas Fischer:

* 핀란드에서 성적은 7학년부터 매긴다. 하지만 '유급제도'는 없다. 유급은 몸이 아주 아플 경우에만 허용한다. 이에 비해 독일의 경우 유급자는 38퍼센트 정도에 달한다. 이 때문에 수십억 유로의 경비가 지출된다. 500만 인구가 사는 핀란드에서 지난 몇 년간 졸업을 하지 못한 학생은 15~200명에 불과하다. 이에 비해 8,000만 인구가 사는 독일의 경우, 매년 10만 명의 학생들이 '주요학교'[6]에서 졸업 불가 판정을 받는데, 이는 매년 10퍼센트 규모에 달하는 것이다.

* 핀란드에서는 초등단계에서 학생당 5,000유로 정도의 경비가 드는데, 독일에서는 그보다 1,500유로 정도 적게 든다. 하지만 핀란드에서는 상급학년 단계에서 경비가 덜 드는데, 학생들이 자발적으로 공부하고 교사도 적게 배정되기 때문이다.

* 핀란드 교사들이 내세우는 성공의 비결은 이를테면 다음 세 가지 정도로 간추려볼 수 있다. 첫째, 초기 단계에 결정적 의미를 부여하는 것이다. 이를테면 학습장애가 있는 아동들은 이곳에서도 매년 늘어나지만 이 아이들에 대한 조치가 '조기'에 이루어진다는 것이다. 둘째, 개별화 학습구조다. 모든 아이들은 서로 다르며 다른 점에서 오류를 범한다는 견해에 의한 것으로, 따라서 학생들로 하여금 제각기 다른 학습경로를 밟아가게 한다. 문제가 클수록 개별화 학습구조가 도움이 된다. 이 제도에 따르면, 이를테면 처음 어떤 특정한 아이들의 문제를 다룰 경우, 이것은 나중에는 학교 전체를

"Pisa-Studie: Finnland zum dritten Mal auf Platz 1"(Nachrichten/Die Welt), www.helles-koepfchen.de/artikel/2416html - 2009/08/06).

6_ Hauptschule-초등학교 이후 학업경로에 따라 갈라지는 삼지체제하에서 Realschule[실업학교] 및 김나지움[Gymnasium]과 병행을 이루는 '직업학교.'

위한 원칙이 된다고 한다. 셋째, 학교의 공동체적 성격이다. 학교에서는 학생들이 사랑과 아늑함의 분위기, 소속감, 좋은 느낌 등을 느낄 수 있도록 한다. 학생들은 이 토대 위에서 학습도 잘해낼 수 있게 된다.

* 교사가 은퇴를 할 경우 적절한 방식으로 학교에 봉사할 수 있다. 이를테면 칼과 이야기를 나눈 에이야 레인카이넨Eija Reinkainen 선생님은 2년 후면 은퇴를 하는데 은퇴한 다음 학교에 봉사하기 위해 교장선생님과 상의 중이다.

* 새로운 교육정책에 따라 예비학교에서부터 상급 단계에 이르기까지 단위학교와 교사들은 독자적으로 수업과정을 '자유롭게' 구성할 수 있게 되었다.

* 중등교육 상급 단계에서 청소년들은 2년 내지 4년 동안 공부하고 '고등학교졸업시험-대학입학자격시험'을 본다. 그 비율은 60퍼센트를 상회하며, 직업학교 경로에서는 72퍼센트 수준에 달한다.

* '학교장학제도'는 1990년대 중반에 폐지했다. 이는 단위 학교에서 독자적이며 또 좀 더 자유로운 교육활동이 가능하도록 했다. 그 대신 지자체는 학교에서 좋은 수업을 하도록 의무규정을 두고 있다. 이 맥락에서 핀란드에서는 교사를 하나의 독립된 연구자로 이해하고 있다. "모든 교사는 연구자여야 한다. 연구자로서 그들은 아동의 학습활동을 파악해야 한다"는 것이다.

* 교육학 교수인 요르마 오얄라Jorma Ojala는 학생과 교사 간의 긴밀한

인격적 관계를 강조했다. "아동은 거울 같다"는 것이다. 교사가 아동을 존중하지 않으면 아동도 교사에게 그렇게 한다는 뜻이다. 이는 학생들에게 먼저 의무를 요구하는 이전의 관행과는 정반대의 접근 방식을 뜻한다.

* 현행 종합학교제도는 1962년 입안되고 1970년대 중반 나라 전체에 구현된 교육개혁정책에 따른 것으로, 과거에는 독일 학제와 흡사했다. 또 성적이 좋지 않으면 유급을 시켰다. 하지만 종합학교제도 도입 후 교사들은 이 달라진 제도 속에서 자신의 과제를 책임 있게 수행할 수 있도록 요청을 받았고, 또 학생들에게 호소력 있는 교사로 나타나도록 독려를 받았다. 하지만 그것은 책임을 추궁한다는 의미에서가 아니라 교사직을 존중하는 데서 나온 요청이라고 한다.

* 핀란드 대학은 좋은 교사를 양성하기 위해서 그에 상응하는 '교사교육과정'을 운영한다. 아울러 대학은 우수한 능력을 갖춘 학생들을 선발하려 한다. 만일 대학의 해당 학과에 한 자리밖에 없는데 7명이 지원할 경우, 학생들의 자발적 사고 능력이 어느 정도인지를 기준으로 선발한다. 시험의 과정은 다음과 같다. 교육사상가 한 사람을 골라서 읽고 한 편의 글로 써내기. 이어서 구두시험. 교사양성과정의 핵심은 처음부터 모든 교사를 한 사람의 독립적 연구가로 보고 그 능력을 촉진하는 데 있다. 이론학습뿐 아니라 실습 과정을 중시한다. 이를테면 실습학생은 한 학급을 배정받아 지도교사의 지도하에 15주간 실습을 한다. 이 구조에서 학생들은 자주 교실에 가서 보는 법을 배우고 한 사람의 독립된 교사로서 일할 수 있는 능력을 익힌다.

* 핀란드 사회에서 교사직은 존경받는 직업 중 하나로 여겨진다. 핀란드

인들은 그들의 교사들에 대해서 만족감을 표시한다. 하지만 핀란드 교사들이 봉급을 많이 받는 것은 아니다. 그들의 봉급 수준은 독일 교사의 3분의 2 정도다.

이상은 라인하르트 칼이 핀란드의 교사나 교육전문가들과의 대화에서 핀란드 교육의 특징 혹은 장점으로 제시한 것들을 간추려본 것으로, 다시 한 번 쟁점별로 꼽아보면 다음과 같다. 9년 동안 함께 지내도록 한 종합학교, 서로 돕고 행복하게 느끼는 학교의 공동체적 분위기, 예비학교, 사제지간의 친근한 관계, 작은 학급과 큰 학급, 개별적으로 촉진하고 문제가 있으면 별도의 도움을 제공하는 학습구조, 장애아와 비장애아 통합교육, 학생을 개별적으로 돌보기 위한 다양한 교사지원체제, 뒤처지는 아이들을 돕기 위한 보충수업구조, 유급제도 폐지, 문제를 조기에 진단하고 대처하는 제도, 교사가 교육과정과 교수-학습구조에서 누리는 자유, 학교장학제도 폐지, 교사를 연구자로 보고 신뢰하고 존경하는 사회적 분위기, 바람직한 교사양성체제 등.

문제를 좀 더 객관적으로 살피기 위해 핀란드의 높은 학업성취도의 원인을 분석·소개한 〈OECD 국제연구〉 자료도 곁들여 살펴본다(PISA-Studien, http://de.wikipedia.org/wiki/PISA-Studien - 2009/08/14).

 * 루터의 종교개혁적 교육에 뿌리박은 읽기 전통[7]

7_ 핀란드의 학교와 사회에서 루터국교회의 영향은 오늘날에도 여전히 강력하다. 종교개혁자 마르틴 루터는 무슨 일을 하든 하나님 앞에서 한다는 성실한 태도와 직업윤리를 강조했다. 그런 시각은 학업에 대해서도 엄중한 자세를 요청할 수밖에 없다. 또 개신교에서 성서 읽기는 신앙생활의 중심을 이룬다. 북유럽의 근대적 학교들이 그런 배경을 전제한다면 핀란드 학교에서 학생들이 보이는 탁월한 읽기와 독해 능력은 자명하다.

* 읽기학습에 대한 높은 동기부여—TV나 영화관에서 영화는 원어로 제시하되 하단에 번역문을 곁들이는 식으로 한다.
* 작은 나라 안에서 가능한 공동체의 느낌: 모든 개인은 중시된다.[8]
* 국민 계층 간 상대적으로 근소한 사회적 격차.
* 인문계와 실업계를 나누지 않는 종합학교 제도.
* 놀라운 정도로 분화되어 풍부하게 배치된 교사진. 그중 사회복지교사를 특히 거론할 만하고, 수업에서 필요할 경우 교사 한 명이 추가로 들어올 수 있다.
* 수준 높은 교사의 질: 교사는 포괄적인 과정, 즉 교육학 수업이 진행되는 과정이나 종료 후에 매년 가장 우수한 10퍼센트 정도가 선발되어 배치된다.
* 학급당 학생 수는 보통 20명 이하이다.
* 아주 풍부하게 제공되는 학습 조건: 친근함을 자아내는 학교 공간, 도서관, 식당 등.
* 단위 학교는 폭넓은 자유를 누리고 여기에 상응하여 교육의 질을 통제하는 시스템이 가동된다. 교육부는 교육과정을 상세히 규정하기보다는 학습목표를 설정하고 그 목표가 의미 있게 도달되었는지에 대해서만 범국가적 테스트를 실시한다.
* 표준화된 테스트를 신뢰한다.

주제에 대한 좀 더 전문적인 연구물들이 있겠으나 여기서 굳이 그럴 필요는 없겠다. 마지막으로 칼은 한두 가지 비판적 시각을 담아 글을 마무리하고 있는데, 그것은 보통 세간에 알려진 것처럼 학생들이 학교에 대해 그리 만

8_ 모든 작은 나라가 좋은 성적을 올리는 것은 아니다. 하지만 작은 나라라는 조건은 여건만 마련되면 힘을 발휘하는 데 유리할 수 있다.

족하고 있지 않다는 것이었다. 이 때문에 핀란드 교육을 둘러싼 최근의 평가는 좀 불안정한 상황으로 바뀌었다고 한다. 최근 떠오른 가장 중대한 문제는 학생들이 자신들의 참여가 없다는 데 대한 불만과 함께 학교를 '함께' 발전시키자고 목소리를 내고 있는 상황으로, 그래서 여기에 응답하는 것이 최대의 쟁점이 되고 있다고 한다. 따라서 최근에는 학생들의 좋은 착상과 사례를 수집하여 이를 반영하려 하는데, 하지만 실제 학교 일상에서는 그리 잘 돌아가지 않는 것 같다는 네 아이를 둔 어떤 어머니의 의견도 소개했다. 그 어머니가 덧붙인 다음과 말은 새겨볼 만하다.

"핀란드 학교에서 아이들은 전 인격적으로 좋은 느낌을 가질 수 있도록 더 나은 돌봄을 받고 인격적으로도 더욱 존중받아야 하지요."

3. 독일 교사들과의 대화를 통해서 보기

최근 세계에서 이루어지는 유력한 학교교육의 동향은 크게 둘로 나누어 볼 수 있다. 하나는 영국처럼 학업성취도를 강화하고 향후 직업세계를 준비시키기 위해 경쟁력과 경쟁체제를 강화하는 것이고—여기서 학생들은 억압기재에 노출될 수 있다—, 다른 하나는 아동 개개인의 개별성과 공동체성에 교육의 초점을 맞추는 것이다. 전자의 경우 높은 학업성취도를 기대하기 마련이며 후자의 경우 인간교육에 대한 지향점이 확연하다. 문제는 이것을 강조하면 저것이 간과되고 저것을 중시하면 또 이것이 간과될 수 있다는 것이다. 핀란드 교육에 세계인의 눈길이 쏠리는 것은 이런 양자택일식 교육이 아니라 양자 모두를 포섭하는 성과를 올리고 있다는 세평 때문이다. 핀란드는 세 차례에 걸린 피사에서 모두 1위를 차지했을 정도로 높은 학력이 가능한 교육을 할 뿐 아니라 공동체성 안에서 개성을 신장하고 도덕성과 예술적 소양을 함양하고 있다는 세평이다.

  핀란드 학교 몇을 둘러보고 또 그중에서도 혁신적인 학교를 둘러본 후 소감은 핀란드 공교육제도는 학력을 촉진하기 위한 관심사를 강하게 반영하고 있으면서도, 이른 바 19세기 말에서 20세기 초엽에 유럽과 북미대륙을 뜨겁게 달구었던 아동존중과 사회공동체성의 교육학, 즉 '개혁교육학'의 모티브를 요처에 잘 도입하려 하고 있다는 것이었다. 이러한 교육체제와 맞물려 평등과 공동체성을 구현하기 위한 사회복지 시스템이 합리적으로 잘 가동되고 있었다. 여기서 교육제도와 사회정치제도는 서로 떼어놓고 생각할 수 없다는 점이 다시 한 번 명확해졌다.

  개성과 다양한 삶의 자리, 그리고 학력에서, 신체에서, 사회적 조건에서 발생할 수밖에 없는 현상인 약자를 배려하고 함께 보듬어 안고 가기 위한 노력은 특히 마음에 깊이 다가왔다. 라인하르트 칼의 기고문에도 그런 점들이 잘 드러나 있다. 우리 교육에서 가장 절실한 대목임이 분명하다.

  우리나라에서 일고 있는 핀란드 교육에 대한 사회적 현상을 찬찬히 들여다보면 흥미롭다. 아동존중과 사회통합의 교육을 주창하는 진보적 진영뿐 아니라, 학력신장과 경쟁력 혹은 엘리트주의를 추구하는 전통적 보수 계층의 긍정적 눈길 역시 종종 확인할 수 있기 때문이다. 피사 1위라는 칭호는 경쟁적 교육체제를 끊임없이 강화하고 있는 영국에서 바람직한 교육모형을 찾고자 했던 이들의 마음을 사로잡기에 충분할지 모르겠다. 하지만 그 내용을 들여다보면 영국은 핀란드와 얼마나 다른가! 또 그런 방식으로 내세웠던 학력신장의 목표는 영국에서 실제 얼마나 동떨어진 결과에 이르렀는가?

  혹여 이 분들이 우리나라 교육의 목표를 핀란드를 추월하는 것이라 내심 생각하고 있지 않을까 염려된다. 우리에게 보다 절실한 것은 학력을 추구하되 개성에 맞는 방식이어야 하되, 도덕과 예술적 심성을 경시하지 않는 것이어야 하고, 사회적 통합에 기여할 수 있는 것이어야 하며, 학생들의 삶과 자유를 촉진하는 것 등이 아니겠는가 하는 물음 때문이다. 그런 점에서는 핀란드 말고도 훌륭한 혹은 또 다른 시각에서 좀 더 풍부한 전통을 가진 나라들도 많다. 하지만 우리 사회가 그 주된 흐름에서 이 같은 시각으로 경도하게 되었다는 징후는 아직까지 찾기 힘들다. 그 이유는 1등 아니면 쳐다보지도 않는 사회적 풍조 때문이거나, 혹은 지금까지 성적표에 안달하며 지내왔던 식으로 피사가 제시하는 평가수치를 교육의 전부인 것처럼 생각하고 있는 것이 아닌지, 혹 삶과 교육이 무엇인가에 대한 관점이 아예 철저히 뒤틀려버렸기 때문은 아닌지 자문해본다.

독일을 여행하던 중 피사는 '외적 척도'에 의한 평가체제이며 따라서 이것을 가지고 한 나라의 교육의 질을 판단하기는 어렵다는 의견을 피력한 교사와 이야기를 나누었던 적이 있다. 외적 척도란 문화적 전제와 조건을 반영하지 않는 구조를 말한다. 이를테면 독일은 핀란드와 비교해서 인구 수로는 16배 정도 많고 그 분포도도 넓다(헬싱키를 중심으로 몇몇 도시에 인구가 밀집되어 있는 핀란드와는 다르다). 또 핀란드와 비교해서 매우 높은 비율을 점하는 이주민 자녀들의 열악한 학업성취도 문제를 감안할 때 그렇다. 또 독일은 인간의 다양한 재능을 촉진하고 전인교육의 이념을 구현한다는 점에서 훌륭한 교육사적 전통을 발전시켜왔으며—이를테면 교육사상에서, 다양한 개혁학교 내지 대안학교 사례들에서—, 또 이를 차근차근 공교육이나 대안교육에 정착시켜왔다. 이 점을 독일 학교는 자랑으로 내세운다. 비록 최근 들어 피사에서 탁월한 성적을 내지 못한다는 사회적 비판에 따라 학력 강화의 모토가 상당부분 일선 학교와 국가정부 차원에서 강조되고 있기는 하지만 말이다.

피사가 교육의 전부를 말해주지 않으며 교육의 질은 그와는 다른 형태로 평가될 필요가 있다는 의견도 있었다. 피사는 'OECD'(경제협력개발기구,

Organisation for Economic Co-operation and Development)에 의한 평가체제로 여기에는 산업과 경제에 대한 관심사를 강하게 반영하고 있기 때문이다. 독해력과 수학, 과학이 평가의 중심이 되어 있는 것은 바로 그 때문이다. 이들 과목이 기본적 중요성을 갖기는 하나, 교육은 그런 것만은 아니지 않은가? 대안교육이나 개혁교육학 진영에서 의심에 찬 눈길을 보내는 이유이다.

이 맥락에서 한 가지 모순된 상황을 그려본다. 핀란드에서는 학생들 간의 경쟁을 부추기지 않고 약자를 끌어올리고 협력적이며 공생적 관계 속에서 학습이 이루어지도록 한다고 하는데, 실제 국제관계에서 핀란드는 경쟁적 관심사를 짙게 배어낸다. 현재 도달한 수위를 다른 나라에 빼앗기지 않을까 하는 염려도 도처에서 감지할 수 있다. 이런 염려는 평가에 참여하는 모든 나라들의 관심사이기도 하며 독일 역시 예외가 아니다. 하지만 이런 식으로 국가 간의 교육경쟁을 부추기는 평가체제를 가동하는 것이 과연 인류의 진정한 미래를 위해 얼마나 바람직한 것일까?

여러 인상적이고도 감명 깊은 핀란드 학교를 돌아보던 중 어떤 대목에서 미심쩍은 생각이 들었다. 그것은 핀란드 학교들이 보이는 우수한 학력은 어느 정도 '전통적'이고 '권위주의적'인 교육방식과 관련이 있는 것은 아닌가 하는 의문이었다(물론 다른 요인들도 고려해야 한다). 전통적-권위주의적 체제에서 학생들에게 부과되는 학업수준은 종종 부담스러운 것일 수 있다. 그것은 학교와 학교들 사이에서 이어지는 장면들과 대화의 맥락 중에서 가지게 된 생각이었다. 이것은 라인하르트 칼이 그의 기고문 마지막 대목, 즉 적지 않은 학생들이 학교에 대해 그리 만족하고 있지 않다는 지적과도 무관하지 않다는 말이다. 그런데 이는 추후 논의의 과정에서 실제 린나퀼라P. Linnakylä와 말린A. Malin의 연구 결과(Finnish students' school engagement profiles in the light of Pisa 2003. Scandinavian Journal of Educational Research, 52(6), 2003)와도 일치하는 생각임을 확인할 수 있었다. 이 연구에 따르면 핀란드 학생들의 인지적 학업성취도는 다른 스칸디나비아 국가들에 비해 높지만 학교생활에서의 참여 정도는 낮은 것으로 나타나 있다. 말하자면 학교가 학생들에게 학생 개인에게 주는 도움에 대한 평가 정도는 높지만, 교사-학생 간의 관계나 학교 공동체에 대한 소속감에 대한 평가정도는 낮다는 것이다. 이는 학생들이 학교에서 느끼는 삶의 질(또래 친구들과 교사에게 인정받고 있다는 느낌과 소속감, 교사와 학생 사이의 상호작용 관계, 학교가 도움이 된다고 느끼는 정도 등)이 세간의 평과 전적으로 부합하지 않음을 뜻한다(좀 더 자세한 것은 이 책 성열관의 글「핀란드 교육 성공, 그 사회적 조건」참조).

이 문제를 두고 독일에서 칼스루에 교원대학의 한스 마르틴 슈바이처 Hans-Martin Schweizer 교수와 이야기를 나누었는데, 그의 판단 역시 크게 다르지 않았다. 즉 핀란드 교실에서 전통적이며 권위주의적 방식은 보통 좀 더 힘을 발휘하고 있으며 학생들 역시 세평처럼 그렇게 흥미진진하게 수업에 임하고 있지 않다는 인상을 받았다는 것이었다.―이는 학교가 학생들에게 기울이는 노력과는 별도로 학생들 스스로 느끼는 측면이라는 점에서 의미를 갖는다―이 대목에서 어떤 독일 교사의 지적, 즉 핀란드 학생들의 '술 중독' 현상이 광범위하다든지, 학생 '자살률'이 경보 수준으로 높다든지 하는 지적이 떠올랐는데, 이는 그냥 지나치기 어려운 문제로 생각된다. 추후 좀 더 찬찬히 새겨보아야 할 문제다.

하지만 핀란드 학교들 중에서도 몇몇 혁신적인 학교들을 방문했을 때 받은 느낌은 전체적으로 명쾌했고 매우 좋았다. 그곳에서 사용되는 교육과정, 교수-학습법, 교사와 학생들의 개방적이며 친근한 교류 방식 등은 서구의 개혁교육학과 대안교육의 핵심을 의미 있게 반영해주는 것들이었다. 학생들이 내비치는 얼굴빛이나 표현들은 생동감 있었으며 학교 전체 분위기는 맑고 밝았다. 이런 양상은 혁신적인 스웨덴 학교나 자유교육과 시민교육의 전통이 잘 살아 있는 덴마크 학교 혹은 개혁교육학이나 대안학교의 전통이 잘 살아 있는 독일 학교 등에서도 역시 확인할 수 있는 것이기도 하다. 이 점에서 특히 언급할 만한 사례는 독일 비스바덴 시에 있는 '헬레네랑에 학교Helene-Lange-Schule'다. 이 학교는 피사가 도입되기에 앞서 이미 오래전 교육이 무엇이며 어때야 하는가에 대한 문제의식에서(1980년대 중반부터 근 이십여 년간) 개혁을 시도해온 엔야 리겔 교장과 동료 교사들이 기울인 노력 덕분에 인간적 삶에 부합하는 아주 독특한 학교로 성장했고, 그 결과는 여러 면에서 최상의 성적을 보인 피사의 평가 결과에서도 나타났다. 이 학교는 최근 독일은 물론 유럽 전역에 널리 알려졌다. 향후 우리나라 교육의 진정한 방향 정위를 위해 이러한 폭넓고 다양한 시각에서의 대화와 배움이 요긴해 보인다.

전체적으로 보아(비판의 소지가 전혀 없지 않지만) 일반적인 교육적 양상에서 핀란드가 우리나라에 시사하는 점은 아주 많다. 그것은 그들이 피사 1위이기 때문이어서가 아니라, 우리 학교 현실과는 상당히 다른 인간적인 삶을 추구하면서 학업에 매진하고 있다는 점에서 그렇다. 특히 뒤처지는 아이들을 탈락하도록 내버려두지 않고 보듬어 안고 함께 가려는 이들의 시도는 매우 교훈적이다. 학교교육에 대한 사회복지적 지원체제 역시 감동을 자아낸다. 이 점에서 우리가 극복해야 할 과제가 무엇인지는 분명해진다.

하지만 앞서 지적한 이유로 핀란드가 모든 것을 다 말해준다고 볼 수는 없다. 만일 모형에 대해서 말하자면 그것은 유일한 모형이라고 하기보다는 하나의 유력한 모형이라고 할 수 있을 것이다. 우리나라가 극복해야 할 점들은 또 다른 나라들의 인간적인 교육적 시도들과의 대화를 통해서 올 수 있을지 모른다. 이는 현재 우리나라 아이들과 청소년들이 학업이라는 이름하에 처해 있는 '처참하기 이를 데 없는' 삶의 상황을 놓고 볼 때 더욱 절실하다.

차별과 구별이 없는 통합교육

| 손승현[1]

2008년 MBC에서 방송된 「열다섯 살의 꿈-꿈을 꾸어도 좋아」라는 프로그램을 보고 핀란드 교육에 관심을 가지게 되었다. 특수교육을 전공하지만, 모든 학생들을 배려하는 교육, 함께 가는 교육을 어떻게 실행할 수 있을까에 관심 있던 나에게 핀란드의 교육은 다소 충격이었다. 어쩌면 핀란드의 교육이 충격적이라기보다는 핀란드와 대조적으로 보여준 광명시의 중학교 학생과 그들의 삶이 더 충격적이었는지도 모른다. 경쟁에 치여 살고, 고등학교 교복으로 인한 낙인에 어른들의 시선을 피해야 하고 끊임없는 비교와 공부에 대한 압박감에 정말 찌들어 보이는 중학생들을 보며 우리나라의 학생들이 너무 불쌍하다는 생각에 가슴이 아팠다. PISA라는 시험에서 유사한 결과를 보여주었지만, 경쟁 중심의 한국 교육과 지원과 협력 중심의 핀란드 교육의 차이는 근본적으로 매우 큰 것이다라는 PISA 관계자의 말은 상당히 의미심장하게 남았다.

1_ 고려대학교 교육학과에서 특수교육을 연구하며 교육하고 있다.

I. 모두를 위한 교육과 유럽연합의 통합교육 추세

UNESCO United Nations Educational, Scientific and Cultural Organization는 1994년 장애 학생을 위한 92개 국가에 대해 높은 기준을 가지고 통합교육의 당위성에 대한 살라만카 선언 이후, 장애 학생뿐 아니라 소외되거나 사회·경제적으로 학업에 실패할 위험군At-risk에 있는 아동의 교육적 요구를 충족시키기 위해서는 현재 존재하는 전략과 프로그램만으로는 불충분하거나 부적절하다고 지적한다(UNESCO, 2007). 유네스코는 통합교육을 "모든 아동을 위한 교육Education for All" 차원에서 강조하면서 통합교육에 종사하는 교사는 모든 학습대상자의 특성과 심리를 파악할 수 있는 자질을 갖추어야 하고, 통합교육을 위해서 일반교육과 특수교육의 이중적인 행정체제를 "하나의 교육one system" 안에서 재구성해야 하는 것과, 일반교사와 특수교사의 협력을 행정적으로 지원하도록 하는 방안이 강구되어야 한다는 것을 강조한다(UNESCO, 2007).

통합교육이 지향하는 것은 모든 아동과 청소년, 때로는 성인까지 소외되거나 제외되지 않도록 구체적인 요구를 충족시키기 위한 것이다. 이러한 통합교육의 핵심은 교육을 받을 수 있는 권리와 개인이 가지는 가치가 핵심이다(Moberg&Zumberg, 1994). 개인이 가지는 교육권에 대한 규정은 유네스코뿐 아니라 대부분의 유럽연합이 따르고 있는 통합교육의 기저가 되고 있다. 유네스코뿐 아니라 OECD(Organization for Economic Cooperation and Development, 1999)에서도 1990년대 통합에 대한 개념을 규정하며 국가별 통합교육의 실제 통계치를 발표하였다. OECD 보고서에 의하면, 1990~1996년 사이 14개 유럽연합 국가 중 핀란드는 1990년과 1996년에 특수교육 대상자의 비율이 17.1퍼센트와 15퍼센트로 다른 국가에 비해(예, 영국 1.9퍼센트, 이탈리아 1.3퍼센트 등) 덴마크와 함께(13퍼센트) 다소 높은 수를 나타내었다. 이와 같은 수치는 핀란드나 덴마크에 더 많은 특수교육 대상자가 있었다고 보기보다는 뒤처지거나 특별한 교육을 필요로 하는 학생에게 더 많은 재정적 지원과 교육적 지원을 해주는 것을 반영하는 결과로 보고 있다. 다른 현황을 보면 1990년과 1996년 분리교육을 받는 학생 수의 비율은 2.8퍼센트와 2.3퍼센트로 이미 전체 학생의 대부분은 통합교육 상황에서 교육을 받는 것으로 나타나고 있다. 핀란드 외에도 대부분의 유럽연합 국가들이 3-4퍼센트의 학생만이 전일제 특수학급이나 특수학교에서 분리교육을 받는 것으로 보고하고 있다(Vislie, 2003). 유럽연합뿐 아니라 미국, 호주를 비롯한 일본 등 선진국에게 교육에 있어서 가장 큰 과제로 떠오르는 통합교육은 학교체제가 넘어야 할 큰 산이면서도 그 산을 넘었을 때에 개개인의 교육권이라는 교육적 가치와 사회적 통합이라는 교육의 큰 결실을 맺을 수 있는 계기가 되는 것이다. 그만큼 도전도 크지만 새로운 교육 패러다임으로서의 통합교육을 통해 학교개혁을 이루어낸다면 핀란드와 같은 좋은 교육적 결과도 볼 수 있을 것이다. 따라서 다음 절에서는 핀란드의 통합교육을 이루는 요소와 실제를 문헌을 중심으로 살펴보고자 한다.

II. 핀란드의 통합교육

핀란드는 PISA에서 세 번 연속(2000년, 2003년, 2006년) 두드러진 결과를 얻음으로 인해, 핀란드의 학교교육 시스템은 많은 나라와 연구자들에게 관심의 대상이 되어왔다(Halinen, 2006). 핀란드의 성취에 사람들이 특별히 더 주목하는 이유는 모든 학생의 성공에 있다고 볼 수 있다. 즉, 핀란드에서 가장 열악한 지역에 있는 학교의 성적이, 즉 사회경제적 지위의 차이에 따라 지역 학교의 성적의 높고 낮음을 예측하기 힘들 만큼 그 차가 작으며, 잘하는 학생과 못하는 학생의 차도 매우 작은 것에 많은 나라들은 주목하고 있는 것이다. 결국, 핀란드에서는 개개 학생들의 요구가 잘 충족이 되고 모든 학생들이 좋은 결과를 얻음으로써 다른 국가에 비해 좋은 성적을 거둘 수 있었다고 보는 것이다(Halinen, 2006).

이러한 핀란드의 성공 사례를 탐색하는 과정에서 일관적으로 나온 핀란드 교육정책의 기조는 모든 학생에게 질 높은 교육을 제공하자는 원칙에서 비롯된 것이며, 뒤처지는 학생에 대한 배려가 돋보이는 교육정책임이 드러나게 되었다. 이러한 원칙은 위에서 언급한 유네스코의 모두를 위한 교육 Education for All, 미국이 주창하는 낙오자 방지법No Child Left Behind과 그 맥락을 같이하는 것이지만 여전히 핀란드의 교육체제는 어떤 것이 다른가가 많은 사람들의 관심이 된 것이다.

1994년 Mazurek&Winzer의 국제 비교 연구에 의하면 핀란드는 미국, 스웨덴, 영국 등과 함께 이미 통합된 특수교육을 실시하는 나라들로 분류되고 있다. Mazurek&Winzer(1994)는 특수교육의 국제 비교 연구에서 특수교육 발전의 기준으로 통합교육의 실천 정도를 그 준거로 설정하고 있다. 통합된 특수교육을 실시하기 위해서는 모든 학교가 "모든 아동을 위한" 학교로 재구조화되지 않으면 물리적으로 통합된 장애 아동을 포함한 모든 아동은 질 높은 교육을 받지 못한 채 방치되거나 소외될 수도 있을 것이다. 따라서 핀란드의 통합교육은 먼저 모든 학생에게 교육에 접근 가능성을 높이고, 질 높은 교육에 접근 가능성을 높인 후, 학습에서 성공할 수 있도록 배려하고 지원한다(Halinen&Jarvinen, 2008). 이와 같은 3단계의 흐름은 핀란드의 특수교육과 통합교육의 역사적 흐름 속에서 제대로 이해할 수 있을 것이다.

1. 핀란드 특수교육과 통합교육의 역사

핀란드에서의 특수교육은 1846년 청각장애 학교가 시작되었고 1865년부터 시각장애 학교가 시작되었다. 핀란드 법에 의하면, 특수아는 "핸디캡 혹은 발달 지체를 가진 학생으로 일반 교육현장에서 성공적으로 공부할 수 없거나, 정서 장애 혹은 다른 이유로 일반학교에 적응하지 못하는 학생"을 말한다(MOE, 2008).

가. 1단계 핀란드에서는 1921년 의무교육법이 통과되었고, 이때 의무교육은 정신지체를 제외한 모든 아동을 대상으로 한다. 핀란드의 특수교육과 통합교육의 역사 중 첫 번째 단계에서 핀란드는 교육의 기회를 넓혀나가서 의무교육을 규정한다. 핀란드에서 보편적 교육의 뿌리는 16세기로 거슬러 올라가볼 수 있다. 16세기에 국민들이 자신의 언어로 성경을 읽을 수 있도록 가르쳤으며, 핀란드 문학과 대중 문학의 초기 기초를 형성하는 계기가 되었다. 현재 복지사회의 첫 번째 요소는 19세기로 거슬러 가보면 알 수 있다. 1866년 기본교육이 국가와 시의회의 책임으로 규정되었고, 후에 의무교육으로 바뀐 것이다. 1989년 법 조항에서는 각 시별로 학교의 숫자를 확립하여 복잡한 일부 도시를 제외하고는 대부분의 학생이 다니게 될 학교까지의 거리를 최대한 5킬로미터로 제한하였다(Halinen&Jarvinen, 2008).

나. 2단계 1960년대와 1970년대에 핀란드의 현재 교육 시스템의 토대가 만들어졌다. 1970년대에 핀란드에서는 통합에 대한 논의가 시작되었는데 이는 미국으로부터 퍼져나간 것으로 탈시설화에서부터 시작되었다. 이때부터 통합에 대한 논의가 시작되었지만, 특수교육도 중요하게 간주되었다(Koivula, 2008). 1985년부터는 정신지체 학생도 의무교육에 포함되기 시작하였다. 특수학교의 일부는 특수교육지원센터로 바뀌었고, 교사들은 그곳에서 장애 학생들을 일반학급에서 어떻게 가르칠 것인지에 대한 아이디어들을 얻을 수 있었다(Moberg&Zumberg, 1994).

다. 3단계 핀란드에서도 1990년대 초반에는 부분적 통합의 시대로 본다.

경제적 불황으로 인해 실제적으로 통합교육을 실행할 수 있는 특수교육의 자원의 일부를 잃었다. 특수교사는 자리를 잃었고, 일반학급에서 통합된 아동과 교사를 도와줄 수 있는 보조 교사를 쓰는 것도 90년대에는 힘들었다. 따라서 실제적인 의미의 통합은 단순히 물리적인 통합에 그쳤을 뿐, 지역의 공간을 나눠 쓰거나 활동을 같이했을 뿐 진정한 의미의 통합은 이루어지지 않았다(Moberg&Zumberg, 1994). 그러나 90년대 후반 핀란드에서는 단순히 물리적 통합을 넘어선 통합교육에 대해서 논하고, 통합교육적 접근을 통해 전체 학교의 시스템이 모든 종류의 장애 학생을 포용할 수 있도록 준비되고 유연하게 대처하였다(Ainscow, 1997). 구체적으로 1998년부터는 모든 학교에서 특수아를 위한 개별화 교육 프로그램을 반드시 작성해야 하고, 이러한 계획을 짜기 위해서 교사들과 다른 전문가들이 함께 협력해야 하며 부모도 함께해야 한다. 오늘날의 핀란드 교육에서의 과제는 모든 학생에게 좋은 학습환경과 개별화된 지원을 제공하고, 의미 있는 학습이 될 수 있도록 직업 능력과 교육을 함께 개발하고, 학업적 성취뿐 아니라 건강한 성장을 도모하여 학생의 교육권을 강화하는 것이다(Halinen, 2006; Koivula, 2008).

2. 핀란드 기본교육 시스템의 특징과 명제

통합교육을 지향하는 핀란드는 모든 학생을 위한 지원을 기본으로 질 높은 교수학습을 추구하면서도 학생을 위한 교육의 공정성과 평등성을 잃지 않는 교육을 추구하고 있다. Halinen&Jarvinen(2008)은 핀란드의 통합교육 모델에 흐르는 다섯 가지 특징과 명제를 다음과 같이 밝히고 있다. 핀란드의 경험에 기반한 통합교육을 통해 통합교육을 향한 추세에 다섯 가지 영역에 있어서 교육의 가치와 목표, 다음에 나아갈 단계, 어떻게 전반적 교육 시스템에 걸쳐 문화에 작용하는 정신을 개발할 것인지, 어떻게 교사를 양성하고 지원할 것인지, 그리고 교육과정의 역할과 개발과정에 대한 논의이다.

가. 첫 번째, 통합교육의 개념은 사회가 만드는 가치의 선택에 기반한다. 핀란드에 기저하는 철학은 사람들은 인간으로 발달하고 사회의 구성원으로 공헌하기 위한 의무와 책임을 가진다는 데 있다. 모든 사람을 위한 기본교육과 유사하게 목표를 달성하기 위해 정신적인 그리고 경제적인 헌신을 요구한다.

나. 두 번째, 통합이 제대로 되기 위해서는 모든 아동이 학교에 다녀야 한다는 것을 전제로 한다(Salberg, 2007). 따라서 학교까지의 거리와 교육의 비용을 고려하여 실제 모든 가정의 아동을 학교에 보낼 수 있도록 지원해야 한다. 이러한 조건이 충족되면, 모든 아동이 중도 탈락하지 않고 최소한 기본교육은 마칠 수 있도록 해야 한다. 학생이 학교에 머무는 동안에만 그들이 공부를 잘 할 수 있도록 도와줄 수 있다. 학생이 유급이 된다면, 그들은 사회에 경제적 부담이 될 것이며 분리감을 느낄 것이다. 유급률을 감소시키고 지속적으로 교수전략과 방법의 향상을 통해 아동의 학습과 복지를 증진시키고, 모든 사람이 학습을 위해 설정된 목표에 도달할 수 있어야 한다.

다. 세 번째, 지역적으로나 전국적으로, 통합교육은 연합하려는 의지와 공통의 문화를 요구하며, 사회의 모든 구성원이 참여하는 데 가치를 부여해야 한다. 이러한 요구는 협력적 모델과 통합적 교육과정을 통해 모든 사람이 공평하게 공헌할 수 있게 된다. 통합교육의 시작점은 학생의 요구와 자신의 발달 목표에서 찾을 수 있다. 각 학교의 직원도 학생의 요구를 지원하고 학생의 개인적 목표가 사회적으로도 중요한 것으로 만들 수 있는 전문성을 가지고 있어야 한다. 게다가, 학교 문화는 학생들이 존중받고 포함된다고 느낄 수 있도록 조성되어야 한다. 이러한 경우, 다양성은 강점이고 자원으로 인식될 수 있다. 모든 학교에서는 돌봄이 있고 상호작용을 장려하며, 교사가 학생의 말을 경청하고, 조기 중재를 제공하고 학급에서 학생을 지원해야 한다.

라. 네 번째, 통합교육은 교사의 긍정적 접근과 높은 전문적 기술에 의존하는 경향이 있다. 매일 교사는 학생의 요구를 충족시키고 학생들이 잘 수행할 수 있도록 도와주어야 한다(Salberg, 2007). 이를 위해, 교사는 전체 사회로부터 지원을 받아야 한다(Simola, 2005). 전국적 그리고 지역 수준에서, 가족 사회 지원과 건강보호, 청소년과 문화 서비스를 담당하는 기관은 교사와 학교의 업무를 지원해야 한다. 이러한 과정은 상호 호혜적인 것이다. 교육 시스템과 학교는 교사에게 통합적 접근을 개발하고, 교사들은 학교와 교육 전반에 영향을 주고 개발할 수 있다. 교사는 학생의 요구에 대한 자신의 전문적 식견과 지역의 요구에 기반하여 문제를 해결할 수 있도록 권한이 부여되어야 한다. 교사는 시간 소모적인 혹은 자원 소모적인 시험과 평가, 혹은 감시로 인해 부담을 느껴서는 안 된다. 대신, 교사들은 높은 질의 전직교육과 현직교육을 통해 전문가 개발을 할 수 있어야 하고 다른 교사들과 네트워킹을 할 수 있어야 한다(Salberg, 2007).

마. 마지막으로, 교육과정은 기본적으로 통합교육의 가치를 표현해야 하며 교육에 있어서 합의된 의지를 도출해야 한다. 지역의 계획과 통합교육을 위한 교수의 실행을 지원해야 한다. 학교교육과정의 개발을 위한 작업을 할 때에 교사는 공통의 목표와 통합교육을 위한 절차에 헌신할 수 있어야 한다. 교육과정을 평가할 때에는 개방적이고, 지원적이고 상호작용을 촉진하는 절차와 과정을 포함해야 한다. 이러한 특징은 중앙-지역 행정가와 시교육청 관계자, 교장과 교사, 교사와 학생 간의 협력적 작업을 통해 실행 가능하다. 이 모든 작업이 신뢰와 확신에 기반할 때에, 사람들은 자신의 최선을 다하려는 반응을 보인다. 이것이 바로 교육에 있어서, 특히 통합교육에 있어서 성공의 열쇠가 되는 것이다.

3. 통합교육을 지향하는 교수적 지원 방법의 실제

이상에서 살펴본 '모두를 위한' 교육적 신념과 일반적 교육형태가 구체적으로 어떻게 핀란드에서 학교 시스템 안에서 모든 학생을 위해 구현되고 있는가를 가르치고 배우는 과정에 초점을 맞추어 학교에서의 교수적 실제의 특징과 학생을 위한 일반적 지원과 특수적 지원으로 나누어 제시하고자 한다.

가. 교수적 실제의 특징

핀란드의 교육방법과 평가의 특징 중 하나는 학습자 중심의 교육방식이다. 학생 개개인에 대한 관심과 지원을 기반으로 흥미를 잃지 않는 수업 방식을 유지하는 것은 핀란드 교육의 가장 큰 특징 중 하나이다. 위에서 제시한 교육과정의 구성과 운용은 개인 학생에게 최적의 학습을 제공하기 위한 방식으로 이루어지고 있다. 한 예로 무학년제로 각 학생이 학습 계획을 가지며 각자 무엇을 배울 것인지, 학습 속도 역시 자신에 맞게 조정할 수 있다. 9학년이 끝나기 전까지 국가가 정한 수준의 학습 기술을 습득하고 표준에 도달하면 되는 것이다. 교수방법은 많은 경우 소그룹을 중심으로 이루어진다. 프로젝트 중심 수업은 사회 전반에서 이루어지는 패러다임의 변화에 맞추기 위한 전환이다. 이전의 지식 암기 위주의 교육에 대한 문제 제기와 프로젝트 중심 수업과 같은 구성주의식 수업 방식은 이미 현대 사회에 매우 적합한 수업 모델이라는 것은 많은 연구자들과 교육자들이 동의하는 바이다.

학생들만 협력하는 것을 배우는 것은 아니다. 교사들도 협력을 하지 않으면 살아남을 수 없다는 것이 핀란드 학교교육의 원칙 중 하나인 것이다. 교사는 혼자서 가르치는 것이 아니라 늘 두세 사람이 함께 팀을 이루어 가르친다. 장애 학생의 경우 보조 교사나 지원을 해주는 다른 교사가 있다. 장애 학생이 없더라도 교사들은 때로는 같이 때로는 나누어서 함께 가르치는 것이다. 그룹을 나누어 가르치면서 학생들은 아는 것을 다시 배우기보다는 모르는 것을 학습할 수 있도록 하며, 학습속도가 느린 학생들도 함께 갈 수 있도록 배려한다. 예를 들면, 산수를 못하는 학생들은 하나의 그룹으로 특수교육 전문 교사가 별도의 공간에서 가르칠 수도 있으며, 필요한 기술을 습득한 후 혹은 함께 참여할 수 있는 수업에서는 전체 그룹이나 다른 소그룹에 속하여 수업에 참여할 수 있도록 수업을 계획한다. 학생의 학습 정도를 가늠하는 평가는 개인의 목표에 따라 이루어진다. 먼저 목표를 정하고 합의한 목표에 도달한 것을 기준으로 하여 평가하는 방식이다. 그리고 그 목표에 도달하기 위한 학습방법을 선택하기 위해 협의를 한다. 만약에 그 목표를 달성하는 데 어려움이 있는 학생을 위해서는 벌을 주는 방식이 아닌 칭찬하고 도움을 청하게 하거나 삼자대화를 통해 문제 해결의 기반을 조성한다. 이때 필요한 경우 교육적 지원 외에 상담이나 다른 중재도 제공된다.

나. 학생을 위한 일반적 지원

핀란드 교육에서 학생을 위한 일반적 지원에는 조기 중재와 지원, 보정 교육과 학생 지도와 상담, 학생 복지 서비스, 학교와 가정 간 협력 등이 포함된다(Salberg, 2007). 모든 학생에게 적용되는 일반적 지원과 더불어 교사는 학생의 요구에 부응하도록 차별화된 교수를 제공한다.

학부모와 협력하여 생활 지도와 상담을 모든 학생이 받을 수 있으며 신체적 건강과 심리사회적 복지를 지원하는 서비스를 받을 수 있다. 공부가 일시적으로 뒤처지는 학생은 교정 교육을 받을 수 있다. 일반적 지원의 분야에서는, 수업의 주제를 설정하고, 교수방법을 결정하고, 학습자료와 교육공학적 기술 선택, 학생 평가와 피드백의 활용, 융통성 있는 집단 구성뿐 아니라 물리적·심리적 학습환경을 적절히 조성하는 것과 같은 교육방법적 차별화를 통해 교사는 다양한 학생의 요구를 충족시킬 수 있다. 모든 학생은 생활 지도와 상담을 통해 공부 기술을 배울 수 있고, 자신의 학습과 진로에서 좋은 선택을 할 수 있도록 도움을 받을 수 있다. 학교 심리학자, 사회복지사, 보건 교사를 통해 심리사회적 지원과 건강 지원을 제공하여 학생의 학습 능력을 강화하고 자신의 공부에 책임을 질 수 있도록 역량을 강화한다.

다. 특별한 지원

특수교육적 요구를 충족시키기 위한 특별한 지원 특수한 지원이 필요한 학생은 일반적으로 담임 교사나 교과목 교사로부터 개별적으로 혹은 소집단으로 수업 후에 보충교육을 받을 수도 있다. 학습과 학교 적응에 경도 장애가 있는 학생의 경우 파트타임으로 특수교사로부터 특수교육을 받을 수 있는 권리가 있고, 담임 교사나 교과목 교사와 수업 중에, 혹은 개별적으로 혼자 혹은 몇 명의 학생들이 학교 시간 중에 특수교육을 받을 수도 있다. 이러한 서비스들은 일반적으로 특정 기간 동안, 주로 한 달이나 두 달 정도 제공되고 혹은 필요할 때에는 연장될 수도 있다. 이러한 파트타임 특수교육은 좋은 학습 성과를 획득하는 데 매우 중요한 것으로 증명되었다(Moberg&Savolainen, 2008).

학생이 더 많은 지원을 필요로 할 때에는, 특수교육에 대한 의사결정을 내려야 한다. 이러한 결정은 개별화 교육 프로그램이 계획되고 실행되는 데 있어서 근간이 된다. 개별화 교육 프로그램은 학생의 강점과 어려운 점을 제시하고, 개인의 학습 목표와 평가의 기준을 정의한다. 또한 개별화 교육 프로그램은 학습환경을 어떻게 조성하고 교수를 제공할 것인가를 기술한다. 이러한 학생들은 같은 학교에서 이전에 함께 교수를 받았던 그룹과 같이 혹은 소집단으로 통합된 환경에서 교수를 제공받는다. 상당히 강도 높은 특수교육이 필요한 학생은 특수학교에 배치될 수 있으나, 통합학교에 배치되는 경우보다 빈도가 낮다(Koivula, 2008).

경도 장애 학생에게는 학습과 적응을 위한 파트타임 특수교육을 제공한다. 중도 장애 학생과 건강 장애, 발달 지체, 정서 장애 학생을 위한 전일제 특수교육을 제공한다. 예를 들면, 청각 장애 학생에게는 통역이 가능하고, 다양한 보조 공학 기기와 자료를 제공한다. 이와 같이, 각 학교에는 특수교사가 있고 일반학급에서 교육을 받기 어려운 학생들을 위해서 특수학급도 있다. 그러나, 이러한 특수교육 시스템은 또한 매우 유연해서 학생들은 필요한 경우 쉽게 일반교육에서 특수교육으로, 특수교육에서 일반교육으로 양방향으로 옮길 수 있다.

III. 한국 교육에의 제안점

한국 교육에 정책적 제안점을 제시하기 위해 간단히 한국의 특수교육 현황을 먼저 살펴보고자 한다. 한국의 현재 장애 학생 출현율은 약 3퍼센트 정도로 추정되고 있다. 위에서 살펴본 핀란드의 장애 학생 비율을 15~20퍼센트로 잡는 것에 비해서 비율이 작다고 볼 수 있다. 그러나 이 비율의 차이는 실제 수의 차이도 있지만 얼마나 많은 재정적 자원을 더 투자하는 학생의 수와 직결되어 있는 문제인 것이다. 학령기 학생 중 특수교육 대상 아동 범위의 분류는 핀란드와 거의 유사하다. 또한 한국도 장애 학생이 특수학교와 같은 분리교육기관보다는 통합교육 상황에 점차적으로 배치되고 있는 추세이다. 분리교육을 받는 학생은 전체 5만 8,362명의 장애 학생 중 2만 3,449명(40퍼센트), 통합교육을 받는 학생은 특수학급 2만 9,803명(51퍼센트), 일반학급 5,100명(9퍼센트)로 전체 60퍼센트에 달하는 학생이 일반학급 및 특수학급을 비롯한 통합교육 환경에 노출되어 있다. 특수학급 운영에서도 시간제 특수학급이 전체의 98퍼센트를 차지하고 있어 일반학교에 배치된 장애 학생도 거의 일반학급에서 통합교육을 받고 있다고 볼 수 있다.

한국의 경우, 통합교육이 시작된 지 30여 년이 지났으나 일반교육계에서 공동의 책무성을 공감하지 못하고 있는 상황에서 문제가 지속될 수밖에 없다(강경숙, 2008). 한국 현재 통합교육의 제한점은 일반학교 내의 특수학급은 일반학교 내에 물리적으로 통합되어 있을 뿐, 그 실상은 하나의 외딴섬으로 존재하는 분리된 환경으로 존재하고 있다는 것이다(김병하·조원일, 2005). 우리나라 학교교육에서 철저한 경쟁적 풍토와 교육문화에 젖어 있는 일반 교실교육의 상황에서 특수교육 요구를 지닌 학생들은 학력 중심의 경쟁체제를 유지하는 데 걸림이 되기 때문에 따돌림을 받을 수밖에 없는 현실이다(김병하·조원일, 2005).

한국의 특수교육 현황을 핀란드와 비교하여 볼 때, 물리적 환경이나 법규정의 변화보다는 교육에 대한 사회적 합의, 장애 아동에 대한 권리의 보장, 모든 아동을 통합된 환경에서 교육하기 위한 교육적 방법의 개발과 이를 위한 교사교육에 통합교육의 성공 여부가 달려 있다고 해도 과언이 아닐 것이다. 따라서 필자는 다음과 같은 제안을 해보고자 한다.

1. 한국 통합교육에의 제안점

가. 철학적 신념에 기반한 사회적 합의의 도출

교육철학의 근본적 성찰이 선행되어야 한다. 교육에 대한 가정을 점검하고 교육의 목적이 무엇인지, 그 목적을 달성하기 위한 과정은 어떠한 것이어야 하는지, 그 결과는 어떠한 양상으로 나타나는 것인지에 대해 깊이 고민해봐야 할 필요가 있다. 경쟁 중심의 한국 교육체제에서는 학생들이 소외되고 뒤처지고 제외될 수밖에 없다. 만약 수월성이라는 이름으로 평등성이 보장되지 않는 공교육체제가 지속된다면 떨어지는 학생들은 더 뒤처지거나 뒤처진 채로 남을 수밖에 없다. 그러나 핀란드와 같이 일관된 신념을 가지고

1970년대 초반 이후 30년 동안 뒤처지는 학생을 최소화하기 위한 노력의 결실을 본 것이다. 또한 서론에서 살펴보았듯이, 핀란드가 추구하는 통합교육 체제는 단순히 교육 시스템으로만 이해하기보다는 교육의 기저에 흐르는 철학과 원리로 보아야 한다. 학교는 모든 아동을 위한 곳으로 학교가 모든 아동의 요구를 충족해줄 수 있어야 한다는 원칙 아래 교육의 정책을 실행하고 실천하는 데 그 성공의 비결이 있는 것이다. 이러한 철학은 학생이 가지는 문제의 원인이 장애 학생 개인에게 있기에 개인과 가정이 책임져야 한다고 보기보다는 학교나 지역사회에 있다는 점을 인식하여 구성원 전체가 장애 학생을 위해 노력한다는 기본 자세가 매우 인상적이다.

나. 가장 약한 학생을 지원하는 공교육 시스템

교육에서 최대한 동등한 기회를 주고자 하는 정책으로 핀란드의 교육은 낮은 성취자의 수가 다른 국가에 비해 월등히 적다. 핀란드에서 가장 낮은 점수를 받은 학생이 다른 OECD 국가의 보통 학생들보다 더 높은 점수를 받은 것이다(Somola, 2005). 약자를 배려하는 사회, 약한 학생을 지원하는 학교로 핀란드에서 여러 가지 원인으로 어려움을 가지는 학생들은 더 집중적이면서도 강도 높은 중재와 교수를 받는다. 그러나 이 학생들을 소외시키거나 제외시키는 모델은 최대한 지양하면서 하나의 교실 안에서 어떻게 이 학생들의 요구를 충족할 수 있는가를 고민하는 시스템인 것이다. 특수교육 대상자 또한 특수교사가 관찰과 진단을 통해 특수교육 서비스를 받는다 하더라도 초등학교 저학년 때에는 최대한 전체 학급 속에서 개개 학생이 어떤 수행을 보이는지, 교사가 어느 정도까지 개개 학생이 가진 독특한 요구를 충족할 수 있는지를 관찰한다. 그리고 저학년 학생들을 위해서는 최대한 읽기 쓰기 셈하기와 같은 기초 기능을 익힐 수 있도록 교육의 우선권을 두고 최소한의 기능 습득에 문제가 생기지 않도록 개별화 교육이나 보충 교육에 초점을 둔다. 이때에 중요한 것은 여전히 학생들이 전체 학급에 소속되어 의미 있는 수업에 참여하는 데 지장이 없도록 하기 위한 노력이지 기초 기능을 배우기 위해 소외되거나 제외되는 방법을 사용하지는 않는다는 것이다. 장애 학생이 분리되어 교육을 받는다 하더라도 학습 능력이 향상되면 언제든지 일반학급에 보내기 시작해 점차 일반학급에서의 수업시간을 늘려간다.

다. 다양성을 존중하는 개별화 교육 프로그램

학생들의 다양성을 존중한다는 의미는 학생 개개인이 가지는 흥미와 학습양식, 학습자의 발달적 요구를 최대한 보장해주고자 하는 학교의 노력을 말한다. 핀란드에서는 비슷한 능력을 가진 학생들을 따로 가르치는 수준별 ability grouping 교육방식이 학습 효과가 높을 것이라는 가정을 인정하지 않는다. 오히려, 서로 다른 능력을 가진 학생들이 함께 어우러져 학습할 때에 더 좋은 학습 효과를 거둔다는 확신을 가지고 있다. 이러한 가정하에 핀란드 교육에서는 다양한 학생의 요구를 충족하기 위한 다양한 교수방법을 사용한다. 모든 학생들에게 동일한 과제를 동일한 시간에 주기보다는 개별 학습자의 학습 양식과 학습 속도에 맞추어 다른 과제를 주고 시간의 배분도 다르게 주는 것이다. 핀란드 교육에서 주목을 받는 것 중 하나는 학습자 중심의 교수 학습 방법 활용이다. 물론 핀란드의 모든 학교와 모든 교사가 프로젝트 수업을 하거나 전통적 강의식 수업을 전혀 하지 않는 것은 아니다. 그러나 개별화 교육의 기본 원리인 학습 내용의 풍부화enrichment, 학습자의 선택권 강화, 심도 깊은 문제를 해결하기 위한 수업 방식, 협력을 주로 하는 수업 등의 특징을 고스란히 실제 교실현장에 담고 있었다. 수업을 통한 개별화는 핀란드의 학생들이 다른 나라에 비해 공부하는 시간은 짧지만(한국에 비하면 반도 되지 않는다고 한다) 집중해서 공부하며 배운 내용을 완전히 소화할 기회를 더 많이 가질 수 있다.

학생 개개인을 존중하는 개별화 전략의 다른 하나는 개별화 교육 프로그램의 개발이다. 일반적으로 개별화 교육 프로그램은 매우 특수교육적 접근이다. 일반교육의 방식으로는 학습에 대한 요구를 충족할 수 없기 때문에 개별화된 교육 프로그램을 작성하여 교육해야 한다는 교육적 가정이다. 그러나 이러한 개별화 교육 프로그램은 핀란드 교육에서는 특수교육 대상자만의 전유물이 아니라 모든 학생에게 개별화 교육 프로그램을 계획하는 것이 가장 인상적이었다. 학교에서는 학기 초와 중간 중간 삼자대화를 통해 학생과 부모, 교사 간의 대화를 통해 정말 학생에게 필요한 것이 무엇인지를 끊임없이 점검하고 지원하는 형태―모두에게 특수교육을 제공하는 교육 장애 학생을 위해 교육과정을 구안할 때 반드시 부모의 참여와 동의가 있어야 한다는 점이다. 우리처럼 법적으로만 명시화된 것이 아니라 교육현장에서 실제적으로 실천하고 있다는 점이 본받을 만하다. 교육이 궁극적으로 추구하는 가치 중 하나인 개인의 잠재력을 최대한 실현할 수 있도록 도와줄 수 있는 최선의 방법으로 실현 가능한 개별화의 전략을 연구하고 실천하는 것이 필요하다고 본다.

라. 유연하고 역동적인 교육과정과 교수방법 및 교육 평가

핀란드는 위에서 살펴보았듯이 유연하면서도 역동적인 교육과정을 유지하고 있다. 기본적으로 무학년제를 도입함으로써 학교 운영의 핵심 원리는 신뢰와 협동, 소통과 자기 규율을 강조한다. 무학년제와 교과 간의 통합은 우리 교육에도 많은 함의를 준다. 나이가 서열로 직접적으로 연결되고 나이 혹은 학년을 중심으로 모든 학생들을 획일적으로 가르치고 평가하며 학년 간 연령 간 뚜렷한 구분을 통해 서로 소통하고 교류하는 것이 자연스럽지 않고 어려운 한국 교육의 현실은 때로는 답답함을 준다. 핀란드 교육의 유연성과 교과 간 통합은 결국 사회적 통합의 중요한 기초를 이루는 것이라고 본다. 실제로 학년이나 연령에 관계없이 학생들이 서로 도와주고 협력하고 멘토링하는 과정에서 졸업 후 사회에 나가서도 연령에 관계없이 서로 협력하고 함께 배울 가능성이 높다고 본다. 특히, 장애 학생에 대한 배려도 이러한 협력과 돌봄의 과정에서 자연스럽게 발현될 수 있다. 약자에 대한 배려를 학교에서부터 배운 학생들은 사회에 나가서도 사회적 약자에 대한 배려를 할 줄 아는 시민으로 성장할 것이다.

마. 협력을 중시하는 교사 관계

통합을 단지 교사와 장애 아동 간의 관계에서만 바라보는 것이 아니라 팀의 정신, 즉 아동을 둘러싸고 있는 모든 환경적인 요소를 고려하며, 아울러 관련 인사들, 다시 말해 특수교사, 학교장, 교사, 보조 교사 등을 포함하며 무엇보다도 모든 결정에 있어 학부모의 역할을 중요하게 본다는 점이 인상적이다. 또한 순회 교사의 역할이 우리나라에 비해 많으며, 장애 아동을 위한 기본적인 지원을 해주는 주요한 역할을 지니고 있다고 생각된다. 중재 프로그램을 결정하는 데 있어서도 그들이 정상적으로 생활할 수 있도록 다양한 수준에서 측정을 하며, 아동 주변의 환경적인 측면을 모두 고려한다는 점이 언제, 어디에서나 중요시되는 점이 아닐까 생각된다. 모든 학교는 학생의 발달과 공부를 하고 진로를 결정하는 데 지도 및 안내를 해주기 위한 상담 서비스를 갖추고 있어서 모든 학생들이 학교를 졸업하기 전에 자신이 어떠한 직업을 선택할 수 있으며, 성인이 되어서 직업에 따른 직무가 무엇인지 등에 대한 명확한 계획을 가질 수 있도록 한다. 학교 상담가의 역할은 혼자서 개별적으로 일하는 것이 아니라 학교 보건교사와 심리학자나 정신과 의사 등의 지원을 받아 협력하여 자신의 직무를 수행하는 것이다.

2. 결어

통합교육의 궁극적인 목적은 사회생활의 통합이라고 볼 수 있다. 통합교육은 전체적인 조화로움을 추구하며, 신체적·정신적 장애를 기준으로 아동을 분리하는 것을 지양한다. 통합교육은 궁극적으로 교육의 대상인 모든 아동들을 공정하고 평등한 대우를 받아야 하는 존재로 존중해주며, 정의로운 사회를 달성하는 바탕으로서의 통합을 말한다. 개개인의 능력을 극대화하기 위해 적절한 환경을 갖추어야 하며, 학교교육은 창조적으로 개별화된 수업계획과 학습활동을 통해서 이루어지도록 해야 한다. 또한 통합교육은 학교의 노력으로만 이루어진다기보다는 지역사회와 학부모들로부터의 지원이 절대적으로 필요하다. 국가의 적극적 지원을 통해 사회적 차별을 극소화하는 것이 국가적 차원의 과제라면 국가와 사회에 속한 시민이 가지는 과제도 있는 것이다. 우리가 교육에 대해 가지는 믿음이 무엇인지 확인하며, 모든 사람이 더불어 살아간다는 것이 어떠한 의미인지 확인해야 할 것이다. 경쟁과 효율의 논리 앞에서 평등과 다양성을 보장하기 위한 우리의 노력이 결국에는 국가의 경쟁력이나 국민의 경쟁력을 효과적으로 높일 수 있다는 진실에 대한 믿음을 공유해야 하는 것이다.

참고문헌

강경숙(2006), 「아시아-태평양 지역의 통합교육 현황 비교 분석」, 『특수교육저널: 이론과 실천』 7(1), 1-28.

김병하. 조원일(2005), 「한국에서 통합교육의 정책적 지향과 실천과제: 비교사적 관점에서」, 『특수교육저널: 이론과 실천』 6(4), 37-53.

Ainscow, M. (1997). Towards inclusive schooling. British Journal of Special Education, 24(1), 3-6.

Burris, C. C.,&Garrity, D. T. (2008). Detracking for Excellence and Equity. Alexandria, Virginia: ASCD.

Halinen, I. (2006). The Finnish curriculum development process. In A. Crisan (Ed). Current and future challenges in curriculum development: Policies, practices and networking for change (pp. 62-78). Center Education 2000+ and UNESCO/IBE Bucharest: Humanities Educational.

Halinen, I.,&Jarvinen, R. (2008). Towards inclusive education: the case of Finland. UNESCO/IBE Bucharest: Humanities Educational.

Mazurek, K.,&Winzer, M. A. (1994). Comparative Studies in Special Education. Washington, D.C.: Gallaudet University Press.

Salberg, P. (2007). Education policies for raising student learning: the Finnish approach. Journal of Education Policy, 22(2), 141-171.

Simola, H. (2005). The Finnish miracle of PISA: historical and sociological remarks on teaching and teacher education. Comparative Education, 41(4), 455-470.

Skrtic, T. M., Harris, K. R.,&Shriner, J. G. (2005). Special Education Policy and Practice. Denver, Colorado: Love Publishing Company.

Moberg, S.,&Zumberg, M. (1994). Inclusive education in Finland: Present and future perspectives. Psychological Reports, 75, 1519-1522.

Moberg, S.,&Savolainen, H. (2008). Change in reading skills of 9- to 15-year-old Finnishi pupils from the 1960s to the 2000s. Kasvatus, 1, 31-38.

Koivula, P. (2008). Inclusive education in Finland. Paper presented at International Workshop on Inclusive Education, Nordic Countries, 6-7 March, 2008, Helsinki.

MOE (Ministry of Education). (2008). Special education strategy. Reports of the Ministry of Education, Finland, no. 47, 2007.

OECD(1999). Inclusive Education at Work. Students with Disabilities in Mainstream Schools. Paris: OECD/CERI.

UNESCO(1994). The Salamanca Statement and Framework for Action on Special Needs Education. Paris: UNESCO.

UNESCO(2007). EFA Flagship on the Right to Education for Persons with Disabilities: Towards Inclusion. Phnom Penh, Cambodia: UNESCO.

Vislie, L. (2003). From integration to inclusion: focusing global trends and changes in the western European societies. European Journal of Special Need Education, 18(1), 17-35.

돌봄과 성장을 책임지는 유아교육(ECEC)[1]

| 임미령[2]

PISA에서 높은 성취를 이룩하면서 전 세계인들의 관심이 핀란드의 교육제도로 쏠리고 있다. 2009년 1월에 이루어진 우리들의 핀란드 방문 또한 그러한 관심의 일환으로 이루어진 것으로 특히 입시교육에 찌들어가고 있는 우리 교육의 희망이 되어줄 대안적 모델의 탐구를 위한 것이었다. 스웨덴과 핀란드의 교육현장을 돌아보며 그동안 말로만 듣던 북유럽의 유아교육 모델을 직접 확인하게 된 것은 개인적인 성과였으나, 함께했던 이들이 핀란드의 교육제도를 눈으로 확인하는 과정에서 그들이 추구하는 모든 교육의 뿌리가 유아교육으로부터 비롯되는 것임을 성찰하게 된 것은 가장 큰 소득이었다. 동반한 교육학자들과 중고등학교 선생님들과 초등학교 선생님들 모두 핀란드의 무학년제나 개별 학습제도, 주제 중심의 통합교육 과정과 프로젝트 학습이 유아교육의 든든한 뿌리로부터 자라온 것임을 알게 되었다는

1_ ECEC(Early childhood education and care): 영유아기의 바람직한 성장과 발달을 위해서는 본질적으로 적절한 양육 '보호' 교육이 통합적인 방식으로 제공되어야 하며, 이는 영유아기 모든 어린이들이 기본적으로 누려야 하는 권리라는 입장에서 오늘날에는 유아교육과 보육이라는 용어를 병기해서 사용하고 있음.
2_ 필자는 아이미소 유아교육연구소 소장으로 근무하고 있다.

말을 할 때마다 나는 발트해를 건너 날아온 보람을 느끼곤 했다.

빼곡하게 채워진 열흘간의 일정에서 초기에 계획했던 유아교육기관의 방문이 어려워지면서 노심초사하게 되었다. 그러나 다행스럽게도 우리 일행이 방문한 기초 학교는 데이케어와 취학 전 교육을 함께 운영하고 있었고 오히려 이런 점에서 교육과 보육이 통합된, 유아기부터 초등학교까지 연계성을 가지고 일관된 방식으로 제공되고 있는 교육 시스템을 접할 수 있는 행운을 가지게 되었다. '출생에서 요람까지'라는 평생 학습의 이념과 '교육은 삶의 과정'이라는 교육철학에 근거한 교육과 보호가 통합된 학교 시스템, "한 아이를 기르려면 마을의 모든 주민들이 힘을 합쳐야 한다"는 우리들이 늘 교육의 이상적인 아이디어로 배우고 공부했던 그런 실제들이 눈앞에서 펼쳐지고 있었다. 마치 한국의 어느 대학교를 연상시키는 넓고 아름다운 학교 공간, 적은 학급당 학생 수와 같은 조건만으로도 이미 그들의 교육은 부러움의 한계를 넘어서고 있었으며, 그들이 설명하고 보여주는 교육의 실제는 감동 그 자체였다. 특히 혼합 연령 그룹과 장애 통합, 그리고 이주민 가정의 자녀들이 함께 어우러진 교실의 모습은 "어떤 아이라도 혼자 남겨두지 않고 함께 가야 한다"는 교육 신념이 단지 신념이 아닌 생활 속의 철학임을 충분히 확인시켜준 것이었다.

일정의 마지막 날 안애경 선생님의 특별한 도움으로 방문하게 된 '회스마린푸이스톤'은 120명의 어린이가 다니는 데이케어센터와 1년의 취학 전 교육 및 1, 2학년을 위한 3년간의 학교교육을 제공하는 기관이다. 이는 지역의 필요와 요구에 기초하여 기존의 유치원 교육과 초등 교육을 결합하고, 교육과 보육이 통합된 협력 모델에 기초한 시스템을 구현하는 학교로 데이케어센터와 학교의 협력을 위한 공동의 기획 팀과 작업 팀 및 공동의 교육과정과 공동의 활동 공간, 공동의 축제 및 행사 진행 같은 것을 통해 유치원과 초등 교육이 자연스럽게 연계를 이루도록 하기 위한 포괄적인 교육기관이다.

이는 우리나라의 경우 'K-2 학교'제도에 해당한다. K-2 학교란 2009학년도부터 특히 농어촌 지역을 중심으로 유아교육과 보육 및 초등학교 저학년을 대상으로 하는 교육을 집중 실시하는 학교이다. 따라서 앞으로 언급될 핀란드 유아교육 실제에 관한 내용들은 대부분 회스마린푸이스톤의 방문에 국한한 것으로 일부는 핀란드의 유아교육에 대한 OECD의 검토 보고서 및 핀란드의 취학 전 교육을 위한 핵심 교육과정을 기초로 작성한 것임을 밝혀 둔다.

I. 핀란드 ECEC 제도의 개요

오늘날 많은 국가들은 여성의 사회 진출 증가 및 저출산으로 인해 유아교육을 더 이상 부모 개인의 책임이 아닌 국가와 사회가 함께 책임져야 하는 것으로 생각한다. 또한 뇌 발달 연구와 유아교육의 효과에 관한 종단적인 연구들을 통해 영유아기는 인간의 삶에서 가장 본질적인 가치를 가진 결정적인 시기임을 인정하고, 유아교육을 공교육화하여 생애 학습이 시작되는 기초교육의 출발점 단계로 규정하고 있다. 핀란드 역시 앞에서 언급한 것과 같은 이유들로 인해 유아교육과 보육을 공적인 영역으로 편입하였으며, 핀란드의 모든 영유아들이 질적인 유아교육의 혜택을 평등하게 받으며 건강하게 성장하도록 하고 있다. 그러나 유아교육의 시작과 발전과정이 대부분 사회정치적 영향을 통해 이루어진 까닭에 각국이 추구하는 유아교육의 모델이나 강조점은 독특성을 가질 수밖에 없다.

핀란드는 1950년과 60년대에 급격한 사회적·직업적 구조 변화로 여성들이 일터로 나오게 되면서 탁아 서비스에 대한 요구가 급증하기 시작했다. 특히 1973년 아동 보육법Children Act이 제정되면서 유치원은 보육센터로 명칭을 바꾸고 지방정부의 책임하에 공공기금과 공적 관리를 바탕으로 하는 공적인 보육 서비스를 제공하게 되었다. 1990년도 후반에 이르러 유아교육과 보육에 대한 또 한 번의 개혁이 논의되었고 보다 강력한 유아교육과 보육이 통합된 시스템 도입과 함께 2001년부터 취학 전 교육을 실시하게 되었다. 핀란드의 유아교육과 보육은 국가적 차원에서 사회보건부Ministry of Social Affairs and Health가 지방 당국과 함께 의무를 지니고 있으며, 취학 전 교육 Preschool-Education은 ECEC 체제의 일부이지만 국가 수준에서 교육부The Ministry of Education가 관장하고 있다(그림 1 참조). 유아교육과 보육을 담당하는 기관은 지방자치 당국이 관리하는 공립 데이케어센터와 함께 사립 보육시설 및 가정 보육과 부모의 육아 중 부모들이 자유롭게 선택할 수 있다. 또한 핀란드의 모든 유아들은 만 6세부터 연간 700시간의 보편적인 취학 전 교육을 데이케어센터나 학교 내에서 받을 수 있다.

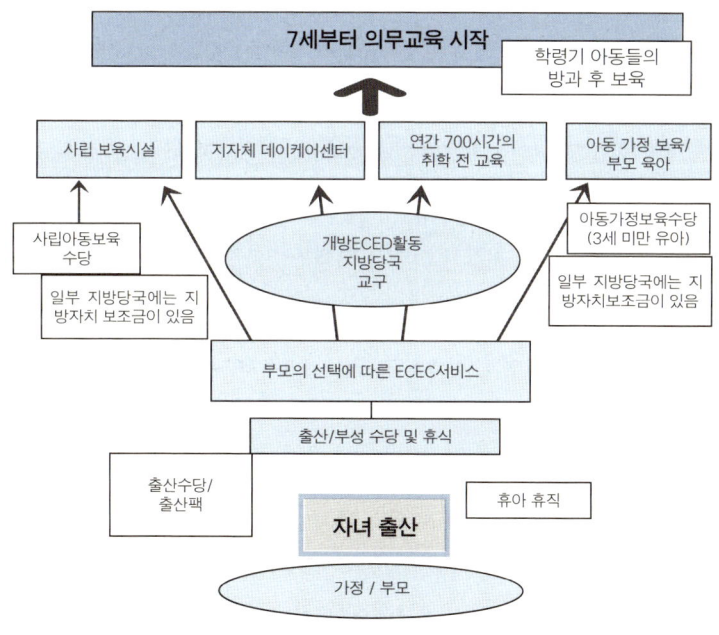

| 그림 1 | 핀란드의 ECEC 제도

Ⅱ. 핀란드 ECEC 제도의 특징

핀란드의 유아교육 및 보육 정책 시스템은 ECECEarlychildhood education and educare 라는 개념으로 설명될 수 있다. 핀란드에서 ECEC란, 보육care · 교육education · 지도teaching가 통합된 전체를 의미하는 것으로 이는 대부분의 데이케어센터와 취학 전 교육에 적용되는 개념이다. 또한 핀란드의 유아교육은 전형적인 노르딕 모델에 기반한 유아교육 과정을 운영하고 있다. 최근의 교육개혁 과정에서는 평생 학습의 기초 단계로 유아교육 단계를 규정하고 다른 학교 급과의 연속선상에서 제공되는 질 높은 학습 경험의 제공을 모든 유아교육기관에서 강조하고 있다.

어린이의 권리를 최우선으로

핀란드의 유아교육과 보육 제도는 유엔이 천명한 '아동 권리 협약'의 정신에 기초하여 이루어진다. 즉 핀란드의 0~6세까지의 모든 어린이는 민족적 배경이나 부모의 사회 경제적 배경과 상관 없이 유아교육과 보육에 대한 주체적인 법적 권리를 지니고 있으며, 국가와 지방자치 당국은 모든 0~6세의 어린이에게 차별 없는 ECEC 기회를 무상으로 제공해야 한다. 이는 유아교육과 보육의 모든 제도와 운영 시스템에 관련된 의사결정을 함에 있어 국가의 이익이나 어른들의 필요가 아닌 어린이의 권리와 요구에 근거하여 이들의 최상의 이익을 중심으로, 평등성equality과 공정성fairness의 원칙에 의해 차별 없이 결정되고 시행된다는 의미이다. 이러한 결과로 1990년부터 핀란드의 만 3세 이하 영유아와, 1996년부터는 만 6세까지의 영유아들은 모두 무상급식이 포함된 보편적인 전일제 무상보육 서비스와 취학 전 교육을 받고 있다.

우리나라의 경우 2004년에 제정된 유아교육법과 2004년 개정된 영유아 보육법에 의해 영유아의 보육과 교육에 관한 보편적인 권리를 규정하고는 있으나, 무상교육과 보육에 대해서는 만 5세를 중심으로 규정하고 있을 뿐

이어서 실제 영유아기 어린이들의 유아교육과 보육에 들어가는 비용의 대부분을 부모가 부담할 수밖에 없다. 따라서 이 시기부터 부모의 경제적 지위에 따른 차별적인 교육의 실제에 많은 아이들이 방치되고 있다. 특히 최근의 경제 위기로 신빈곤층이 증가하면서 이들의 자녀들을 대상으로 무상 유아교육의 혜택을 보다 시급하게 확대할 필요성이 증가하고 있다. 빈곤의 증가는 사회 전반적으로 광범위한 문제가 된다. 결국 유아기부터 경험하는 빈곤한 교육이 결국 이들이 어른이 되었을 때 빈곤의 대물림으로 악순환되는 것은 아닐지 고민할 필요가 있다. 그러므로 0~5세까지의 모든 영유아를 대상으로 일체의 교육 경비와 급식 및 간식을 포함한 무상교육과 보육의 권리를 명문화하여 삶의 가장 비약적인 발달과 성장이 진행되는 영유아기에 어떤 어린이도 부모의 경제적 사정에 의해 차별받지 않도록 해야 한다. 아울러 영유아를 위한 교육과 보육의 정책 수립과 제도 구축에 있어 영유아의 요구와 필요가 아닌 정치적인 이유나 시설 운영자들의 입김과 요구에 좌우되었던 과거의 관행을 깊이 반성하고 무엇이 진정으로 아이들을 위해 중요한 것인지를 사회가 함께 반성적으로 고민하고 결정하는 것이 요구된다.

느림의 교육철학을 실천하는 취학 전 교육

대부분의 현대 국가에 있어 초등교육은 만 6세부터 시작되지만, 핀란드는 만 6세에 유아교육에 입각한 놀이 중심의 취학 전 교육을 받고 7세가 되어서야 초등 의무교육을 받게 된다. 따라서 핀란드 아이들은 대부분의 다른 나라 아이들에 비해 1년 더 유예된 유아기를 가지고 자신의 속도에 맞추어 보다 안정적으로 성장할 수 있다. 과거 초등 의무교육을 늦은 연령부터 시작하는 것은 핀란드의 지정학적 위치와 관련이 있었다. 즉 과거 러시아의 경우 7세가 되어야 초등학교 입학이 허용되었으므로 러시아의 통치를 받거나 인접하고 있는 대부분의 북유럽 국가들은 다른 사회와는 달리 만 7세부터 초등 의무교육을 실시해왔다. 또한 인구가 희박하고 등교 거리가 멀기 때문에 어둡고 추운 계절에 이 긴 등교를 견뎌낼 정도로 신체적으로 충분히 성장할 필요가 있으며, 특히 국민들의 주된 수입이 주로 임업에 의존했던 과거 핀란드의 산업 구조로 인해 아이들을 학교에 너무 일찍 보낼 필요가 없었던 것이다. 그러나 저출산과 사회의 산업화가 진전이 되면서 다른 국가들이 6세 초등학교 입학으로 전환하였으나 핀란드는 현재까지도 7세 입학을 고수하고 있다. 이러한 사항에 대해 핀란드 역시 저출산으로 인한 노동력 부족과 같은 요인들로 인해 교육개혁의 과정에서 초등 입학을 앞당길 것인가에 대한 논의가 있었으나, 이들은 초등 입학을 당기는 것이 아니라 오히려 전형적인 놀이 중심의 접근 방식에 기초한 취학 전 학교Pre-school라는 만 6세 무상교육의 실시를 선택하였다.

초등 입학 대신에 취학 전 교육을 무상으로 실시하고 오히려 형식적 교육을 1년 유예하도록 핀란드가 택한 과감한 개혁의 방식은 발달심리학적 측면에서 볼 때 매우 중요한 의미를 갖는다. 인간의 발달에는 기초성이나 연속성 및 누적성과 같은 몇 가지 고유한 법칙이 작용한다. 일반적으로 유아기란 만 3세부터 만 7세까지를 의미하며 이 시기 동안 아이들은 자신만의 고유한 전제와 속도에 따라 성장이 이루어져야 하며, 이를 통해서 자신감의 확립이나 자기조절력·상상력의 발달, 기초적인 의사소통의 태도와 능력, 학습의 즐거움 등과 같은 일평생 살아가는 데 필요한 기초 역량을 스스로 일구어내야 한다.

핀란드 아이들이 PISA의 결과에서 보여준 안정감이나 학습에 대한 긍정적인 성향, 자기주도적인 학습 태도와 조절력 및 높은 주의집중력 등은 바로 이런 느림의 교육철학과 각자의 속도와 개성에 충실한 교육을 실천한 결과가 아닐까 한다. 아울러 이는 최근 OECD가 강조하고 있는 'STARTING STRONG'이라는 관점에 의해서도 지지를 받는다. 자신의 고유한 성장 시간표에 따라 충분한 유아기를 보내며 기초적인 역량을 충분히 기른 아이들의 경우 강력한 출발을 하게 되고, 강력한 출발을 하게 된 아이들이 결국 보다 효과적인 교육적 성취와 높은 수준의 삶의 질을 누리게 된다는 것이다. 사실 우리 모두는 어렸을 때 즐겁게 뛰어놀던 그 힘으로 평생을 살아가고 있지는 않은지? 어찌했든 핀란드의 6세 취학 전 교육과 7세 초등학교 입학은 느림의 교육철학을 교육정책으로 구현한 것으로, 다른 나라들의 교육개혁 사례에서는 결코 찾아보기 어려운 독특한 사례이다.

반면 우리나라의 경우 입시교육 열풍과 천재아 선호 증상 및 영어교육 광풍으로 인해 유아기부터 아이들은 조기교육에 시달려야 한다. 심한 경우 한 유아가 받는 사교육이 유치원이 끝나고도 하루에 3개 정도 되고 집에 가도 밤 늦게까지 학습지에 시달려야 한다고 한다. 어느 지인한테 들은 이야기로는 한 유치원을 방문했을 때 계속 바닥에 뒹굴어 다니는 아이가 있어 왜 그러냐고 물었더니 늦게까지 공부하느라고 피곤하고 졸리다는 것이었다. 그러면서 자기 엄마한테 학원 좀 안 가도록 전화를 해달라고 했다는 것이다. 담임 교사도 아이가 워낙 피곤해서 어쩔 수 없이 그냥 쉬도록 둔다고 했다는 이야기를 들으며 온몸이 오싹해지던 기억이 난다. 뇌 발달과 인성 발달 및 기초 체력의 형성에 결정적인 이 시기에 뛰어놀며 성장해야 하는 아이들이 벌써 입시를 위해 강제학습 노동에 시달리는 현실을 어떻게 받아들여야 하는가? 전 세계에서 가장 많은 시간을 공부하는 대한민국의 아이들, 공부 잘하는 아이들은 많지만 행복한 아이들이 없는 우리 사회의 모습. 얼마 전 아파트에서 성적 저하를 비관하며 동반 자살한 두 여중생이 바로 우리 시대 일그러진 교육의 초상화가 아닐는지…….

민주적 가치와 사회적 구성주의에 입각한 교육과정

핀란드 ECEC 정책은, 모든 아동이 자신의 잠재력에 기초하여 성장하고 발달함으로써 행복한 삶을 살도록 지원하고, 이를 통해 사회의 윤리적이고 책임감 있는 시민이 되도록 하는 것을 궁극적 목적으로 한다. 따라서 교육을 통해 다양한 민주주의적 절차 등이 존중되고 실행된다. 또한 이들은 사회적 구성주의에 입각한 교육과정 운영을 강조하고 있다. 사회적 구성주의란 인간의 지식은 사회적 상호작용에 그 뿌리를 갖고 있으며, 사회적으로 구성되고 공유되는 것이라는 입장이다. 또한 어린이의 학습은 주변 사람들과의 협력적인 상호작용과 대화를 통해 이루어지며 이러한 사회적 활동을 통해 어린이는 자신의 내적인 정신활동을 발달시켜간다는 입장이다.

따라서 "어린이는 자신이 살고 있는 지역사회와 가정의 사회문화적 맥락 안에서 다양한 경험을 통해 가장 잘 배우고 성장한다"는 전제하에 영유아의 성장과 발달에 대한 책임을 국가, 기관, 부모가 함께 나눈다. 유아교육기관의 교육 문제와 재정 문제에 대해서는 부모회에서 결정권을 가지고 있으며, 부모와 지역사회의 정치가 그리고 교사의 3자간 참여와 협의를 통해 교육과정을 결정한다. 또한 부모는 아동의 학습에 교사와 함께 동반자적 입장에서 참여하여 함께 놀고, 대화를 나누고 토론하며 자신의 자녀가 의미 있는 공동의 지식을 구성해나가도록 돕는 데 중요한 기여를 하고 있다.

사회교육 전통에 입각한 교육과정 운영

최근 OECD는 유아교육에 대한 두 가지 대표적인 접근으로 사회교육 전통과 학습준비도 전통을 제시하고 있다. 학습준비도 접근이란, 학업 실패의 위험에 처한 아동의 비율이 높아질 경우 이로 인해 사회 구성원들 간의 이질성이 높아진다는 사회적 이슈에 기초한 접근 방식이다. 즉 모든 영유아들은 삶의 출발점에서 평등한 출발을 해야 하고, '배울 상태ready to learn'가 된 상태에서 학교에 입학해야 한다는 민주적 관심을 바탕으로 한다. 대표적인 예로는 미국, 영국, 프랑스 등이 있다. 특히 최근 전 지구촌이 양극화와 다문화 현상을 나타내면서 저소득층이나 이민 가정의 자녀들을 위한 평등한 교육 기회에 대한 이슈가 제기되면서 각국은 이러한 사회 문제 해결의 수단으로 학습준비도 접근을 취하고 유아교육을 공교육화하고 있다. 한편 사회교육 전통 접근이란, 핀란드나 스웨덴 등의 나라에서 채택하고 있는 방식으로 개별적이고 아동중심적이며 교육과정에 대한 총체적 접근을 취하는 방식이다. 즉 유아교육은 개별 아동의 권리에 입각하여 아동의 행복을 궁극적 목적으로 하며, 학습은 개별 아동의 요구와 흥미에 따라 제공되어 전인적 발달을 지원하며, 학습의 목표는 아동의 사회적 역량competence을 강화하는 것이다. 사회적 역량이란 아동이 초기 경험을 통해 자신에 대한 긍정적인 인식을 형성하고 자신이 하는 일에 대한 자신감과 자기조절력을 획득하여 이를 바탕으로 또래와 함께 지내는 데 필요한 다양한 사회적 기술과 의사소통 능력을 습득하고 공동체의 구성원으로 살아가는 데 필요한 성향을 기르는 것을 의미한다. 특히 사회적 전통에 입각한 접근 방식은 최근 OECD가 미래를 준비하는 교육의 조건으로 강조한 기초 학습 역량과 밀접한 관련을 맺고 있다.

사회교육 전통에 입각한 핀란드 ECEC 제도에 있어 어린이는 공동체의 구성원으로서 자율성과 행복을 추구하며, 자신의 고유한 잠재력에 따라 성장할 권리를 지니고 있음을 강조한다. 또한 주변의 또래와 함께 자유롭고 즐거운 놀이를 통해 성장하며 이러한 유아기는 결코 다시 반복되지 않는 소중한 시기로 인식되고 있다. 또한 학습은 영유아의 적극적인 참여에 의해 이루어지는 즐거운 탐구의 과정임을 강조한다. 이런 기본 전제하에 운영되는 핀란드의 유아교육 과정 운영은 의사소통 능력의 발달을 교육과정의 중심에 놓고 있다. 특히 유아기의 학습에 있어 모국어를 기반으로 하는 가정에서의 문해 능력과 세대 간 의사소통을 통해 이루어지는 비형식적 학습을 중시 여긴다. 핀란드의 영유아들은 출생 이후부터 책을 매개로 부모와의 다양한 대화와 놀이가 이루어지고 책이라기보다는 감각 놀잇감에 가까운 각종의 아름다운 책들이 놀잇감으로 언제나 주변에 놓인다. 부모들은 놀이처럼 아이들에게 이야기를 들려주고 책을 읽어주며 아이들은 자연스럽게 책과 친숙해진다. 교육기관에서도 모국어로 이루어진 다양한 그림책을 아이들은 늘 접하며 교사와 함께 그림책을 읽고 그림책에 대한 자신의 상상이나 느낌을 그림이나 긁적거리기 같은 다양한 형태로 표현할 기회를 가지게 된다.

실제로, 핀란드에서 방문한 회스마린푸이스톤[3]의 곳곳에는 아이들이 그려 놓은 다양한 형태의 글자들과 그림이 교실의 벽면을 가득 메우고 있었고, 상상의 나라로 이끄는 듯한 분위기의 동화방에서 아이들은 선생님이 들려주는 동화를 들으며 호기심과 상상으로 가득 찬 표정을 짓고 있었다.

자연 속에서 뛰어놀며 건강하게 성장하는 아이들

유아들은 활발하게 움직이고 즐겁게 뛰어노는 과정에서 환경에 대한 적응력을 높이고 나아가 감각운동적 지능의 발달과 함께 정서적 안정감이나 긍정적인 자아개념 및 자기조절력을 증진해간다. 이런 관점에서 학습준비도 전통의 유아교육이 실내 학습을 주요 학습 공간으로 고려하는 것과는 달리, 사회교육 전통을 강조하는 핀란드의 유아교육 과정은 실내와 실외의 중요성을 대등하게 강조한다. 특히 핀란드의 아이들은 계절에 상관없이 실외 온도가 영하 15도 이하가 되기 전까지는 실외에서 하루 3~4시간을 지내도록 한다. 실외 놀이를 중시하는 교육방식으로 인해 핀란드의 아이들 대분은 건강한 체력과 높은 주의집중력을 가지고 있으며 이러한 과정에서 자연스럽게 자신이 생활하고 있는 환경에 대한 이해와 유대감을 증진하게 된다. 사연은 어린이들의 가장 훌륭하고 멋진 스승이다. 핀란드를 방문하는 과정에서 가장 인상적인 장면 중의 하나 역시 바로 데이케어센터에서 강추위에도 불구하고 교사와 어우러져 오랜 시간 동안 바깥 놀이를 하고 있는 아이들의 모습과 핀

3_ 데이케어센터와 학교를 통합하여 운영하는 헬싱키 에스포 지역의 시범 기관.

란드의 자작나무로 만들어진 독특하고 아름다운 실외 놀이 기구들이었다. 특히 눈 쌓인 데이케어센터의 넓은 운동장에서 교사가 끌어주는 썰매를 타며 게임을 하고 즐거움에 가득 찬 표정으로 하루 일과를 보내고 있는 아이들의 모습은 오랜 시간이 지난 후에도 잊혀지지 않는다.

지금까지 살펴본 핀란드의 ECEC에서 제공되는 기관 중심의 교육과정 운영방식은 핀란드 양육의 실제와 일관되게 이루어지고 있다. 즉 핀란드의 사람들에게 대대로 내려오는 가정교육의 원칙인 일찍 자고 일찍 일어나기, 하루 두 시간 동안 바깥바람을 쐬기, 많이 움직이기, 자기 전 책 읽기 등과 그 맥락을 함께하며 이를 통해 아동은 가정과 기관이라는 서로 다른 맥락에도 불구하고 양육과 ECEC의 일관된 경험을 통해 지속적인 건강한 성장을 하게 된다.

III. 결론: 핀란드의 ECEC 제도가 한국 유아교육에 주는 시사점

지금까지 살펴본 핀란드 ECEC 제도가 한국의 유아교육에 주는 몇가지 시사점을 찾아보면 다음과 같은 것들이 있다.

우선, 행정적인 측면에서 핀란드의 경우 유아교육과 보육을 사회보건부라는 한 부처가 주관하여 통합된 체제하에서 국가의 공적인 책임과 지원하에 일관적이고 체계적인 방식으로 이루어지고 있다. 그러나 한국의 경우 교육과학기술부와 보건복지부로 이원화되어 상호 간 협력이 미비한 상태에서 많은 정책상의 혼란과 중복 및 예산의 낭비를 초래하고 있다. 따라서 한국의 ECEC 제도가 발전하기 위해서는 주무 부처가 일원화되고 관련된 여러 부처 간에 긴밀한 소통과 협력이 이루어져 영유아 교육과 보육에 대한 통합적이고 체계적인 접근이 이루어지도록 해야 한다. 참고로 핀란드와는 달리 대부분의 ECEC 국가들은 주무 부처를 교육부로 이관하고 있는 추세이며, 핀란드도 최근 이러한 국제적 동향 변화를 주시하고 있다.

둘째, 핀란드의 경우 ECEC 제도가 전일제 무상보육(무상급식 포함)으로 실시되어 모든 영유아들의 법적 권리로 실시되고 있지만, 한국의 경우 만 5세만이 주 대상이며 이마저도 아직 완전히 실현되지 않고 있다는 점이다. 최근 한국의 경제적 상황이 악화되고 신빈곤층과 이주민의 급속한 증가로 인한 다문화 가정의 자녀들이 증가하고 있다는 점을 고려할 때 한국도 조속하게 이들의 법적인 권리를 확장하고 재정 지원을 확대하여 계층 간 격차를 해소하고 아이들의 평등한 성장과 발달을 보장할 필요가 있다.

셋째, 핀란드의 경우 공립 중심의 시스템 운영과 함께 사립이나 다양한 형태의 기관 선택을 보장하고 이들 기관에 자녀를 보낼 때 동일한 보육료를 지불하도록 하고 있다. 하지만, 한국의 경우 유아교육과 보육 모두 민간 의존도가 상당히 높고, 이들의 대부분이 국가의 미미한 지원 속에 수요자의 수업료에 의존하는 상태이다. 따라서 다양한 기관이 있다고는 하지만 시설마다 수업료에 있어 격차가 크고, 조기 특기 교육의 열풍으로 인해 학부모 입맛에 맞추어 아이들의 발달 특성은 무시한 채로 왜곡된 조기교육을 실행하고 있다. 이로 인해 이 시기 어린이들의 건전한 성장과 발달이 심각한 수준에서 위협을 받고 있다. 그러나 질 높은 유아교육과 보육을 받는 것은 이제 모든 선진국에서 어린이들의 배타적인 권리이다. 국가는 이제 더 이상 예산의 부족이나 운영자들의 반대를 핑계로 내세우기보다는 국가나 성인의 관점이 아닌 영유아의 권리 보장이라는 책무성에 입각하여 예산을 확충하고 저렴한 비용으로 질 높은 서비스를 받을 수 있는 국공립 시설을 확충해야 한다. 최근 일부 실시하고 있는 유아교육기관들의 질 관리도 보다 확대 강화하여 기관들의 공공성을 높이고 대한민국의 모든 영유아가 자신의 집과 가장 가까운 곳에서, 부모의 경제적 지위와 상관없이, 질 높은 서비스를 받도록 해야 한다.

  넷째, 국가 수준의 교육과정상으로만 볼 때 한국의 유아교육과 핀란드의 유아교육은 별반 차이가 없어 보인다. 그러나 교육의 실제를 비교해볼 때 엄청난 괴리감을 느낄 수밖에 없다. 이 모든 차이는 국가의 재정적 지원에서 비롯된다. 다음의 표 1은 OECD STARTING STRONG II에서 발췌한 OECD 주요 국가들의 ECEC 서비스에 대한 공적 지출에 관한 것이다.

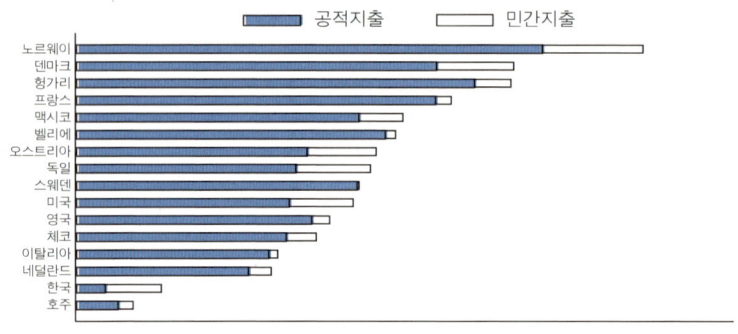

|표1| OECD 주요 국가들의 ECEC 서비스에 대한 공적 지출

출처: OECD 영유아 교육 · 보육 정책II, 육아정책개발센터, 2008, 93쪽.

한국의 유아교육과 보육에 대한 투자는 OECD 국가 중 최하위이며 그마저도 공공 지출이 민간 지출의 비율보다 낮게 나타나고 있다. 21세기는 지식정보화 사회이고 인적 자본이 국가 발전의 원동력이 되는 사회이다. 오늘날 교육학자만이 아니라 경제학자들도 ECEC 서비스를 국가의 가장 중요한 공공재로 보는 관점의 연구 결과들을 제시하고 있다. 대표적인 것이 쿠나와 노벨 경제학상 수상자인 시카고 대학의 헤크먼James J. Heckman의 연구이다. 이들은 "인적 자본 형성은 일생 동안 지속되는 역동적인 과정이며, 영유아기가 인적 자본 투자의 가장 효율적인 시기"라고 주장한다. 이들에 의하면 "영유아기에는 사회 및 학습에 대한 긍정적인 성향을 형성하고 또래 및 어른들과의 협동, 자율성, 의미 만들기, 창의성, 문제 해결, 인내심과 같은 삶의 기본적인 역량을 획득한다. 또한 이 연령의 자녀에 대해 부모들은 특히 보호적이며 이들의 발달과 학습을 열렬히 지원한다. 따라서 인적 자본에 국가가 투자한다면 영유아기에 투자하는 것이 좋으며 이는 곧 그들의 가족에 대한 투자이기도 하다. 반면 학교를 중도탈락한 청소년이나 삶의 기본적인 역량이 결여된 성인들을 대상으로 하는 교육적 개입은 훨씬 비용이 많이 들 뿐 아니라 효과도 제한적이다"라고 한다. 다음의 표는 전 생애 동안 투자가 동일하게 이루어졌을 때 인적 자본 투자에 대한 회수율이다.

또한 영국의 IOE에서 EPPE 연구를 수행해온 멜휘시Melhuish는 영유아기에 대한 국가의 투자가 집중되어야 하는 이유로, 생애 초기의 경험이 이후의 삶에 깊은 영향을 미친다는 증거들이 많이 축적되었다는 점과 만 6세까지 뇌의 무게와 신경세포 연결 발달이 가속도로 증가한다는 점을 들고 있다(Melhuish, 2007 재인용). 따라서 국가의 교육 투자 대비 효율성을 높이려면 영유아기에 공공재원을 집중 투자하는 것이 필요하지만 많은 나라들에서 인생 주기별 공공교육에 대한 투자형태가 뇌 발달의 현상과 정확히 반대로 가는 경향이 있다는 것을 문제로 지적하고 있다(Melhuish, 2007). 이러한 연구 결과들에 기초하여 OECD 국가들은 인적자원 개발을 위한 공공재원의 투자 시기를 조정해야 한다는 반성을 하고 있다.

|표 2| **생애 주기에 따른 인적 자본 투자 회수율**

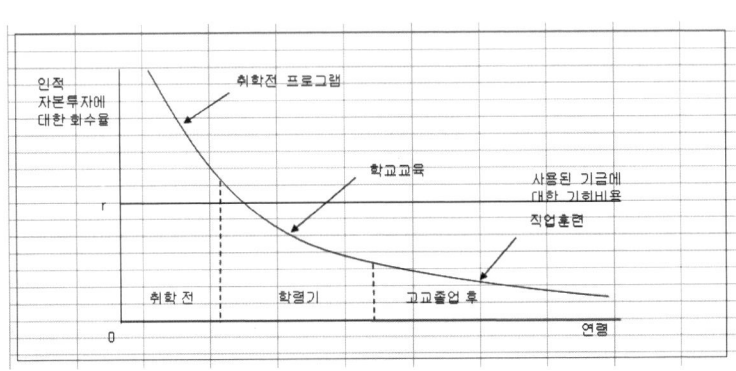

* 출처: Cunha et al. (2005). Interpreting the life cycle skill formation, 육아정책개발센터, 2008에서 재인용.

| 표 3 | 뇌 발달과 공공 지출 비용의 관계

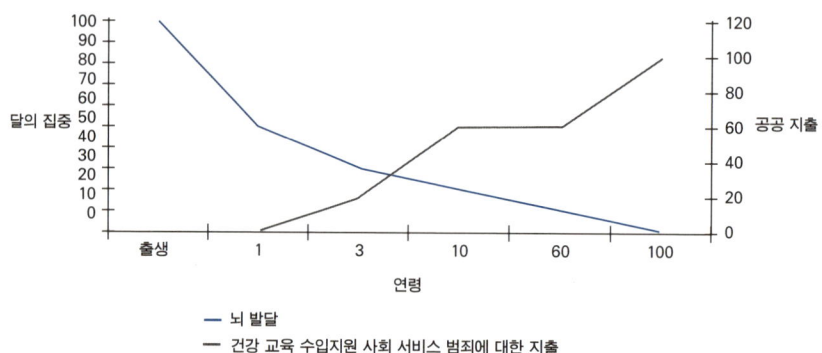

출처: Melhuish, E. (2007). Long-term effect of education in the early years and the role of the UK government. 2007 환태평양 유아교육연구학회 한국학회 세미나에서 재인용.

다섯째, 핀란드는 공립 중심의 취학 전 교육의 강화를 통해 생애 학습의 관점에서 유아들의 학습 역량을 강화하고 있다. 북유럽의 ECEC에 비해 그동안 상대적으로 열악했던 미국과 영국에서도 상기에 제시된 연구 결과들을 근거로 영유아기의 교육과 보육을 통합한 강력한 국가 주도형의 공교육 강화 시스템을 제시하여 모든 어린이들의 평등한 학습 기회를 보장하고자 한다. 이런 관점에서 한국사회도 오래전부터 ECEC 제도의 개혁을 시도해왔으나 관련 이익집단의 반대에 부딪혀 번번이 실패해왔다. 실패의 원인은 여러 가지가 있겠으나 굳이 거론하자면 교육 관료들의 의지 부족과 정치인들의 소신 없는 입법 행위 및 사회의 무관심 등을 들 수 있다. 그러나 질 높은 ECEC 서비스를 자신의 집에서 가장 가까운 곳에서 저렴한 비용으로 받는 것은 그 누구도 아닌 바로 우리 아이들의 권리인 것이다. 이런 관점에서 한국의 ECEC 제도 개혁을 다시 한 번 우리 모두 깊이 있게 고민할 필요가 있다

여섯째, 한국과 핀란드의 유아교육은 공통적으로, 주제 중심의 통합교

육과정을 놀이 중심으로 운영하며 일과의 운영에서 아동의 선택을 중시하는 자유선택 활동과 다양한 또래 간 상호작용을 증진하는 소집단 운영방식 및 프로젝트 중심의 교육과정 운영방식 등을 강조하고 있다. 그러나 이러한 형식적인 교육과정의 원칙들이 아동에게 의미 있는 경험이 되기 위해서는 무엇보다 교사의 질이 중요하다. 전문적인 교사는 집단의 크기가 크고 열악한 물리적 환경 속에서도 유아들과 의미 있는 상호작용을 하며 융통적인 교육과정 운영방식을 통해 상황적 조건으로 인한 교육적 불이익으로부터 유아들을 보호하고 의미 있는 학습 상황을 제공할 수 있기 때문이다. 따라서 유아교육과 보육의 질 향상을 위해 가장 중요한 것은 교사의 전문성 신장이라고 할 수 있다. 그러나 유아 교사의 전문성 증진은 전문화와 함께 고려될 필요가 있다. 불투명한 유치원 운영과 불안정한 신분 및 낮은 보수, 과도한 업무는 결국 능력 있는 교사로 하여금 교단을 떠나게 할 것이며, 유능한 인재들이 유아교육 분야로 진입하는 것을 가로막는 요인이 될 것이기 때문이다. 한국 유아교육의 역사가 100년이 넘었다. 그러나 현장의 유아 교사들은 100년 전과 다름없이, 아니 보다 열악해진 교육 여건과 낮은 보수 속에서 고된 업무에 시달리며 높은 이직률로 고통받고 있다.

한 나라의 교육 실제는 그 사회의 그림자이다. 특히 국가의 책임하에 발전해온 초등이나 중등학교에 비해 철저하게 시장에 방치되어온 한국의 유아교육은 그간 난맥상을 겪으며 한국사회 학부모의 교육열과 조기교육 열풍, 영어교육 열풍 등으로 인해 몸살을 겪고 있다. 그 와중에서 아이들의 체력은 날로 저하되고 유치원 시기부터 철저하게 양극화를 나타내고 있는 우리 사회의 유아교육 현장은 바로 이 시대를 살아가고 있는 우리들의 초상화일 수밖에 없다. 반면 철저하게 국가의 책임하에 공적 체제하에서 운영되고 있는 핀란드 유아교육 현장의 여유로움과 건강하게 뛰어놀며 자신의 성장과 발달의 권리를 철저하게 누리고 있는 그곳의 아이들이야말로 교육을 자신들 사회의 미래이며 희망으로 여기는 핀란드 사회의 반영일 수밖에 없다.

이제 우리 사회에서 유아교육의 국가적 책임을 강화하려는 논의가 활발하게 이루어지고 있는 시점에서 이번에야말로 어른들의 욕심과 정치적 눈치보기가 아닌 아이들의 권리를 중심에 놓는 진정으로 평등한 교육의 출발선을 보장하는 유아교육체제의 구축을 염원한다.

핀란드의 교육현장을 뒤로하며 한국으로 돌아오던 우리들의 밝지 않은 표정 속에서 나는 모두들 같은 생각을 하고 있다는 것을 느꼈다. 교육은 그 나라의 국민 의식을 그대로 반영하는 것이라는 점. 사회 공동체가 추구하는 이상과 함께 교육을 통해 사회 구성원들이 무엇을 바라고 있는 것인지에 따라 각 사회의 교육은 제각기 고유한 모습으로 나타난다는 것. 결국 우리 모두가 또다시 배워야 할 이상적인 교육제도란 없다. 우리에게 필요한 것은 우리 사회에서 교육의 역할이 무엇인지에 대한 진정한 토론과 사회적 합의, 그리고 익히 알고 있는 수많은 교육학적 명제들을 우리 현실 속에서 어떻게 녹여낼 것인가에 관하여 우리의 교육현장을 진지하게 성찰하고 대안을 모색하는 것이다.

우리는 한국으로 돌아갈 것이고 아마도 우리가 뿌리내리고 있는 그 현실 속에서 해답을 찾아야 할 것이다. 그러나 핀란드의 교육 시찰이 우리에게 좌절만을 준 것은 아니었다. 우리가 꿈꾸어온 '평등한 삶'이라는 공동체의 사회정의가 교육을 통해 구현되는 사회가 지구상에 존재하고 있다는 것! 사회 공동체의 합의를 통해 모든 아이들이 배움을 즐기는 교실의 실제를 만들어 낼 수 있다는 것! 그것만으로도 우리는 커다란 버팀목을 얻은 것이다. 앞으로 우리가 헤쳐나갈 그 길고 긴 교육개혁의 여정에서 2009년의 핀란드 여행은 나침반의 역할을 하며 우리들이 희망을 잃지 않고 앞으로 나아가도록 길을 밝혀줄 것이다. 나는 이제 핀란드를 산타와 눈의 여왕이 살고 있는 나라가 아닌 정의로운 공동체 속에서 행복한 아이들이 살고 있는 나라로 기억할 것이다.

참고 문헌
1. 육아정책 개발센터(2008), 『OECD 영유아 교육·보육 정책II』.
2. 박은혜외 3인(2000), 『세계의 유아교육제도』, 양서원.
3. STAKES(2003), NATIONAL CURRICULUM GUIDE LINES ON EARLYCHILDHOOD EDUCATION AND CARE IN FINLAND, HELSINKI.
4. MINISTRY OF SOCIAL AFFAIRS AND HEALTH(2004), EARLY CHILDHOOD EDUCATION AND CARE IN FINLAND, HELSINKI.
5. Melhuish, E. (2007). Long-term effect of education in the early years and the role of the UK government.
6. 후쿠타세이지(2008), 나성은·공영태 역, 『핀란드 교육의 성공: 경쟁에서 벗어나 세계 최고의 학력으로』, 북스힐.

신뢰와 자율과 민주주의로 운영되는 핀란드의 교육정책과 교육행정

| 안승문[1]

1. 핀란드 교육 성공의 숨은 비밀

핀란드는 학교에 대한 장학과 감사가 없는 나라이다. 교육행정에서 장학과 감사가 없는 나라는 어쩌면 핀란드가 유일하다고 할 수 있다. 장학과 감사가 없다는 것은 그만큼 정부와 지방자치단체가 학교와 교사들의 자율 역량을 신뢰하고 있다는 징표이다. 정부가 학교와 교사에게 보내는 신뢰를 지수로 표현한다면 핀란드가 단연 세계에서 가장 높다고 할 수 있을 것이다.

70년대 말까지만 해도 핀란드에는 국가교육청과 지방정부 교육국이 주도하는 엄격한 장학과 감사가 존재했다. 종합학교 제도의 도입으로 표상되는 새로운 교육체제의 정립을 위한 개혁의 추진 과정에서, 그리고 중앙집권적이었던 행정 권한을 지역과 학교로 이양하는 일련의 분권화 과정에서, 지침 시달과 감독으로부터 목표 제시와 평가로 행정 패러다임이 바뀌면서 학교에 대한 장학과 감사가 자연스럽게 소멸되었다.

장학과 감사를 통한 국가교육청이나 지방정부의 통제가 사라진 공간에

1_ 필자는 2007~2008년 스웨덴 웁살라 대학 객원 연구원으로 연구하고 돌아왔다. 서울시 교육위원을 역임했으며, 지금은 교육희망네트워크(준) 집행위원장이다.

는 학교장과 교사, 학부모, 학생 등 학교 구성원들에 의한 자율적이고 창의적인 학교 운영이 자리 잡았다. 국가와 행정으로부터 전폭적으로 신뢰받는 분위기 속에서 핀란드의 학교와 교사들은 더욱 자율적이고 창의적인 교육 활동을 할 수 있게 되었다.

물론, 핀란드의 학교와 교사들은 헌법과 교육관련 법령, 국가의 핵심 교육과정 등에 규정된 교육의 큰 방향과 철학, 원칙을 지키고 교육 목적 달성을 위해 교수 요목을 구현할 책임이 있다. 그런데, 법령에 규정된 교육의 원칙과 목적을 구현하기 위해 교육과정을 재구성하고 교과서나 수업 자료를 선정하고 창의적인 교수법을 구사하는 것은 학교와 교사들에게 전적으로 일임하고 있다.

필자는 핀란드 교육에 대해 여러모로 살피고 연구하면서, 지시와 명령의 시달·감독과 시찰 등으로 표상되는 근대의 권위주의적인 교육행정 패러다임을 뛰어넘어, 학교 구성원들에 대한 신뢰를 바탕으로 자율과 자치 역량을 크게 강화시킨 것이야말로 핀란드 교육이 국제적으로 높은 평가를 받게 된 가장 중요한 이유 가운데 하나일 것이라는 생각을 하게 되었다.

이 글의 목적은 국가 수준의 정책 방향 결정에서 단위 학교의 운영에 이르기까지 핀란드의 교육정책과 행정체제 전반을 살펴보면서 핀란드 교육체제가 어떻게 작동되는지, 핀란드 교육정책과 행정의 어떤 특징들이 신뢰와 자율과 민주주의를 꽃피울 수 있게 하는지를 알아보는 것이다.

2. 핀란드의 정치와 행정의 구조

대통령, 의회와 내각

핀란드는 대통령제와 의원내각제가 공존하는 대의제 민주주의 공화국이다. 대통령은 국민들이 직접 투표로 선출하는 국가의 수반으로, 임기는 6년이며 한 차례 연임할 수 있다. 대통령은 내각과 협력하여 외교와 국방 및 안보를 관할한다. 이를 위해 대통령은 군에 대한 통수권을 가지고, 법령을 승인·공포, 특별한 의회를 소집할 수 있으며, 형식상으로 의회가 선출한 총리를 임명하고, 총리의 제청에 따라 내각을 임명한다(단, 국제적인 협약과 평화 또는 전쟁에 관한 결정은 의회에서 의결). 지금의 대통령 타르야 할로넨Tarja Halonen은 사회민주당 출신의 여성 대통령으로 2006년 선거에서 재선되어 2012년까지 재임하게 되어 있다.

핀란드는 9개 정당이 국회의 의석을 가지고 있는 다당제 국가이다. 핀란드 국회는 단원제로 임기 4년인 200명의 국회의원으로 구성된다. 의회는 헌법을 개정하거나 법률을 제·개정할 수 있으며, 내각을 사퇴시키거나 대통령이 행사한 거부권을 번복시킬 수 있다. 국회 활동은 법률적 재심의 대상이 되지 않는다. 국회는 다양한 위원회들을 통해 법안 마련을 위한 전문가 의견을 수렴한다.

2007년 3월 선거 결과 핀란드 국회의 의석은 중도당이 51석, 국민연합당 50석, 사회민주당 45석, 좌파동맹 17석, 녹색연맹 14석을 차지하고 있으며, 3개의 군소 정당 등이 나머지 22석을 나눠 갖고 있다. 국회의원 선거는 한 선거구에서 여러 명을 비례대표제로 뽑는 중대선거구제이다. 현재 국회의장은 두 번째로 많은 의석을 가진 국민연합당의 사울리 니니스퇴Sauli Niinistö이다.

핀란드 정부의 내각은 대통령의 소관 업무 이외의 모든 행정적 업무를 집행하는 기관이다. 내각을 구성할 권한은 국회에서 최대 다수 의석을 가진 정당이 가진다. 국회는 내각에 대한 불신임 투표를 통해 내각을 재구성할 수 있다. 지금의 총리는 중도당의 마띠 반하넨Matti Vanhanen으로 4년 임기를 마치고 2007년에 재선되어 2기째 핀란드 정부를 이끌고 있다.

중도당과 국민연합당, 사회민주당 등 3개의 주요 정당들이 비슷한 규모의 의석수를 가지고 견제하며 균형을 이루고 있는 핀란드의 정당 구조는 핀란드 정치와 행정이 대립과 대결보다는 타협과 합의를 통해 발전할 수 있는 중요한 토대가 되고 있는 것으로 보인다.

지방 행정의 구조

핀란드의 정부는 중앙정부state government, 광역정부regional government, 지방정부local government로 나뉜다. 중앙정부는 각부 장관들로 구성된 내각과 국가교육청, 인구등록청이나 사회보험청 같은 부속 기구들로 이루어진다. 광역정부와 지방정부는 광역 단위로 또는 기초 단위로 운영되는 지방등록청, 주단위 국가사무소, 고용과 경제개발센터와 같은 공공 기관들로 구성된다. 국가와 지방자치 관련 공공 기관들은 서로 긴밀한 관계를 갖고 운영된다.

핀란드는 광역 단위 지방 행정의 목적을 달성하기 위해 주(Province, 道)라고 불리는 6개의 광역권 행정단위를 가지고 있다.[2] 광역주는 남부 핀란드, 서부 핀란드, 동부 핀란드, 오울루, 라플란드, 올란드 등 6개이다. 광역주는 경찰, 검찰 등과 같은 중앙정부의 행정을 집행하는 국가 조직의 일부이다. 각 주의 행정기구는 '주정부 사무소'라 불리는데 정부 관련 부처들의 지도 감독 아래서 행정 업무들을 수행한다. 올란드Åland 지역은 강한 자치권을 가지며 민주적으로 선출된 상설적인 지방의회가 있다.

핀란드에는 광역주보다 좀 작고 기초 지방자치단체들보다 큰 범위에서 지방자치단체들 간의 협력이 이루어지는데 74개의 중역자치권 및 20개의 광역자치권이 그것이다. 다만, 중역 및 광역 자치권은 참여하는 회원 지방자치단체들에 의해 운용되며 제한된 권한만 갖는다.

핀란드의 수도인 헬싱키 시와 인근의 반타, 에스포와 카우니아이넨 지역

2_ 6개 주의 핀란드어 이름은 남부 핀란드(Etelä-Suomen lääni), Läsi-Suomen lääni, Itä-Suomen lääni, Oulun lääni, Lapin lääni and Ahvenanmaan lääni이다.

은 '대 헬싱키'로 100만 명이 사는 집합도시권이다. 그러나, 헬싱키 광역의회와 같이 모든 지방자치단체들이 자발적으로 협력하기 위해 합의하는 사안들에 관해서만 공동의 행정이 이루어진다.

핀란드 행정구역의 기초 단위가 되는 것은 지방정부, 즉, 우리나라의 시군구에 해당하는 지방자치단체(municipality, local government)이다. 2010년 현재 342개의 기초 지방정부가 있는데 대부분 인구 6,000명 이하의 작은 규모의 지방자치체이다.

지방자치단체의 구성과 운영

핀란드는 중앙정부와 광역 또는 지방정부 간에 업무 영역이 잘 구분되어 있어 각 단위에서는 자기 권한 내의 모든 일들을 자치적으로 결정하고 집행한다. 그 가운데 지역 주민들과 가장 가까이에 있으면서 법에 정해진 바에 따라서 주민들에게 기본적인 공공 서비스를 제공하는 것은 지방정부 즉, 기초단위 지방자치단체municipality이다.

지방자치단체의 최고 의사결정 기구는 지방의회이며, 지방자치단체들은 지방의회를 중심으로 운영된다. 지방의회는 법적으로 독립적이며 지방의원들은 오직 유권자인 지역 주민들에게만 책임을 진다. 지방의회는 4년에 한 번씩 보통·직접선거로 선출되는 지방의원들로 구성된다. 지방의원 수는 인구 비례에 따라 구성되는데 가장 작은 자치단체는 스퉁가Sottunga 지역으로 9명이고, 가장 큰 헬싱키 시 의회는 85명의 의원들로 구성되어 있다.

지방자치단체의 장(시장)은 시민의 공복으로 지방의회에서 선출되어 임명된다. 원래 핀란드의 지방자치단체에는 시장이 없다가 2007년 법이 개정되어 탐페레에서 처음으로 시장을 선출했다. 그러나, 지금은 지방정부의 시장은 주민이 직접 선출하지 않고 지방의회에서 선출한다. 시장은 지방의회의 의장을 겸임하며 지방정부 수준 행정의 집행 책임자이다.

3. 국가 수준의 교육 행정

교육행정은 지방분권과 자율, 민주적인 통제 등의 원리에 따라서 이루어진다. 1970년대까지만 해도 핀란드의 교육행정은 매우 중앙집권적이었다. 1980년대부터 90년대를 거치면서 교육행정은 지방정부와 학교 및 교사들의 자율성을 강화하는 방향으로 분권화되었다. 핀란드에서는 중앙정부와 지방정부, 단위 학교와 교사들에 이르기까지, 교육정책 결정과 집행에 대한 권한과 책임이 적절히 배분된 가운데 자율적이고 민주적으로 이루어지고 있다.

국가 교육정책의 핵심 목표-평등한 교육 기회 보장

핀란드 교육정책의 핵심 목표는 모든 시민들에게 나이, 거주지, 경제적 형편, 성, 모국어 등에 관계없이 평등하게 교육을 받을 수 있는 기회를 제공하는 것이다. 교육은 시민들의 차별 없이 누릴 수 있어야 할 기본적인 권리이자 가장 중요한 복지 혜택의 하나로 간주된다.

교육 기회의 평등을 보장하기 위해서, 핀란드에서는 일시적으로라도 핀란드에 거주를 허가받은 모든 사람들에게 무상으로 교육을 받을 수 있도록 한다. 정부나 지자체는 모든 사람들이 자신의 능력과 필요에 따라 의무교육 이상의 교육을 받고 경제적인 이유로 제약받지 않고 자기 발전을 도모할 기회를 평등하게 보장해야 한다.

핀란드 정부나 지자체가 스웨덴어를 쓰는 소수의 국민들이나 북부 지방의 사미족들이 자신들의 모국어로 교육받을 권리를 보장하는 것이나, 이민자들에게 핀란드어만이 아니라 자신의 모국어를 배울 수 있는 기회를 주는 것도 모두에게 평등한 교육의 기회를 보장하기 위한 것이다.[3]

3_ 핀란드 북부에 사는 원주민인 사미족들은 자신들의 언어를 사용하고 발전시킬 권리가 있다. 사미족이 거주하는 지역의 4개 지방정부에서는 사미어를 사용하는 학생들은, 부모가

핀란드는 모든 국민들이 더 높은 수준의 교육을 받고 더 큰 역량을 가질 수 있도록 하는 교육정책을 펼쳐왔다. 모든 사람들이 의무교육 이상의 교육을 받을 수 있게 하기 위해 노력한 결과 종합학교를 졸업생의 90퍼센트 이상이 일반고등학교나 직업고등학교에 입학하고 있다.

교육의 평등이라는 이슈는 특히, 새로운 교육부가 세운 '2007~2012 교육 연구 발전계획'에 포함된 핵심 주제 가운데 하나이다. 교육의 평등을 위해 핀란드는 국민의 교육 수준을 전반적으로 끌어올리는 것을 목표로 세웠다. 구체적으로, 2015년에는 25세~34세까지 연령대의 92.5퍼센트가 고등학교 입학시험이나 대학 입학시험에 통과되도록 한다는 것이다.

국가적인 교육정책 방향 설정 - '국가 교육연구 발전 계획'

핀란드에서 교육정책은 기본적으로 국회와 정부가 결정한다. 교육정책에 대한 최고의 결정은 국회 차원에서 교육관련 법령을 제정하는 형식을 통해서 이루어진다. 국회는 또, 교육정책의 큰 방향과 우선 순위를 결정하고 교육 예산의 배분을 확정한다.

중요한 교육정책들은 교육 관련 법률의 형태로 공표되지만, 정부나 국회가 만들어내는 다양한 발전 계획서나 국가 예산 같은 형태로 제시되기도 한다. 교육정책과 관련하여 가장 핵심적인 문서는 4년마다 정부가 승인하

원하면 사미어로 기초교육을 받을 수 있도록 해야 한다. 사미어는 기초교육은 물론 고등학교나 직업교육훈련 과정에도 교수 용어로 사용될 수 있으며, 교육과정상의 모국어로 또는 외국어로 배울 수도 있다. 1996년 1월 1일에 사미 의회법(The Act on the Saami Parliament)이 발효되면서, 사미족들이 언어와 문화에 관한 문화적 독자성을 보장받을 수 있게 되었다.

핀란드에서는 이민자들이 되도록 빠른 시간 안에 핀란드의 교육과 사회 시스템에 통합될 수 있도록 준비시키고, 그들이 가진 문화적 정체성을 지지해주며, 이민자들이 핀란드어(스웨덴어)는 물론 자신의 모국어도 잘 구사할 수 있도록 하기 위해서 학교는 물론 다양한 성인교육 기관에서 이민자 교육을 제공한다.

고 채택하는 5년 동안의 '교육 연구 발전 계획'이다. 현재 유효한 발전계획은 2006년 말에 채택된 2007~2012년 발전계획이다.

1998년 12월 14일에 공표된 '교육과 대학 연구 발전계획에 관한 법률' (987/1998)에 따라 정부는 4년마다 교육부장관이 관할하는 교육행정에 관하여 향후 5년간의 교육과 대학 연구 발전 계획을 채택해야 한다. 2007~2012년 계획은 2007년 12월 5일에 핀란드 정부에 의해 채택되었다.[4]

2007~2012년 교육과 대학 연구 발전계획은 마띠 반하넨Matti Vanhanen 총리의 2기 정부가 내세운 정부 정책 프로그램 중에 교육과 과학 관련 부문의 정책 목표에 바탕을 두고 세워졌다. 2007~2012년 발전계획의 목적은 어린이와 청소년 및 가족들의 복지, 건강 증진, 고용과 기업가 정신과 직업 생활을 위한 정책 프로그램, 그리고 어린이 청소년 정책 개발 프로그램 등이 제대로 실행되도록 지원하는 것이다.

발전계획의 중점 과제들은 △평등한 교육훈련 기회 보장, △교육 훈련의 질 향상, △숙련된 노동력의 확보와 유지, △고등교육의 발전, △역량 있는 교원의 확보와 유지 등이다.

발전 계획은 교육의 각 영역과 수준에 관한 발전 방책들, 교육연구 정책의 주요 부분에 대한 설명, 자원의 배분 등을 포함한다. 중앙 행정 수준에서 발전계획에 규정된 정책들은 정부, 교육부장관, 국가교육청에 의해 집행되며, 계획의 실행에 대해서는 1차로 2010년에 평가가 이루어진다.

핀란드 교육부와 교육부장관[5]

핀란드 정부는 교육부를 포함한 12개의 부서로 구성되어 있다. 교육부

4_ 계획의 명칭에 2007년이라고 표시되어 있지만 이는 채택된 해를 의미하며, 실제로는 2008년부터 2012년까지의 계획이라고 할 수 있다.

5_ 핀란드 교육부 홈페이지, http://www.minedu.fi

Ministry of education는 교육과 연구에 관한 업무를 통할하는 최고 당국자로 공공 예산으로 이루어지는 모든 교육활동에 대해서 책임을 진다. 교육부가 펴는 행정을 뒷받침하는 가치는 문명, 복지, 민주주의와 창조성 등이며, 교육부의 운영에서 중요시되는 원칙은 전문성, 책임, 개방성, 미래지향의 원칙 등이다.

핀란드에서는 교육부라는 정부 부서 안에 두 명의 장관이 있다. 교육과 연구 등을 관장하는 교육과학장관과 문화와 스포츠·교회·청소년 등을 관장하는 문화스포츠장관이 그들이다. 그 중 교육과학장관은 교육관련 법령을 준비하고, 필요한 모든 결정을 내리고 국가 수준의 적정한 교육예산을 확보할 책임을 진다.

교육education의 기획과 집행의 책임을 지고, 훈련training을 위한 정책 지침과 전략을 입안하고 국가 예산이 투입되는 교육 훈련을 감독하는 것도 교육부의 일이다. 초중등 교육과 관련된 행정은 국가교육청을 통해서 이루어지지만, 대학과 기술전문대학은 교육부가 직접 관할한다. 대학의 연구 지원에 관련된 문제들은 핀란드 아카데미the Academy of Finland가 관할한다.

교육부장관은 정치인으로서 국회와 정부 사이를 조율하면서 주요 정책 방향을 제안하거나 법안을 기초하며 국가 예산으로부터 교육 재정을 확보할 책임이 있다. 2010년 현재의 교육과학장관인 헨나 비르꾸넨Henna Virkkunen은 다양한 경력을 가진 여성 현직 국회의원으로 2008년 12월 19일에 교육부장관에 임명되어 지금까지 일하고 있다.[6]

6_ 현직 교육과학장관인 헨나 비르꾸넨은 화려한 정치 경력을 가진 국민연합당에 소속의 현직 국회의원이다. 1972년생인 그녀는 1997년에 이베스뀔라(Jyväskylä) 시의원이자 도시계획위원장, 2005년부터 이베스뀔라 시의회 의장, 중앙핀란드 지방의회 의원으로 일했다. 1999년부터 2004년까지는 국민연합당 부의장, 2004~2006 국민연합당 집행위원장이자 중앙핀란드지방의회 의장을 역임했다. 국회에서는 교통통신위원회, 고용평등위원회, 환경위원회, 교육문화위원회 위원으로 일한 경력을 가지고 있다.

교육부의 업무를 지원하는 전문적인 위원회들로는 성인교육심의회, 고등교육평가심의회, 핀란드교육평가심의회, 국가교육훈련위원회, 국가스포츠심의회, 청소년자문회의 등이 있다.

교육부의 부서 편제
- 교육과학장관은 교육과 과학 관련 정책을 주관함.
- 문화체육장관은 문화 체육, 청소년정책, 저작권, 학생 재정 보조, 교회 관련 업무를 주관함.
- 국가 비서관들이 교육부장관들의 정치적 조율이나 준비 업무 등을 보좌함.
- 교육부의 방침 안에서 상임 비서관Permanent Secretary이 장관들을 보좌함.

교육 과학 정책국
- 보통교육과General Education Division
- 직업교육과Vocational Education Division
- 고등교육과학과Division for Higher Education and Science
 - 고등교육
 - 연구
- 성인교육훈련과Division for Adult Education and Training
- 사무국Department's Office

문화체육 청소년 정책국The Department for Cultural, Sport and Youth Policy
- 예술정책과Division for Art Policy
 - 문화 수출·교류부Cultural Export and Exchange Unit
- 문화정책과Division for Cultural Policy

- 저작권부Copyright Unit
- 스포츠과Sports Division
- 청소년정책과Youth Policy Division
- 문화 법령·재정과Division for Cultural Legislation and Finance

행정국The Administration Department
- 일반행정과General Administration Division
- 인적자원과Human Resources Division
- 재정기획과Financial Planning Division
- 재무관리과Financial Administration Division
- 정보관리과Information Management Division

교육부 내부 서비스The Ministry's internal services
- 국제관계International Relations
- 커뮤니케이션 및 대국민 관계Communications and Public Relations
- 내부 감사Internal inspection

상임 비서관Directly under the Permanent Secretary
- 지역 경제와 행정Local Economy and Administration
- 구조적 자금 관리 그룹Structural Funds Management Group
- 스웨덴어 교육 문화 발전Development of Swedish-language Education and Culture
- 도서관 행정 그룹Library Administration Group
- 시설 그룹Premises Group

국가교육청[7]

국가교육청Finnish National Board of Education은 교육부 산하 기관으로 교육부와 긴밀한 협력 속에서 운영된다. 국가교육청은 국가 수준에서 기초교육과 고등학교 및 직업학교, 성인 교육훈련의 발전을 책임지는 기관이다. 국가교육청은 국가적으로 설정된 교육목표를 달성하기 위해서 교육과정과 교수요목, 교육과정 지침 등을 마련하며, 이를 통해서 지방정부와 학교가 구현해야 할 교육의 목표와 방향 및 원칙을 제시한다.

국회와 교육부가 법령이나 교육연구발전계획 등을 통해 교육정책 목표를 설정하면, 그것을 학교 및 교육기관들과 연계시키면서 집행하는 기관이 국가교육청이다. 정치인들인 국회의원과 교육부장관이 정치적인 판단에 따라 큰 교육정책의 방향을 설정하는 역할을 한다면, 국가교육청은 교사나 교수 등 교육자 출신 인사들이 중심이 되어 교육적 관점과 전문성에 바탕을 두고 교육정책을 해석하고 세부 사항에 대한 집행을 관장하는 것이다.

국가교육청은 매년 교육부와의 업무 협약을 맺고 교육 목표와 내용 및 방법들을 발전시키기 위해 노력한다. 연례적인 이 업무 협약에는 주로 교육부가 부여하는 핵심 과제들이 담긴다. 국가교육청은 국가 핵심 교육과정을 수립하고 자격증의 요건을 정하며 학습 결과에 대한 국가 수준의 평가를 한다. 국가교육청은 또 교육부가 교육정책을 결정하는 데 필요한 지원을 한다.

핀란드 국가교육청은 이전에 있었던 보통교육청과 직업교육청을 통합하여 1991년에 출범하였다. 국가교육청의 운영에 대해서는 교육과 관련된 여러 부문의 대표자들로 구성된 '국가교육청 운영 대표자회의Board of

---

7_ 핀란드어로 오페뚜스할리뚜스(Opetushallitus)를 우리말로 '국가교육청'이라고 번역하기로 한다. 핀란드에서는 오페뚜스할리뚜스를 영어로는 Finnish National Board of Education(약칭 FNBE)라고 표기한다. 이 FNBE를 우리말로 '국가교육위원회'라고 옮길 수도 있지만, FNBE가 회의체라기보다는 집행기관의 성격이 더 강하기 때문에 집행기관의 뉘앙스를 더 담고 있는 '국가교육청'이라는 표현을 사용하기로 한다.

Education Board of Governors'가 중요한 역할을 한다.[8] 즉, 대표자회의는 국가 수준의 정책 집행의 방향이나 원칙을 결정할 때에 지방자치단체나 기업체, 노동조합, 교사 등의 의견이나 요구를 적절히 반영하고 이견을 조율할 수 있는 회의체이자, 각 부문에서 자신들의 요구를 사업으로 제안하여 국가 교육정책에 반영할 수 있는 통로가 되는 것이다.

'국가교육청 운영 대표자회의'는 국가교육청이 수행할 다양한 활동들을 개발하고 승인한다. 교육예산의 편성 운영 지침을 만들고, 교육과정 개혁과 표준을 개발하는 일을 모니터링하고 평가한다. 국가교육청장은 교육과 관련된 중요한 이슈가 있는 경우 운영 대표자회의의 논의에 부쳐 결정하고 집행한다.

'국가교육청 운영 대표자회의' 위원들은 주요 정당 소속 국회의원·지방정부 연합체 대표·사용자 및 고용주 대표·교원노조 대표 등 다양한 입장들을 대변하는 조직의 관계자들로, 해당 분야의 추천을 받아 정부가 위촉하며 임기는 4년이다. 2010년 1월 현재 재임하고 있는 위원들의 이름과 소속은 아래와 같으며, 이들의 임기는 2007년 5월 11일부터 2011년 4월 30일까지이다.

- 아일라 팔로니에미Aila Paloniemi-중도당 국회의원
- 크리스티나 게스트린Christina Gestrin-스웨덴 인민당 국회의원
- 유까 구스타프손Jukka Gustafsson-사회민주당 국회의원
- 산나 야르벨라Sanna Järvelä-오울루 대학 교육학 교수
- 위르끼 플란트Jyrki Plant-녹색당 국회의원
- 마르꾸 코포넨Markku Koponen-핀란드 산업 연맹 교육국장[9]

8_ 국가교육청의 업무 집행에 실질적으로 영향을 미치는 기관이라는 점에서 일단 '운영 대표자회의'라고 명명해보았으나, 추후에 좀 더 적절한 표현을 찾아야 할 것이다.

9_ EK(The Confederation of Finnish Industries)는 EK는 핀란드의 거의 모든 산업체와 크

- 까리-페카 메끼-로히루오마Kari-Pekka Mäki-Lohiluoma-지방정부연합회 부회장
- 올리 루까이넨Olli Luukkainen-핀란드 교원노동조합 교육정책 담당자
- 사나 시에끼넨Saana Siekkinen-핀란드 노동조합연맹(SAK) 교육노동정책 전문가[10]
- 사라 바하살로Sarah Vahasalo-보수당 국회의원

'국가교육청 운영 대표자회의'가 국가교육청 운영을 위한 회의체라면, 교육부와 운영 대표자회의 등의 결정사항들은 교육청 집행위원회가 중심이 되어 집행된다. 핀란드의 국가교육청장은 이 집행위원회의 장인 셈이다. 현재 국가교육청장은 띠모 란끼넨Timo Lankinen이며, 300명 정도의 교육전문가들이 일하고 있다.

국가교육청의 부서 편제와 업무 분담

국가교육청의 업무는 보통교육, 직업교육 훈련, 정보와 평가 서비스, 행정 서비스, 스웨덴어 훈련 등의 5개의 부서들에 의해 이루어진다. 5개 부서가 담당하지 못하는 문제나 여러 부서에 함께 관련된 일들은 교육청장 비서실에서 담당한다.

- 국가교육청 운영 대표자회의

고 작은 기업들이 가맹되어 있는 핀란드 기업총연합회로 교육과 관련해서는 고용주 또는 경영자들의 요구를 대변한다고 볼 수 있다(http://www.ek.fi/).

10_ SAK(The Central Organisation of Finnish Trade Unions)는 1907년에 설립된 핀란드에서 가장 오래된 중앙노동조합연맹으로, 21개의 다양한 산업 부문 노동조합들이 가입해 있어 총 100만 명이 넘는 조합원들의 복지 증진을 위해 일하는 조직이다. 교육과 관련해서는 피고용자들의 입장을 대변한다고 할 수 있다. (www.sak.fi)

- 국가교육청장Director General 티모 란키넨
  - 국가교육청의 운영과 집행 총괄
- 비서실Secretariat of the Director General
  - 대 언론 공보 등 홍보 및 정보 제공Communication
  - 지식과 정보 관리Information processing
  - 국제적인 교류 협력 지원International service
  - 학습환경 및 안전 관리Studies service
- 보통교육국General Education
  - 교육과정 개발과 입안Curriculum Development
  - 보통교육 발전Development of General Education
  - 학습환경Learning environment
  - 성인 교양교육과 다문화주의Liberal adult education and multiculturalism
- 직업교육훈련국Vocational education and training
  - 직업 수요 예측Anticipation
  - 직업 자격증 제도 운영Vocational Qualifications
  - 직업교육 훈련 개발Development of Vocational Education and Training
  - 국가 훈련 및 자격증 위원회National Training and Qualification Committees
  - 언어 능력 및 외국 학위 인증Recognition and International Comparability of Qualifications
- 정보·평가서비스국Information and evaluation service
  - 학습 결과에 대한 연구 및 평가Evaluation of Learning Outcomes
  - 정보와 재정 지원 서비스Information and Financial Services
  - 고등학교와 기술전문대학 및 대학의 학생 선발 및 등록 업무Student Admissions
- 교육부문과 행정을 위한 서비스국Services for education sector and

administration
- 행정과 인적자원Administration and Human Resources
- 국가교육청 예산 관리 및 기획Financing and Planning
- 국가교육청 내 ICT 활용과 관리ICT Management
- 훈련, 교육 관련 자료의 개발과 출판Training and Publications
- 교사와 직원들을 위한 현직 연수Continuing Training for Educational Staff
- EU 지원 프로젝트의 운영과 관리ESF Unit
• 스웨덴어 교육국Education in Swedish
- 스웨덴어로 교육하는 교육기관들에 관련된 업무

4. 광역 및 기초 자치단체의 교육행정

광역 수준의 교육행정Regional level

핀란드는 인구에 비해서 국토가 넓고 인구 밀도가 매우 낮기 때문에 생활자치를 담당하는 여러 개의 지방자치단체(시군구격)들이 포함되어 있는 광역 수준의 행정 단위가 있다. 즉, 핀란드는 전체 국토를 6개의 주로 나누어서 기초 단위 지방정부가 다루기 힘든 행정적인 업무들을 관장한다.

1994년부터 발효된 광역 주 발전법에 따라 광역주 평의회라는 새로운 주 행정조직이 만들어졌다. 광역주 평의회는 관할구역 내의 지방정부들, 관련 중앙정부 당국자들은 물론 산업계와 경제계 및 비정부기구 대표자들과 협력하여 지역 발전계획을 수립한다. 주 정책관련 법령을 제정한 핵심적인 목적은 지역의 자발적이고 균형 있는 발전을 지원하기 위함이다.

지역발전 계획에는 핀란드 전역에 있는 15개의 고용 경제발전센터도 참여한다. 이 센터의 기능은 사업체 운영 여건의 개선, 농촌 경제의 지원, 고용 증진 및 노동시장 작동의 촉진 등이며 그들과의 관련 속에 성인 고용(노동시장)

훈련을 촉진시키는 것이다. 각 센터에는 노동시장국이 있어 지역 노동시장이 잘 작동하도록 보살핀다. 지자체에 있는 고용사무소들은 각각 주 노동시장국의 관할 아래에 있다.

이런 맥락에서, 교육과 관련해서도 핀란드의 6개 주의 '주정부 사무소'에는 교육문화국이 있는데, 교육문화국 공무원인 교육 문화 카운슬러 Counsellor는 교육부의 지도감독 아래 교육과 문화와 스포츠 및 청소년 관련 문제들에 관한 광역 행정 업무를 담당한다. 남부와 서부 핀란드의 주정부 교육문화국 안에는 스웨덴어로 교육하는 기관들을 담당하는 스웨덴어 교육부가 있다.

기초자치단체 차원의 교육행정(Local Level)

지방 교육행정은 자치권을 가지고 세금을 부과할 수 있는 지방정부(이하 지방자치단체)에 의해 이루어진다. 지방자치단체의 운영과 행정에 관한 사항은 지방정부법에 규정되어 있다. 핀란드의 342개의 지방자치단체의 최고 의사결정기관은 선거를 통해서 구성되는 지방의회municipal council이다.

지방행정을 조직하기 위해서 지방의회는, 여러 부서나 기구와 그들의 기능, 권한과 의무의 배분 등을 위해 필요한 행정 및 재정적인 법규와 규정들을 채택한다. 지방자치체에는 지방의회 이외에 지방위원회municipal board 등 여러 위원회와 경영관리 위원회와 하위 부서 등이 있다.

지방자치단체의 교육 서비스 행정은 지방정부법의 일반 규정에 따라서 이루어진다. 이중 언어를 사용하는 지자체에서는 교육행정 아래 각 언어 그룹을 위한 담당 부서가 지명되거나 두 언어 그룹을 위한 공동의 부서가 있을 수도 있다.

지방자치단체는 관할 자치단체 안의 기초교육을 조직하고 재정의 일부를 부담할 책임이 있다. 지방자치단체는 장애가 있는 학생을 포함한 모든 의무교육 대상 어린이들에게 자신의 능력에 따라 학습할 수 있는 기회를 제공해야 한다. 이를 위해 지방자치단체들은 관할 구역 안에 기초학교를 세워 교육할 뿐 아니라 교통 서비스, 무료 급식, 학교 건강 관리, 치아 관리를 해주고 학생 복지사, 학교 심리학자 등 사회복지 서비스 인력을 제공할 책임이 있다.

지방자치단체가 고등학교나 직업학교 교육을 조직할 법적인 의무는 없지만, 재정 지원의 책임은 있다. 일반 고등학교들은 지방자치단체가 운영하며, 직업교육기관들은 지방자치단체가 운영하기도 하고 몇몇 지방자치단체들이 연합하여 운영하기도 하고 국가나 사설 조직이 운영하기도 한다. 최근에는 대부분의 국가 소유 직업교육기관의 운영이 지방자치단체나 사설 기관에 넘겨졌으며, 70퍼센트 정도는 단일 지방자치단체 또는 지방자치단체가 연합해서 운영한다.

최근에는 직업교육 훈련 시스템의 하나인 도제 훈련이 인기를 끌고 있다. 도제 훈련에는 청소년들뿐만 아니라 성인들도 참여할 수 있다. 지자체나 지자체 연합, 등록된 협회 또는 재단 등 도제 훈련 공급자는 도제 훈련을 관리하고 도제 훈련 계약을 감독할 책임이 있다.

지방정부법에 따르면, 지방자치단체는 교육에 대한 행정적 책임을 다하기 위해서 관할 행정구역 내에 사는 학생들에게 다음과 같은 방법으로 교육 서비스를 제공할 수 있다.

- 지방자치단체가 직접 교육 서비스를 제공하는 방안
- 지방자치단체 공동으로 제공 교육 컨소시엄에 참여하는 방안
- 교육을 제공하는 회사나 사설 법인과의 제휴를 맺는 방안
- 공공 법인에게 비용을 지불하고 교육 서비스를 구매하는 방안
- 사설 서비스 제공자들에게 교육 서비스를 구매하는 방안

지방자치단체는 국가로부터 기초교육을 제공할 자격을 부여받지 않은 사설 기관에 대해서는 법에 정해진 교육(예, 기초교육)을 의뢰할 수는 없다. 청소나 건물 유지 등의 서비스는 구매할 수 있다.

헬싱키 시 교육국의 행정

헬싱키 시의 교육부문은 교육위원회, 교육국, 각급 학교 운영위원회, 학교 및 교육 기관, 도제훈련 사무소, 청소년 워크숍 등으로 이루어져 있다. 종합학교와 고등학교, 성인고등학교 및 직업교육기관 등 학교와 교육기관에는 학교운영위원회가 있다.

헬싱키에는 2009년 현재 약 58,200명의 학생들이 시청 교육국 관할 학교나 다른 교육기관에 다니고 있다. 종합학교 학생이 약 3만 7,200여 명, 고등학생들이 8,700여 명, 3개의 시립 직업교육기관 학생이 7,040명이고, 도제훈련 계약을 맺고 직업훈련에 참여하는 학생이 매년 3,150명 정도이다. 교육국 관할 기관에는 모두 5,800여 명이 고용되어 있는데 교사가 약 4,600명으로 가장 많다.

헬싱키 시 교육국은 기초교육과, 스웨덴어 교육과, 청소년과 성인교육과 및 행정·개발 센터 등으로 이루어져 있다. 교육국은 교수와 관련하여 다양한 작업 과제들과 발달 기회, 교육적인 지원, 유지 관리 서비스, 행정 업무 등을 제공한다.

2009년에 헬싱키 시 교육국이 지출할 운영 예산은 502백만 유로(약 8,800억 원 정도)이다. 현재의 헬싱키 시청 교육국장은 라우노 야르닐라(Rauno Jarnila)이다.

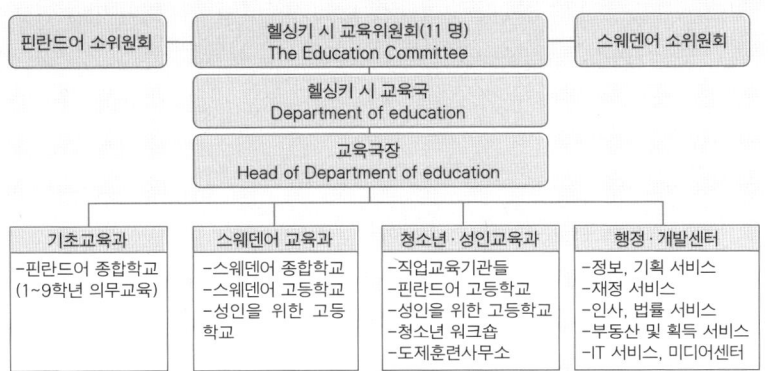

교육위원회

헬싱키 시 교육위원회the Education Committee는 헬싱키 시의 교육에 대한 최고 의결기구이며, 교육위원회의 지도나 제안에 따라서 시교육국이 교육행정을 담당한다. 헬싱키 시 교육국Department of education이 수행하는 모든 행정 업무들은 이 교육위원회에 의해서 지도되고 개발된다. 헬싱키 시 의회는 시의 교육에 관한 업무를 관할할 교육위원들을 임명하며 임기는 4년이다. 현재 활동 중인 교육위원회의 임기는 2009년부터 2012년까지이다.[11]

교육위원회의 임무

헬싱키 시 교육위원회는 11명으로 구성되며 그중에 9명이 핀란드어 그룹이고 2명이 스웨덴어 그룹이다. 교육위원회는 시교육국의 활동에 관련된 주요한 목표들을 수립한다. 교육위원회는 교육국이 제출한 예산안을 확정하고, 교육국의 성과 기반 목표들을 설정한다. 교육위원회는 시의회가 인정하는 범위 안에서 교육국으로부터 제출된 학교 시설 관련 프로젝

---

[11] 헬싱키 시의회는 4년에 한 번의 지방선거에서 선출된 85명으로 구성된다. 헬싱키 시장은 시의회가 임명하며 임기는 7년이다.

트 계획을 승인하고 조달을 결정하며, 관련 공무원들이 조달에 대해 결정할 수 있는 범위를 승인한다.

교육위원회는 해당 부서의 발의에 따라서, 헬싱키 내의 고등학교 교육과 직업교육의 총 규모 등에 대한 제안을 시의회에 제출하고, 학생들을 위한 교통편의 지원 원칙 등을 세운다.

교육위원회는 헬싱키 교육 발전을 위한 다양한 일들을 할 수 있으며, 필요하면 특정한 이슈를 다루기 위한 임시 부서를 만들 수도 있다.

책임과 목표

헬싱키 시 교육국은 보통 교육과 학생들을 위한 일부의 아침 활동과 방과후 활동, 핀란드어 직업교육 훈련과 작업장 활동, 성인 교육 훈련에 대해 책임지며, 교육위원회와 시의 전반적인 정책들에 의해 결정된 목표에 따라서 이런 서비스들을 발전시킬 책임도 진다.

헬싱키 교육국에서는 고객 지향, 지속 가능한 발전, 평생 학습, 공정성, 경제, 안전, 기업가적인 사고 등의 가치를 중요하게 여긴다.

교육 발전 프로젝트들 Development projects

교육국은 그 사업을 지속적으로 발전시키는 데 목표를 두고 있다. 교육 행정 서비스의 질에 대한 정보와 교육의 질에 대한 정보, 활동의 효과성에 대한 정보들은 매년 수집되어야 한다. 교육의 질에 대한 평가는 국가교육청이 전국의 각 지역에 있는 학교들을 상대로 한 표집 평가를 통해서 이루어진다. 부서별로 서비스에 대한 만족도 조사를 하기도 한다.

교사들의 교육 활동을 더욱 발전시키기 위한 다양한 프로젝트들이 개발되고 있으며, EU차원의 사회 기금, 교육부장관, 국가교육청 등과 공동 투자로 이루어지는 것들도 있다. 무역과 산업부 장관이 특별한 프로젝트에 재정을 지원하기도 한다.

아울러, 여러 연구 개발을 위한 활동에 중요한 정보를 제공하기도 한다. 교육국에서 위탁한 연구들은 시리즈 물로 출판되는데 대부분 핀란드어나 스웨덴어로 되어 있다.

학교와 교육기관 시설과 건물

헬싱키 시에서 관리하는 학교와 기타 교육기관들은 300개가 넘으며, 그중 일부 기관들은 건물을 임대해 쓰는 부서이다. 학교 건물들을 신축할 때는 사회적인 평등과 여러 지역에서의 서비스 접근성에서 균형이 이루어지도록 배려하는 것이 매우 중요하다. 실업학교에서의 학교 시설들을 계획할 때에는 최근의 직업 현장과 기술계의 최신의 발전 동향을 고려하고 노동력 보호 원칙 등에 부합되도록 하는 것이 중요하다.

학교와 다른 교육기관들의 리모델링과 개보수를 위한 프로젝트들이 시 교육위원회가 정한 우선순위에 따라서 실행된다. 이런 프로젝트들은 시설들의 안전과 건강, 지속 가능한 발전 및 교육 활동 공간의 확장, 전체 공간의 더 좋은 활용, 나아가 편의 시설의 질을 향상시키는 데 초점을 맞추어야 한다. 쾌적하고 기능적인 환경과 학교의 교육과정과 관련된 실용적인 측면 등도 매우 중요하다.

학교 건축 프로젝트들에서 최대한 경제적으로 그리고, 장기적인 인구 예측이 따른 수요에 부응할 수 있도록 지속 가능한 발전의 원리에 따라서 설계하는 것이 중요하다. 최근에는 학교가 교육적으로 좀 더 효과적인 공간이 되도록 하기 위해서 학교 건물을 신축하거나 개축하는 경우 교사들이 학교 공간 디자인에 건축가와 협력적으로 참여할 수 있도록 하고 있다. 일시적인 학생 수 증가에 순발력 있게 대응하기 위해서 가벼우면서 이동할 수 있는 목조 건축과 임대한 시설 등도 활용된다.

5. 학교 및 교육기관 수준의 행정

핀란드에서 보육센터, 종합학교, 일반 고등학교 등은 지방자치단체가 운영하고, 직업교육기관과 기술전문대학은 대부분 지방자치단체, 지방자치단체 연합, 사설 재단 등이 운영한다. 성인교육 기관들은 지방자치단체 또는 사설 기관이 소유하고 있다. 국가는 특수교육을 위한 고등학교나 직업교육 기관들만 운영한다. 대학들은 국가가 운영한다. 단, 2010년 1월에 개교하는 알토 대학은 정부와 기업이 공동으로 설립한 재단이 운영하는 최초의 대학이다.

유치원 및 기초학교, 고등학교의 행정

만 6세 어린이를 위한 취학 전 교육은 교육부의 소관으로, 교육부가 관련된 법률과 교육의 원칙 및 방향을 제시하고 재정적인 뒷받침을 해야 한다.

지방정부 당국들은 취학 전 교육은 보육센터에 부설해서 제공할 수도 있고, 기초학교(종합학교) 부설로 제공할 수도 있다. 보육센터는 유치원 교사 교육을 받은 선임교사가 운영하며, 규모가 큰 보육센터에서는 선임교사가 행정 업무만을 담당하기도 하지만 대개는 선임교사도 보육 업무를 담당한다.

여건에 따라서 가정 보육시설 또는 별도의 다른 적당한 장소에서 제공할 수도 있다. 지방정부법에 따라서 지방자치단체는 취학 전 교육에 관한 행정이나 위원회 구성 등의 권한을 가진다. 보육센터의 장은 센터의 운영과 재정에 대해 책임을 진다.

핀란드의 모든 가정들은 의무교육 해당 연령이 되기 전의 자녀들에 대해서 어린이보육법에 규정된 보육에 대한 권리를 누린다. 보육센터에서 취학 전 교육을 받을 수 있으려면 파트타임으로라도 보육센터에 등록해서 보육 서비스를 받아야 한다.

기초교육법에는 기초교육 단계(Basic education, 1~9학년까지의 종합학교 의무교육)의 교육행정이나 학교 경영에 대한 특별한 규정이 없다. 즉, 기초교육을 제공하는 학교들은 지방자치단체의 행정에 관해 규정한 지방정부법의 일반적인 조항을 따르게 되어 있다. 학교에 대한 행정은 해당 지방자치단체 당국이 만든 행정 법규나 규정에 따라 결정된다.

모든 의무교육 학교에는 학교운영에 대해 책임지는 학교장이 있어야 하며, 교육의 조직은 해당 학교운영위원회가 채택한 기관 규정에 따르게 되어 있다. 국가나 사설 기관에 의해서 운영되는 학교의 교육행정은 해당 학교의 학교운영위원회에 따르도록 별도의 법령으로 규정되어 있다.

고등학교 교육에 관한 행정에 대해서도 기초학교의 경우처럼 지방정부법에 있는 행정에 대한 규정과 지방 당국의 규칙 등이 적용된다. 고등학교에도 행정의 책임자로서 학교장이 있어야 한다. 고등학교에는 특히 학생들의 협력과 학교의 업무를 증진시키기 위해서 학생들로 구성된 학생회가 있어야 한다. 국가나 사설 기관이 운영하는 고등학교들은 학교운영위원회와 학교장, 학교운영위원회가 채택한 학교규정 등을 가져야 한다.

지방자치단체나 지자체 연합이 설립한 직업고등학교의 행정은 일반 고등학교의 행정과 같이 지방정부법과 지방자치단체 행정 관련 규정 및 내부 규칙에 따라 이루어진다.

국가나 사설 기관이 제공하는 직업교육기관 행정의 경우 최소 3명 이상으로 구성되는 기관운영위원회에 조직에 대한 책임과 교육의 발전 및 행정에 대한 권한을 갖도록 규정한 '국립 및 사립 교육행정법'의 적용을 받는다. 각 직업교육기관은 학교장이 있어야 하며, 교육의 조직, 행정, 부서나 직원들의 권한과 책임, 다른 관련된 사항들에 대한 일반적인 기준은 기관 규정으로 정한다. 직업교육기관에는 항상 학생회가 있어야 한다.

기초학교 '학교운영위원회' - 헬싱키 시

헬싱키 시의 새로운 학교와 직업교육기관에는 학교운영위원회가 있다. 하나의 학교가 하나의 운영위원회를 가질 수도 있고, 2~3개의 학교가 학교운영위원회를 공유할 수도 있다.

학교운영위원은 각 학교의 학부모/보호자 총회를 거쳐 추천된 후보자들 중에서 헬싱키 시 교육위원회 해당 과에서 선임한다. 현재의 학교운영위원들은 2008년 가을 학기에 학부모와 보호자 총회를 통해서 추천되어, 2009년 2월에 교육위원회(핀란드그룹과 스웨덴그룹)가 선임하였다. 학교운영위원의 숫자가 사전에 정해져 있지 않으며, 교육위원회 해당 과에서 정한다. 이렇게 선출되어 활동하고 있는 학교운영위원들의 임기는 4년으로 2012년까지이다.

종합학교에서 학교운영위원회의 구성은 기본적으로 학부모들로 이루어지며 고등학교나 직업교육기관에서도 학부모들의 참여를 보장해야 한다. 교사들 중에서 추천된 후보자와 교직원들 중에서 추천된 후보자도 각 1명씩 선임되며, 학생들이 추천한 대표자 2명도 운영위원으로 선임된다. 교육위원회는 각각의 운영위원들을 개인적인 대표자로 선임하며, 학생 위원들은 학생회에서 선출한다. 직업교육기관에서는 관련 업계의 대표자들도 운영위원에 포함된다.

학교운영위원회의 의무는 헬싱키 시 교육국 규정에 명시되어 있다. 학교운영위원회는 학교 운영의 큰 방향을 제시하며 필요한 규정을 제정하기도 한다. 학교운영위원회는 또 국가교육과정에 따라 세워져 시교육위원회에 제출될 학교교육계획을 승인하고, 학교의 예산안을 승인하며 교사를 초빙하기도 한다. 학교운영위원회는 학교와 지역사회와의 소통과 협력을 위한 매개자이기도 하다.

아직은 자녀가 학교나 교육기관에 다니지 않지만 앞으로 4년 안에 입학할 것으로 예상되는 예비 학부모들도 학부모/보호자 총회에 참석하여 학교운영위원 선출에 참여할 수 있다. 학교운영위원회를 개최할 때 회의록은 학교장 또는 학교장이 지명한 다른 사람이 작성한다.

대학 수준의 행정

핀란드의 대학들은 대학 내부의 운영에 관하여 높은 자율권을 누리고 있다. 1998년 8월에 발효되어 모든 대학들에 적용되는 대학법에는 총장, 대학운영위원회, 기관운영 규정 제정에 대한 사항들을 규정하고 있다. 법률 규정 이외의 조직이나 행정에 관한 사항들은 대학들이 자율적으로 결정한다. 대학은 총장과 대학운영위원회에 의해서 운영되는데, 대학운영위원회는 교수, 강사와 연구자 및 직원들, 학생들의 그룹 대표들로 구성된다. 대학운영위원회는 대학의 학부나 학과 등의 설치에 대한 사항을 결정한다. 학부의 운영에는 학장(또는 학과장들)과 대학 구성원들로 구성된 행정 조직들이 함께 참여한다.

2003년 8월 1일에 발효된 기술전문대학법으로 인해 기술전문대학(Politechnic)들은 대학 내부의 사안들에 대해 큰 자율권을 누릴 수 있게 되었다.

기술전문 대학 운영상의 중요한 문제나 경제적인 문제, 전략 등은 지방자치단체나 지자체연합, 등록된 핀란드 회사나 재단 등 학교운영 당국이 결정한다. 기술전문 대학의 내부적인 문제들은 대학운영위원회와 학장이나 교장 등 대학 운영 대표자들이 관할한다. 대학운영위원회는 교장, 대학운영 대표자, 전임 교원, 전임 직원, 학생, 직업현장 전문가 등으로 구성된다.

6. 교육기관 내부 및 외부와의 협의 : 학교-가정-사회의 협의체제

앞에서 살폈듯이 핀란드에서는 각급 학교 단계의 학교 운영에 대해서 시설이나 재정 등을 중심으로 일반 행정을 규정하는 법령이 똑같이 적용되고 있을 뿐 별도의 행정력이 학교에 지시나 지침을 내리는 등의 특별한 교육행정은 거의 없다고 할 수 있다.

핀란드에서는 관료적인 행정 대신에 각 교육기관마다 운영위원회가 있어 학교장 및 교사들과 함께 학교 운영에 대한 사항을 자율적으로 결정할 수 있게 되어 있거나, 학교 내부에서 또는 외부 전문가나 기관들과 협의하고 자문을 구하는 등의 방법으로 교육기관 운영의 효과성과 질을 높이는 방식을 택하고 있는 것으로 보인다.

예컨대, 모든 기초학교와 고등학교에서는 1년에 최소한 4번의 교직원 전체회의를 개최하게 되어 있어 교직원들 간의 협의회는 정례화되어 있다고 할 수 있다. 이러한 4차례의 회의에서는 주로 학교의 교육과정과 교수법 등에 대한 사항들이 논의된다. 고등학교와 대학에서는 이후 단계에서는 학생회가 학생들의 의견을 대변하며 내부 협의회에 참여한다. 많은 대학들에는 자체 교수와 학생 대표들로 구성된 방향 조정steering 위원회가 있다. 고등교육 분야는 내부 컨설팅 조직에서 매우 높은 자치권을 가지고 있다.

참여와 협력에 의한 교육-교사회의, 학부모-교사 대화

2000년 12월 19일에 확정된 만6세 유치원의 취학 전 교육을 위한 국가 핵심교육과정은 학부모 및 보호자와의 긴밀한 협력을 강조하고 있다. 어린이들의 만족과 성장과 학습을 위해서, 취학 전 교육담당자와 부모/보호자 사이에 돈독한 신뢰를 만들어내는 것이 매우 중요하다.

학교-가정 간 협력을 실현시키기 위한 중요한 수단은 취학 전 교육 담당 교사들과 부모/보호자들이 함께 세우는 '어린이 취학 전 계획'이다. 이 취학 전 계획에는 성장과 발달을 위해서 설정할 목표, 강점과 약점에 대한 평가 등 어린이의 발달에 있어서 핵심이 되는 요소들에 대한 계획이 담긴다. 부모/보호자들은 기관별로 특별한 취학 전 교육과정 특히 교육과정의 목표를 설정하는 데 의견을 제시할 수 있다. 취학 전 교육과정에는 부모/보호자나 다른 전문가들과 어떻게 협력할지에 대한 내용도 담겨야 한다. 핵심 교육과정은 국립복지건강연구개발센터 및 국가교육청과 협력하는 가운데 보육센터와 학교의 교사들과의 전문적 조언을 통해서 세워진다.

기초학교의 교육과 관련해서, 기초교육법은 학교에서의 교육은 가정과의 협력하는 가운데 이루어져야 한다고 규정하고 있다. 이러한 법령의 취지가 실제에 있어서는 부모/보호자와 교사가 사적인 대화를 나눌 수 있는 정례적인 부모-교사 회의를 통해서 실현된다. 부모들은 지역 교육과정을 수립하는 데도 참여할 수도 있고, 자녀의 학습 계획을 세우는 데도 의견을 낼 수 있다.

국가교육과정을 준비하는 과정에는 교사들 및 교과 관련 교사 조직 등과 광범위한 전문가 협의를 거친다. 기초학교는 물론 고등학교의 국가 핵심 교육과정을 개정할 때에는 인터넷을 통해서 초안을 볼 수 있으며 의견을 제출할 수 있다.

산업체나 직업현장 전문가와 함께 만드는 직업교육

직업학교에서의 교육과 관련해서, 직업교육훈련법에는 교육이 직업생활에서의 요구에 특별한 주의를 기울여야 한다고 규정하고 있다. 국가는 물론 모든 수준에서 직업교육 계획을 세울 때는 산업체 또는 기업 대표자들이나 직업 현장 관계자들과 함께 수립해야 한다. 국가 수준에서 이들 직업 현장의 관계가들이 참여할 수 있는 가장 중요한 통로는 교육부장관 산하에 설치된 국가교육훈련심의회the National Education and Training Committee와 교육기관 운영위원회 또는 자문위원회 등에 참여하는 것이다.

직업교육기관들은 대개 지역별로 직업교육기관 네트워크를 구축하여 지역 차원의 산업 현장과 교류 협력한다. 국가 핵심 교육과정은 해당 분야와 교육 기관 및 직업 현장의 전문가들이 참여하는 자문과정을 거쳐서 세워진다. 핀란드에는 교육부 산하에 여러 직업 분야의 국가교육훈련심의회들과 국가교육훈련조정그룹National Coordination Group for Education and Training 등이 직업고등학교와 다른 직업교육, 청년과 성인 훈련, 기술전문대학과 직업 지향적인 대학교육 등을 발전시키기 위한 전문가위원회로서 활동하고 있다.

국가교육훈련심의회의 임무는 △교육부 및 국가교육청과 협력하여 교육기관과 직업현장 간의 상호작용과 협력 촉진, △해당 분야 직업 현장에서 요구되는 교육 훈련과 새로운 역량에 대한 모니터링과 미래 예측, △해당 분야의 직업교육 훈련을 양적·질적으로 발전시키기 위한 제안서 작성, △국가교육청이 국가핵심교육과정과 능력기반자격증 요건 등을 승인하는 과정에 관여하고, 해당 분야에 관한 의견을 제출, △교육부가 부과하는 다른 일들의 수행 등이다.

국가교육훈련조정그룹에는 직업 분야별 국가교육훈련심의회 의장들이 참여하며, 그 밖에 중앙 수준의 고용주 조직과 고용자 조직들이 지명한 사람들이 대표성을 가지고 참여한다. 교육부는 구성원 가운데서 의장과 부의장을 임명한다.

국가교육훈련조정그룹의 임무는 직업교육훈련과 관련하여 교육부문의 범위를 넘어서는 폭넓은 이슈를 토론하는 것이다. 이를 위해서, 직업교육 훈련의 발전 및 직업 현장에서 요구하는 역량에 대해서 모니터링·평가·예측하며, 여러 직업교육훈련심의회들이 공동 워크숍이나 공동 정보교류 회의를 조직하고, 교육부가 부과하는 다른 임무를 수행하는 것이다.

직업교육기관의 운영위원회(학교운영위원회)에는 교사와 학생들과 교직원 외에 당해 기관에서 가르치는 분야에 관련된 직업 현장 전문가들로 구성된다.

지역 차원에서는 직업교육기관들이 하나 또는 여러 개의 분야별 특별 자문회의를 둘 수 있다. 기관자문위원회는 해당 기관 대표자, 교사, 기관의 발전에 관여하는 해당 분야의 주요 노동시장 조직과 전문가들로 구성된다.

자문위원회의 주요 임무는 직업교육 훈련기관들의 활동과 지역의 직업 현장과의 협력을 촉진시키는 것이며, 기관의 내적 발전을 위해서 교육과정이나 다른 문제들을 다룰 수 있다. 자문위원회 외에도 직업 현장과의 협력을 증진시키기 위한 다른 기구들이 있을 수 있다. 더 나아가, 직업기술을 실제로 시연하는 실기 시범을 조직하기 위한 독립적인 지방위원회도 구성된다.

대학위원회는 고등교육 단계인 대학교육 수준에서도 최근 들어서 직업 현장이나 사회 각 분야와의 접촉을 강조하고 있다. 최근 개정된 대학관련 법률에 따라서 대학들은 대학 밖에서 일하는 사람들을 대학위원회에 포함시키도록 되어 있다. 대학들이 운영하는 평생교육센터들이나 채용 및 직업 계획 서비스도 직업 현장과의 접촉을 촉진시키고 있다.

최근에는 대학에서의 연구 활동 분야에서도 기업과의 협력을 강조하고 있다. 기술전문대학들은 직업 현장과의 지속적인 협력을 통해서 교육 내용을 발전시키고 지역의 요구를 교육 훈련에 반영하기 위해서 다양한 형태의 조직을 통해서 지역의 직업 현장과 긴밀한 접촉을 가지고 있다. 기술전문대학 운영위원회에는 기업이나 직업현장 관계자들이 참여한다.

성인 직업교육 훈련에는 자격증 위원회 시스템이 포함된다. 이 위원회는 국가교육청이 임명하며, 3자구성의 원리에 따라 조직된다. 그들은 능력 심사 기관들을 지도 감독하고 자격을 인증해주는 역할을 한다. 그 밖에도 성인 교육 기관을 유지하는 정치적인 협회, 노동조합, 종교기관 등이 각자 특별한 이념적인 지향을 가지고 운영된다. 이런 기관들에는 다양한 사회적 활동가들이 운영위원회에 참여한다.

7. 마치며

핀란드에서는 국회와 교육부가 교육정책의 방향 원칙, 철학과 목표를 분명히 제시하되, 행정의 각 단위에서 그것을 구현하기 위해 자율적이고 창의적인 노력을 하도록 허용하고 있다. 교육부나 국가교육청은 지방자치단체는 물론 학교와 교사들의 자율 능력과 전문가로서의 책임감을 깊이 신뢰하고 저마다 자유롭게 창의적으로 활동할 수 있도록 지원하고 있다.

핀란드에서는 모든 행정 단위에서 기관의 장에게 큰 권한을 부여하기보다는 기관을 운영하기 위한 민주적인 의사결정 구조의 제도화, 다양한 위원회, 심의회의 활성화, 대화와 소통의 제도화를 통해서 구성원 모두의 참여와 자치와 상호 협력 또는 견제를 통해서 기관 운영의 효과성을 극대화하고 있는 것으로 보인다.

내각책임제적인 요소와 대통령제 요소를 적절히 배합한 정부 구조나 국회-정부의 관계도 그렇지만, 국가교육청이나 지방자치단체의 교육국, 각급 학교 등 어떤 행정 단위에서도 한 사람 또는 특정 집단의 권한 독점을 피하고 민주적 참여와 자율적 조정이 작동하게 하기 위한 정교한 시스템이 구축되어 있다는 점이야말로 핀란드의 교육 성공의 중요한 요인이 아닌가 싶다.

교사들을 깊은 신뢰하며 교육에서 학교와 교사들의 전문적인 권한을 충분히 인정하면서도, 교사들의 협력적 교수를 진작하고, 학부모와 교사간의 대화와 학부모의 학교 운영 참여를 촉진하며, 학교가 사회나 직업 현장과 긴밀하게 소통하면서 협력하게 하는 것이야말로 핀란드 교육행정이 가진 핵심적인 특징이자, 우리의 교육행정 개혁이 지향해야 할 새로운 패러다임이 아닌가 싶다.

참고문헌

European Commission, The education system in Finland 2007/08, Eurybase, 2008.
Ministry of education, Education Culture 2008, 2009
Erkki Aho, Kari Pitkanen, Pasi Sahlberg, Political Development and reform Principles of Basic and Secondary Education in Finland sincd 1968
위키피디아 - http://en.wikipedia.org/wiki/Finland
핀란드 교육부 - http://www.minedu.fi/
핀란드 국가교육청 홈페이지 - http://www.oph.fi/
헬싱키 시청 홈페이지 - http://www.hel.fi/
중앙노동조합연맹(SAK) 홈페이지 - www.sak.fi
핀란드 기업총연합회(EK) 홈페이지 - http://www.ek.fi/

삶의 행복을 꿈꾸는 교육은 어디에서 오는가?

● **교육혁명을 앞당기는 배움책 이야기** 혁신교육의 철학과 잉걸진 미래를 만나다!

한국교육연구네트워크 총서

01 핀란드 교육혁명 　　　　　　　　　　　　한국교육연구네트워크 엮음 | 320쪽 | 값 15,000원
02 일제고사를 넘어서 　　　　　　　　　　　한국교육연구네트워크 엮음 | 284쪽 | 값 13,000원
03 새로운 사회를 여는 교육혁명 　　　　　　한국교육연구네트워크 엮음 | 380쪽 | 값 17,000원
04 교장제도 혁명 　　　　　　　　　　　　　한국교육연구네트워크 엮음 | 268쪽 | 값 14,000원
05 새로운 사회를 여는 교육자치 혁명 　　　　한국교육연구네트워크 엮음 | 312쪽 | 값 15,000원
06 혁신학교에 대한 교육학적 성찰 　　　　　한국교육연구네트워크 엮음 | 308쪽 | 값 15,000원
07 진보주의 교육의 세계적 동향 　　　　　　한국교육연구네트워크 엮음 | 324쪽 | 값 17,000원
08 더 나은 세상을 위한 학교혁명 　　　　　　한국교육연구네트워크 엮음 | 404쪽 | 값 21,000원
09 비판적 실천을 위한 교육학 　　　　　　　이윤미 외 지음 | 448쪽 | 값 23,000원
10 마을교육공동체운동: 세계적 동향과 전망 　심성보 외 지음 | 376쪽 | 값 18,000원
11 학교 민주시민교육의 세계적 동향과 과제 　심성보 외 지음 | 308쪽 | 값 16,000원
12 학교를 민주주의의 정원으로 가꿀 수 있을까? 　성열관 외 지음 | 272쪽 | 값 16,000원
13 교육사상가의 삶과 사상 –서양 편 1 　　　심성보 외 지음 | 420쪽 | 값 23,000원
14 교육사상가의 삶과 사상 –서양 편 2 　　　김누리 외 지음 | 432쪽 | 값 25,000원

한국교육연구네트워크 번역 총서

01 프레이리와 교육 　　　　　　　　　　　　존 엘리아스 지음 | 한국교육연구네트워크 옮김 | 276쪽 | 값 14,000원
02 교육은 사회를 바꿀 수 있을까? 　　　　　마이클 애플 지음 | 강희룡·김선우·박원순·이형빈 옮김 | 356쪽 | 값 16,000원
03 비판적 페다고지는 세상을 변화시킬 수 있는가? 　Seewha Cho 지음 | 심성보·조시화 옮김 | 280쪽 | 값 14,000원
04 마이클 애플의 민주학교 　　　　　　　　　마이클 애플·제임스 빈 엮음 | 강희룡 옮김 | 276쪽 | 값 14,000원
05 21세기 교육과 민주주의 　　　　　　　　　넬 나딩스 지음 | 심성보 옮김 | 392쪽 | 값 18,000원
06 세계교육개혁 민영화 우선인가 공적 투자 강화인가? 　린다 달링-해먼드 외 지음 | 심성보 외 옮김 | 408쪽 | 값 21,000원
07 콩도르세, 공교육에 관한 다섯 논문 　　　니콜라 드 콩도르세 지음 | 이주환 옮김 | 300쪽 | 값 16,000원
08 학교를 변론하다 　　　　　　　　　　　　얀 마스켈라인·마틴 시몬스 지음 | 윤선인 옮김 | 252쪽 | 값 15,000원
09 존 듀이와 교육 　　　　　　　　　　　　　짐 개리슨 외 지음 | 심성보 외 옮김 | 376쪽 | 값 19,000원
10 진보주의 교육운동사 　　　　　　　　　　윌리엄 헤이스 지음 | 심성보 외 옮김 | 324쪽 | 값 18,000원
11 사랑의 교육학 　　　　　　　　　　　　　안토니아 다더 지음 | 심성보 외 옮김 | 412쪽 | 값 22,000원
12 다시 읽는 민주주의와 교육 　　　　　　　존 듀이 지음 | 심성보 옮김 | 620쪽 | 값 32,000원

미래 100년을 향한 새로운 교육

혁신교육을 실천하는 교사들의 **필독서**

● 비고츠키 선집   발달과 협력의 교육학 어떻게 읽을 것인가?

01 생각과 말	L.S. 비고츠키 지음 ǀ 배희철·김용호·D. 켈로그 옮김 ǀ 690쪽 ǀ 값 33,000원
02 도구와 기호	비고츠키·루리야 지음 ǀ 비고츠키 연구회 옮김 ǀ 336쪽 ǀ 값 16,000원
03 어린이 자기행동숙달의 역사와 발달 I	L.S. 비고츠키 지음 ǀ 비고츠키 연구회 옮김 ǀ 564쪽 ǀ 값 28,000원
04 어린이 자기행동숙달의 역사와 발달 II	L.S. 비고츠키 지음 ǀ 비고츠키 연구회 옮김 ǀ 552쪽 ǀ 값 28,000원
05 어린이의 상상과 창조	L.S. 비고츠키 지음 ǀ 비고츠키 연구회 옮김 ǀ 280쪽 ǀ 값 15,000원
06 성장과 분화	L.S. 비고츠키 지음 ǀ 비고츠키 연구회 옮김 ǀ 308쪽 ǀ 값 15,000원
07 연령과 위기	L.S. 비고츠키 지음 ǀ 비고츠키 연구회 옮김 ǀ 336쪽 ǀ 값 17,000원
08 의식과 숙달	L.S 비고츠키 ǀ 비고츠키 연구회 옮김 ǀ 348쪽 ǀ 값 17,000원
09 분열과 사랑	L.S. 비고츠키 지음 ǀ 비고츠키 연구회 옮김 ǀ 260쪽 ǀ 값 16,000원
10 성애와 갈등	L.S. 비고츠키 지음 ǀ 비고츠키 연구회 옮김 ǀ 268쪽 ǀ 값 17,000원
11 흥미와 개념	L.S. 비고츠키 지음 ǀ 비고츠키 연구회 옮김 ǀ 408쪽 ǀ 값 21,000원
12 인격과 세계관	L.S. 비고츠키 지음 ǀ 비고츠키 연구회 옮김 ǀ 372쪽 ǀ 값 22,000원
13 정서 학설 I	L.S. 비고츠키 지음 ǀ 비고츠키 연구회 옮김 ǀ 584쪽 ǀ 값 35,000원
14 정서 학설 II	L.S. 비고츠키 지음 ǀ 비고츠키 연구회 옮김 ǀ 480쪽 ǀ 값 35,000원
비고츠키와 인지 발달의 비밀	A.R. 루리야 지음 ǀ 배희철 옮김 ǀ 280쪽 ǀ 값 15,000원
비고츠키의 발달교육이란 무엇인가?	비고츠키교육학실천연구모임 지음 ǀ 412쪽 ǀ 값 21,000원
비고츠키 철학으로 본 핀란드 교육과정	배희철 지음 ǀ 456쪽 ǀ 값 23,000원
비고츠키와 마르크스	앤디 블런던 외 지음 ǀ 이성우 옮김 ǀ 388쪽 ǀ 값 19,000원
수업과 수업 사이	비고츠키 연구회 지음 ǀ 196쪽 ǀ 값 12,000원
관계의 교육학, 비고츠키	진보교육연구소 비고츠키교육학실천연구모임 지음 ǀ 300쪽 ǀ 값 15,000원
교사와 부모를 위한 발달교육이란 무엇인가?	현광일 지음 ǀ 380쪽 ǀ 값 18,000원
비고츠키 생각과 말 쉽게 읽기	진보교육연구소 비고츠키교육학실천연구모임 지음 ǀ 316쪽 ǀ 값 15,000원
교사와 부모를 위한 비고츠키 교육학	카르포프 지음 ǀ 실천교사번역팀 옮김 ǀ 308쪽 ǀ 값 15,000원
레프 비고츠키	르네 반 데 비어 지음 ǀ 배희철 옮김 ǀ 296쪽 ǀ 값 21,000원

혁신학교	성열관·이순철 지음	224쪽	값 12,000원
행복한 혁신학교 만들기	초등교육과정연구모임 지음	264쪽	값 13,000원
서울형 혁신학교 이야기	이부영 지음	320쪽	값 15,000원
혁신교육, 철학을 만나다	브렌트 데이비스·데니스 수마라 지음	현인철·서용선 옮김	304쪽	값 15,000
대한민국 교사, 어떻게 가르칠 것인가?	윤성관 지음	320쪽	값 15,000원
아이들을 어떻게 가르칠 것인가	사토 마나부 지음	박찬영 옮김	232쪽	값 13,000원
모두를 위한 국제이해교육	한국국제이해교육학회 지음	364쪽	값 16,000원
경쟁을 넘어 발달 교육으로	현광일 지음	288쪽	값 14,000원
혁신교육 존 듀이에게 묻다	서용선 지음	292쪽	값 16,000원
다시 읽는 조선교육사	이만규 지음	750쪽	값 37,000원
교실 속으로 간 이해중심 교육과정	온정덕 외 지음	224쪽	값 13,000원
대한민국 교육혁명	교육혁명공동행동 연구위원회 지음	224쪽	값 12,000원
포스트 코로나 시대의 교육	성열관 외 지음	224쪽	값 15,000원
내일 수업 어떻게 하지?	아이함께 지음	300쪽	값 15,000원
핀란드 교육의 기적	한넬레 니에미 외 엮음	장수명 외 옮김	456쪽	값 23,000원
한국 교육의 현실과 전망	심성보 지음	724쪽	값 35,000원
독일의 학교교육	정기섭 지음	536쪽	값 29,000원
교실 속으로 간 이해중심 통합교육과정	온정덕 외 지음	224쪽	값 15,000원
초등 백워드 교육과정 설계와 실천 이야기	김병일 외 지음	352쪽	값 19,000원
학습격차 해소를 위한 새로운 도전 보편적 학습설계 수업	조윤정 외 지음	240쪽	값 15,000원

● **경쟁과 차별을 넘어 평등과 협력으로 미래를 열어가는 교육 대전환!** 혁신교육 현장 필독서

학교의 미래, 전문적 학습공동체로 열다	새로운학교네트워크·오윤주 외 지음	276쪽	값 16,000원
마을교육공동체 생태적 의미와 실천	김용련 지음	256쪽	값 15,000원
학교폭력, 멈춰!	문재현 외 지음	348쪽	값 15,000원
학교를 살리는 회복적 생활교육	김민자·이순영·정선영 지음	256쪽	값 15,000원
삶의 시간을 잇는 문화예술교육	고영직 지음	292쪽	값 16,000원
미래교육을 디자인하는 학교교육과정	박승열 외 지음	348쪽	값 18,000원
코로나 시대, 마을교육공동체운동과 생태적 교육학	심성보 지음	280쪽	값 17,000원

혐오, 교실에 들어오다	이혜정 외 지음	232쪽	값 15,000원
수업, 슬로리딩과 함께	박경숙 외 지음	268쪽	값 15,000원
물질과의 새로운 만남	베로니카 파치니-케처바우 외 지음	이연선 외 옮김	218쪽	값 15,000원
그림책으로 만나는 인권교육	강진미 외 지음	272쪽	값 18,000원
수업 고수들 수업·교육과정·평가를 말하다	박현숙 외 지음	368쪽	값 17,000원
아이들의 배움은 어떻게 깊어지는가	이시이 준지 지음	방지현·이창희 옮김	200쪽	값 11,000원
미래, 공생교육	김환희 지음	244쪽	값 15,000원
들뢰즈와 가타리를 통해 유아교육 읽기	리세롯 마리엣 올슨 지음	이연선 외 옮김	328쪽	값 17,000원
혁신고등학교, 무엇이 다른가?	김현자 외 지음	344쪽	값 18,000원
시민이 만드는 교육 대전환	심성보·김태정 지음	248쪽	값 15,000원
평화교육 과거, 현재 그리고 미래를 그리다	모니샤 바자즈 외 지음	권순정 외 옮김	268쪽	값 18,000원
마을교육공동체란 무엇인가?	서용선 외 지음	360쪽	값 17,000원
강화도의 기억을 걷다	최보길 지음	276쪽	값 14,000원
체육 교사, 수업을 말하다	전용진 지음	304쪽	값 15,000원
평화의 교육과정 섬김의 리더십	이준원·이형빈 지음	292쪽	값 16,000원
마을로 걸어간 교사들, 마을교육과정을 그리다	백윤애 외 지음	336쪽	값 16,000원
혁신교육지구와 마을교육공동체는 어떻게 만들어지는가?	김태정 지음	376쪽	값 18,000원
서울대 10개 만들기	김종영 지음	348쪽	값 18,000원
선생님, 통일이 뭐예요?	정경호 지음	252쪽	값 13,000원
함께 배움 학생 주도 배움 중심 수업 이렇게 한다	니시카와 준 지음	백경석 옮김	280쪽	값 15,000원
다정한 교실에서 20,000시간	강정희 지음	296쪽	값 16,000원
즐거운 세계사 수업	김은석 지음	328쪽	값 13,000원
학교를 개선하는 교장 지속가능한 학교 혁신을 위한 실천 전략	마이클 풀란 지음	서동연·정효준 옮김	216쪽	값 13,000원
선생님, 민주시민교육이 뭐예요?	염경미 지음	244쪽	값 15,000원
교육혁신의 시대 배움의 공간을 상상하다	함영기 외 지음	264쪽	값 17,000원
도덕 수업, 책으로 묻고 윤리로 답하다	울산도덕교사모임 지음	320쪽	값 15,000원
교육과 민주주의	필라르 오카디즈 외 지음	유성상 옮김	420쪽	값 25,000원
교육회복과 적극적 시민교육	강순원 지음	228쪽	값 15,000원
비판적 미디어 리터러시 가이드	더글러스 켈너·제프 셰어 지음	여은호·원숙경 옮김	252쪽	값 18,000원
지속가능한 마을, 교육, 공동체를 위하여	강영택 지음	328쪽	값 18,000원

대전환 시대 변혁의 교육학	진보교육연구소 교육과정연구모임 지음 l 400쪽 l 값 23,000원
교육의 미래와 학교혁신	마크 터커 지음 l 전국교원양성대학교 총장협의회 옮김 l 336쪽 l 값 18,000원
남도 임진의병의 기억을 걷다	김남철 지음 l 288쪽 l 값 18,000원
프레이리에게 변혁의 길을 묻다	심성보 지음 l 672쪽 l 값 33,000원
다시, 혁신학교!	성기신 외 지음 l 300쪽 l 값 18,000원
백워드로 설계하고 피드백으로 완성하는 성장중심평가	이형빈·김성수 지음 l 356쪽 l 값 19,000원
우리 교육, 거장에게 묻다	표혜빈 외 지음 l 272쪽 l 값 17,000원
교사에게 강요된 침묵	설진성 지음 l 296쪽 l 값 18,000원
왜 체 게바라인가	송필경 지음 l 320쪽 l 값 19,000원
풀무의 삶과 배움	김현자 지음 l 352쪽 l 값 20,000원
비고츠키 아동학과 글쓰기 교육	한희정 지음 l 300쪽 l 값 18,000원
교실을 위한 프레이리	아이러 쇼어 엮음 l 사람대사람 옮김 l 410쪽 l 값 23,000원
마을, 그 깊은 이야기 샘	문재현 외 지음 l 404쪽 l 값 23,000원
비난받는 교사	다이애나 폴레비치 지음 l 유성상 외 옮김 l 404쪽 l 값 23,000원
한국교육운동의 역사와 전망	하성환 지음 l 308쪽 l 값 18,000원
철학이 있는 교실살이	이성우 지음 l 272쪽 l 값 17,000원
왜 지속가능한 디지털 공동체인가	현광일 지음 l 280쪽 l 값 17,000원
선생님, 우리 영화로 세계시민 만나요!	변지윤 외 지음 l 328쪽 l 값 19,000원
아이를 함께 키울 온 마을은 어떻게 만들어야 할까?	차상진 지음 l 288쪽 l 값 17,000원
선생님, 제주 4·3이 뭐예요?	한강범 지음 l 308쪽 l 값 18,000원
마을배움길 학교 이야기	김명신 외 지음 l 300쪽 l 값 18,000원
다시, 남도의 기억을 걷다	노성태 지음 l 332쪽 l 값 19,000원
세계의 혁신 대학을 찾아서	안문석 지음 l 284쪽 l 값 17,000원
소박한 자율의 사상가, 이반 일리치	박홍규 지음 l 328쪽 l 값 19,000원
선생님, 평가 어떻게 하세요?	성열관 외 지음 l 220쪽 l 값 15,000원
남도 한말의병의 기억을 걷다	김남철 지음 l 316쪽 l 값 19,000원
생태전환교육, 학교에서 어떻게 할까?	심지영 지음 l 236쪽 l 값 15,000원
어떻게 어린이를 사랑해야 하는가	야누쉬 코르착 지음 l 송순재·안미현 옮김 l 396쪽 l 값 23,000원
북유럽의 교사와 교직	예스터 에크하트 라르센 외 엮음 l 유성상·김민조 옮김 l 412쪽 l 값 24,000원
산마을 너머 지금 뭐해?	최보길 외 지음 l 260쪽 l 값 17,000원

전문적 학습네트워크	크리스 브라운 외 엮음 ｜ 성기선·문은경 옮김 ｜ 424쪽 ｜ 값 24,000원
초등 개념기반 탐구학습 설계와 실천 이야기	김병일 외 지음 ｜ 380쪽 ｜ 값 27,000원
선생님이 왜 노조 해요?	교사노동조합연맹 기획 ｜ 324쪽 ｜ 값 18,000원
교실을 광장으로 만들기	윤철기 외 지음 ｜ 212쪽 ｜ 값 17,000원
자율성과 전문성을 지닌 교사되기	린다 달링 해몬드 외 지음 ｜ 전국교원양성대학교총장협의회 옮김 412쪽 ｜ 값 25,000원
선생님, 완벽하지 않아도 괜찮아요	유승재 지음 ｜ 264쪽 ｜ 값 17,000원
지속가능한 리더십	앤디 하그리브스 외 지음 ｜ 정바울 외 옮김 ｜ 352쪽 ｜ 값 21,000원
남도 명량의 기억을 걷다	이돈삼 지음 ｜ 280쪽 ｜ 값 17,000원
교사가 아프다	송원재 지음 ｜ 300쪽 ｜ 값 18,000원
존 듀이의 생명과 경험의 문화적 전환	현광일 지음 ｜ 272쪽 ｜ 값 17,000원
왜 읽고 쓰고 걸어야 하는가?	김태정 지음 ｜ 300쪽 ｜ 값 18,000원
미래 교직 디자인	캐럴 G. 베이즐 외 지음 ｜ 정바울 외 옮김 ｜ 192쪽 ｜ 값 17,000원
타일러 교육과정과 수업 설계의 기본 원리	랄프 타일러 지음 ｜ 이형빈 옮김 ｜ 176쪽 ｜ 값 15,000원
시로 읽는 교육의 풍경	강영택 지음 ｜ 212쪽 ｜ 값 17,000원
부산 교육의 미래 2026	이상철 외 지음 ｜ 384쪽 ｜ 값 22,000원

참된 삶과 교육에 관한 생각 줍기